마음의 숨겨진 상처를 치유하시는 예수님

세계복음화문제연구소
(The World Evangelization Research Center)는
한국 교회가 세계 복음화를 위하여
한 모퉁이를 담당해야 한다는 사명으로 사역하고 있습니다.

이 도서에 실린 모든 내용은
세계복음화문제연구소의 **도서출판 세 복**이 출판권자이므로,
학문적 논문의 인용을 제외하고는
본 연구소의 동의 없이 복제할 수 없습니다.

마음의 숨겨진 상처를 치유하시는 예수님

지 은 이   브래드 롱, 신디 스트릭클러
옮 긴 이   전 현 주
발 행 인   홍 성 철
초판 1쇄   2005년 07월 10일
초판 4쇄   2025년 03월 31일

발 행 처   **도서출판 세 복**
주   소   경기도 파주시 문발로 123
전   화   070-4069-5562
홈페이지   http://www.saebok.kr
E-mail   werchelper@daum.net
등록번호   제1-1800호(1994년 10월 29일)

총 판 처   솔라피데출판유통
전   화   031-992-8691
팩   스   031-955-4433

ISBN 978-89-86424-81-2 03230
값 14,000원

ⓒ **도서출판 세 복**

마음의 숨겨진 상처를 치유하시는 예수님

성령님과 치유 사역!

Cooperating with the Holy Spirit in Healing Ministry

브래드 롱, 신디 스트릭클러 공저

LET JESUS HEAL YOUR HIDDEN WOUNDS

Cooperating with the Holy Spirit in Healing Ministry

by Brad Long & Cindy Strickler

우리를 이 세상에 낳아 주시고, 성장하기까지 사랑해 주시고,

우리에게 생명과 치유를 주신 예수님을 알게 해 주신 부모님들,

페기와 루퍼스 롱(Peggy & Lufus Long) 그리고

코니와 짐 플럼스테드(Connie & Jim Plumstead)께

이 책을 받칩니다.

감사드립니다!

목차

머리말

우리는 분명한 목적을 가지고 이 책을 썼다. 바로 내적 치유와 악한 세력으로부터 자유함을 주시는 예수님의 사역에 동참할 수 있도록 당신에게 필요한 것들을 갖추게 하는 것이다. 또한 이 책을 읽음으로 당신의 삶이 치유될 것이라 믿는다.

치유를 위한 기술을 언급하지는 않는다. 그 대신에 기도 사역자와 기도받는 사람과 예수 그리스도의 임재와 사역을 중재하시는 성령님 사이의 역동적인 관계를 그리고 있다. 사실 기술을 언급하는 것이 훨씬 더 쉬웠을 것이다! 우리의 접근 방법은 좀더 복잡하지만, 성경에 드러난 사실과 부합하며, 놀라운 내적 치유와 자유함의 열매를 맺게 될 것이라고 믿는다.

치유 사역을 이해하기 위한 신학적인 틀은 인간과 인간의 창조자이신 하나님 사이의 본래의 관계를 회복하는 것이다. 관계 회복의 첫 번째 단계에 들어가면 영적 치유가 일어난다. 두 번째 단계에서는 내적 치유를 다룰 것인데, 정서적인 상처, 주로 죄악이 만연하고 타락한 세상에 살면서 얻게 되는 숨겨진 상처들을 포함한다. 그리고 세 번째 단계에서는 예수님의 회복의 사역을 방해하는 악한 영들을 인식하고 물리치는 일을 영적, 내적 치유 과정과 통합한다.

이 책 전반에 걸쳐 *브래드*(Brad)와 *신디*(Cindy)의 이야기를 통해, 우리의 접근 방법을 입증하는 간증이나 사례들을 제시한다. 이 모든 이야기들은 실화이며 저자들의 체험이다. 우리들은 성령님의 사역의 실체를 분별하기 위해, 보고된 결과들과 객관적인 증거들을 연관시키려고 노력해 왔다. 그러나 치유 기도 사역의 효력을 입증할 과학적 연구로써 이 간증들을 사용할 의도는 없다. 어떤 간증들은 이미 널리 알려진 것이고 당사자들의 허락을 받아 여기에 실렸다. 그러나 대부분은 관련된 사람들의 비밀을 보호하면서 성령님의 사역의 명백한 방향들을 입증하기 위하여 실제 사례들을 조합한 것이다.

책을 쓰고 편집하고 펴내는 과정에서 도움을 준 많은 친구들과 동료들에게 감사한다. 세계개혁장로회 두나미스 프로젝트(PRMI Dunamis Project) 교육 과정은 이 책에 나온 원리들을 발전시키기 위한 생생한 실험실이 되었다. 성령님과 합력하는 법을 배우는 데 우리와 보조를 맞추어 준 두나미스 간사들과 참가자들에게 감사한다. 나 브래드는 내면으로부터 예수님의 치유 사역을 경험할 수 있도록 기도해 준 친구 리차드 화이트(Richard White) 목사에게 감사를 표하고 싶다. 그는 치유 사역의 신학적인 틀이 성경에 나타난 증거들과 일치하는지 검토해 주었다. 스티븐 오버캐쉬(Steven Overcash) 박사는 내적 치유와 축귀(逐鬼) 사역의 이론적 근간을 제공하는 심리학적 개념들을 발전시키고 다듬고 명확하게 하는 데 특별한 도움을 주었다.

특별히, 초고를 작업하는 데 흔쾌히 시간을 내 준 진 크락(Jeanne

Kraak), 마지 밀스(Marge Mills), 포샤 화이트(Portia White)에게 감사한다. 또한 최종본을 편집한 샌디 맥클린턴(Sandy McClinton)과 이 책의 비전을 제시하고 집필을 격려해 준 초우즌북스(Chosen Books)의 제인 캠벨(Jane Campbell)에게 감사한다. 마지막으로, 우리는 이 모든 과정 속에서 함께 있어 준 그리고 여전히 사랑하는 로라(Laura)와 스티브(Steve) 그리고 아이들에게 고맙다는 말을 전하고 싶다.

  마음의 숨겨진 상처를 치유하시는 예수님 성령님과 치유 사역

왜 또 치유에 관한 책을 읽는가?

겉으로 보기에 대부분의 사람들은 행복해 보인다. 분주한 거리에 서 있거나 교회나 스포츠 행사에 모인 사람들을 대충 훑어보면, 그들의 얼굴에서 무엇을 볼 수 있을까? 기쁨? 외로움? 열정? 스트레스? 대개 겉모습은 지하수처럼 인류사를 관통하고 인간의 마음속에 흐르는 고통을 숨기고 있다.

십자가에 못 박히신 예수 그리스도를 믿는 믿음은 이렇게 숨겨진 고통의 강과 만나고 합류하여 놀라운 치유의 약속을 준다. 예수님은

"마음이 상한 자를 고치며, 포로된 자에게 자유를, 갇힌 자에게 놓임을 전파"하기 위해 오셨다 (사 61:1). 또한 그는 우리를 상처의 굴레에서 해방시켜 그와 함께 다른 사람들의 치유에 참여하게 하신다.

이 책을 읽으면서 너무나 깊고 곤혹스럽고 무기력하게 만드는 숨은 상처를 만나게 되어 "이렇게만 된다면야!"라고 통곡하는 사람도 있을 수 있다. 잊어버린 지 오래된 상처로 정신과 마음이 불구가 된 사람을 사랑하고 있는 사람도 있을 수 있다. 사랑하는 사람들의 가능성을 보면서 그들이 온전해지길 갈망한다. 그렇지만 당신의 사랑으로는 이겨낼 것 같지 않아 당신은 절망한다. 그들의 자기 파괴적인 행동이 계속되고 관계들은 서서히 무너진다. "예수님께서 내가 극복할 수 없을 것 같은 이 모든 장애들을 제거하시고, 내면에서부터 치유 역사를 일으킬 수만 있다면 얼마나 좋을까"라고 당신은 기도한다.

우리는 성경의 많은 증거들과 개인적인 경험 속에서 예수 그리스도가 치유자이심을 발견했다. 또한 그는 사람들을 그의 치유 사역에 동참하도록 부르시고 힘을 주신다. 심지어 치유 과정 중에 있는 사람들도 부르신다.

브래드 이야기: 산산조각 난 상처와 거절을 대면하라

나의 내면의 상처는 학습 장애에서 비롯되었다. 난독증(難讀症)이나 집중력 결여 장애라는 말이 생기기 전인 초등학교 시절에, 나는 읽고, 쓰고, 맞춤법을 배우는 데 상당한 어려움을 겪었다. 3학년 때는 낙제했다.

이 모든 것이 상처가 되었지만, 초등학교 시절에 가장 힘들었던 것은 금요일이었다. 엄마는 한 주도 거르지 않고 내게 맞춤법을 가르쳐 주셨다. 목요일 저녁 때 쯤 되면 오기가 나서 암기한 덕분에 대부분의 단어들을 쓸 수 있었다. 하지만 금요일 아침이 되면 한 주 내내 그렇게 쥐고 끙끙댔던 단어들이 구경도 못해 본 외국어 같았다. 매주 받아쓰기 시험에 낙제했다.

가장 비참하고 당황스러웠던 것은 받아쓰기 시험이 끝나면 꼭 하는 맞춤법 게임이었다. 적어도 받아쓰기는 혼자 하는 것이었다. 맞춤법 게임은 나의 부족함이 반 전체에 알려지는 게임이었다.

내가 들어가는 팀은 무조건 졌기 때문에 팀장들은 절대로 나를 선택하지 않았다. 그래서 선생님은 매주 나를 어느 팀에 *넣어 주셔야만* 했다. 선생님이 말씀하시면 내가 들어가게 된 불운한 팀은 늘 "싫어요!"라고 외쳤고, 나를 피할 수 있었던 팀은 환호성을 질렀다. 아이들의 야유를 받으면 나는 항상 장난을 치면서 명랑한 분위기를 만들었지만, 수업이 끝나자마자 숲 속에 숨어 있다가 아무도 보지 않을 때 혼자 울며 집에 오곤 했다.

나의 수모는 받아쓰기와 맞춤법 게임에서 끝나지 않았다. 열 살 때, 수업 시간에 설사가 난 적이 있었다. 화장실에 가도 좋다는 허락을 받았지만, 막상 화장실 앞에 갔을 때는 문 앞에 표지판을 읽을 수가 없어서, 자칫 여자 화장실에 들어 갈까봐 서성였다. 보통 때는 어느 문에서 누가 나오는지 보고서 알았는데, 그 때는 복도에 아무도 없었다. 제발 누구라도 들어가거나 나오길 바라면서 화장실 밖에서 잠시 기다렸다. 하지만 아무도 없었다.

할 수 없이 나는 급하게 교실로 되돌아가 선생님께 말했다, "선생님, 죄송한데요. 어느 쪽이 남자 화장실인지 잊어버렸어요."

선생님은 미심쩍다는 표정으로 놀리듯이 말했다, "넌 읽을 줄도 모르니?" 나는 못 읽는다는 걸 인정하고 싶지 않아서 선생님이 가르쳐 주시길 바라며 그저 어깨를 으쓱거렸다. 그런데 선생님은 "복도 왼쪽이다"라고만 하셨다.

다시 나왔지만 난독증 때문에 왼쪽과 오른쪽을 구분할 수 없었다. 마침내 나는 다시 교실로 돌아와 바지를 더럽히고 말았다. 반 아이들에게는 그것이 좋은 구경거리가 되었고, 나는 창피해서 어쩔 줄 몰랐다. 나는 고개를 떨군 채 집에 돌아왔다.

더럽고 축축한 바지를 입고 800미터나 걸어 집에 오는 동안 내 귓가에는 반 아이들의 웃음소리가 맴돌았고, 이것은 비참한 초등학교 시절의 지워지지 않을 기억으로 내 마음속에 자리 잡았다. 그 때 느꼈던 비참한 감정들은 "소용돌이" 기억으로 남아 있다. 이런 식의 기억은 한 사람의 성격과 행동을 형성하는 힘을 가지고 있다. 내 경우가 그러했던 것처럼 상처로 가득한 기억은 내적 상처의 토대가 된다.

고맙게도 집에 도착했을 때, 나는 엄마의 따뜻한 품에 안겼다. 비록 악취가 진동했어도 엄마는 나를 반겨 주시고 안아 주셨다. 나는 화장실의 표지판을 읽을 수 없었다고 말하면서 울었다. 만약 엄마가 나를 사랑하지 않았고 믿어 주지 않았다면, 이 상처는 내 성격에 훨씬 더 파괴적인 영향을 미쳤을 게 분명하다.

선생님과 반 아이들로부터 받은 상처보다 더 힘들었던 것은 괴로울 정도로 넘쳐나는 호기심이었다. 이상하게도 웬만큼 노력해서는 할 수도 없었는데, 할 수 있는 한 모든 것을 읽고 싶었고, 작가가 되고 싶은 정말 이상한 바람까지도 있었다. 낙제와 더불어 나 자신을 표현할 수 없는 무능력으로 인한 내적 좌절감 때문에 나는 하나님께 쓸모없는 사람이고 내 인생은 무의미하다는 생각만 굳어졌다.

그 이후 15년이 넘게, 의지적으로, 하나님의 은혜로, 또한 다른 사람들의 도움으로 나는 장애를 일부 극복할 수 있었다. 나는 고등학교 과정을 마치고 데이비슨대학(Davidson College)에 입학했다. 그리고 나서 복음 사역을 위한 하나님의 부르심을 따라 버지니아에 있는 유니온신학교(Union Seminary)에서 목회학 박사학위를 받았다. 이 모든 과정 속에서 여전히 맞춤법은 엉망이었고, 읽기는 느렸으며, 쓰기는 고된 작업이었다.

시간이 지나면서 나는 장애를 보완하는 법을 배웠고, 나의 장애는 점점 별 문제가 되지 않았다. 더 큰 문제는 어린 시절의 기억 때문에 생긴 치유되지 않은 상처에서 나오는 빈정거림과 분노였다. 이러한 감정들은 나를 집어삼켰고, 내 인생에서 기쁨을 앗아갔으며, 아내 로라와의 관계를 파괴했다. 아내는 점점 나를 두려워했고, 나는 내 안에 있는 무분별한 분노가 두려웠다.

예수님은 내면부터 치유하신다

나는 도움이 필요하다는 것을 알았다. 사람들이 기도도 해 주었고 상담도 받았지만, 별 효과가 없었다. 아이로니컬하게도 사실 그 때 나는 맞춤법 퀴즈나 화장실의 표지판이나 반 아이들의 웃음소리 같은 것은 다 잊어버렸다. 그 상처들은 더 이상 기억나지 않았기 때문에 치유될 수도 없었지만, 그 여파는 남아 있어서 나를 과거의 굴레에 묶고 있었다.

그 때 예수님이 나의 내면부터 치유하셨다! 그 일은 아내와 내가 한국에서 사역할 때 선교사 기도 모임에서 일어났다. 아내는 바로 그 날 저녁에 하나님께서 나의 난독증을 해결하기 원하신다는 인도하심을 받았다. 그리고 나서 아내는 나를 위한 기도 팀을 만들었다.

사람들이 기도하기 시작하자 나는 기억이 되살아나면서 맞춤법 퀴즈와 바지를 더럽혔을 때의 감정이 되살아났다. 느끼고 행동하는 데 나는 더 이상 스물다섯 살 청년이 아니었다. 친구들이 비웃는 열 살 소년이었다. 나는 분노가 치밀어 올라 어쩔 줄 몰랐다. 그 때 말로 표현할 수 없는 방법으로 예수님이 그 자리에 오셔서 나를 안으시고 사랑하신다고 말씀하시며, 학습 장애가 있었지만 주님을 따르라고 부르셨다. 나는 울면서 내 속 깊이 박혀 있던 쓴 뿌리를 뽑아냈다. 그리고 나서 아내와 친구들이 나를 안아 주었을 때, 나는 나를 놀렸던 친구들과 나를 오해했던 선생님들을 처음으로 용서할 수 있었다. 내게 난독증을 주셨다고 원망했던 하나님을 용서할 수 있었고, 하나님을 원망했던 나 자신을 용서할 수 있었다. 장애를 극복하려고 전전긍긍했던 것을 내려놓고, 하나님께서 내게 맡기신 일을 감당할 능력을 주시리라 신뢰하기 시작했다.

지금도 내 맞춤법은 엉망이다! 하나님은 나의 학습 장애를 고치지 않으셨다. 그러나 나의 마음의 숨겨진 상처들을 치유하셨다. 이제 과거의 상처들은 더 이상 현재의 나를 아프게 할 수도 없고, 한 때 나를 가득 채웠던 분노를 일으킬 수도 없다. 하나님의 치유하심은 아내와의 관계, 다른 사람들과의 관계, 하나님과의 관계에 굉장한 변화를 가져왔다. 예수님은 내가 그분을 더욱 온전히 따를 수 있도록 나를 치유하셨다.

그 후 나는 사역을 하면서 나와 같이 분노에 사로잡히고 과거의 일로 계속 상처받는 사람들을 많이 보았다. 그렇지만 내가 경험했던 치유를 그들도 어떻게 경험할 수 있는지 돕는 방법을 몰랐다. 예수님의 사랑과 능력을 사람의 내면에 숨겨진 상처로 이끄는 것이 바로 성령님의 일이라는 것을 깨닫게 된 것은 성령의 충만을 받고 나서였다. 나는 성령님의 은사와 인도하심 가운데서 어떻게 다른 사람들을 위해 기도하는지 배우기 시작했고, 그들도 내가 경험했던 것처럼 예수 그리스도를 통해 내면의 상처를 치유받는 동일한 경험을 하기 시작했다.

이러한 치유와 사역을 당신도 경험할 수 있다

우리가 이 책을 쓰는 목적은 성령님과 함께 예수님을 따라 치유 사역에 동참하라고 당신을 초대하기 위한 것이다. 이제 우리가 이야기할 몇 가지 주제들을 소개하겠다.

당신의 삶 속에서 일어나는 예수님의 내적 치유 사역

우리들 대부분은 살면서 상처를 받아왔다. 죄를 지었고, 남의 죄 때문에 억울한 일을 당했다. 그것은 우리가 불완전하고 죄악된 세상에 태어날 때부터 그래 왔다. 예수님은 우리를 내면에서부터 치유하신다는 것이 이 책이 말하고자 하는 바이다. 사례 연구들은 이 책에 제시된 실천 단계들을 통해 예수님의 치유 사역의 실재를 어떻게 경험할 수 있는지 보여 준다. 이 책을 읽는 모든 사람들이 삶 속에서 치유를 경험하길 소망하지만, 이 책은 자구책(自求策)을 위한 것이 아니다. 당신이 예수님의 치유 사역에 동참할 수 있도록 준비되길 원한다. 왜냐하면 우리는 다른 사람들에게 치유를 전하기 위해 치유받기 때문이다.

인간의 정신에 대한 성경적 모델

예수님이 어떻게 우리 내면에서 일하시는가 이해하기 위해서, 우리는 먼저 하나님이 말씀하신 인간의 정신에 대한 작용 원리를 이해해야 한다. 우선 내면의 상처가 어떻게 형성되는지, 어떻게, 왜, 어떤 일들이 우리에게 상처가 되는지 알 필요가 있다.

성령님의 역동적인 내적 치유 사역에 동역하라

예수님의 예를 살펴보면서 우리는 성령님과 동역하는 것을 배울 수 있다. 성령님과 동역할 때에 우리에게 열려지는 놀라운 새 전망을 보게 될 것이다. 예수님이 우리의 숨겨진 상처를 치유하실 때, 우리는 예수님과 함께 동역할 수 있을 것이다.

악한 영을 분별하여 쫓아내라

내적 치유 과정 속에서 우리는 뜻하지 않게 불쾌한 사실을 만날 수도 있다. 바로 악한 영의 존재이다. 이 타락한 악의 존재는 치유 과정을 방해하기 위해 사람의 안팎에서 활동한다. 우리는 이러한 부분이 많은 독자들에게는 낯선 것일 수도 있다는 것은 알지만, 회복시키시는 예수님의 사역을 나누는 과정 속에서 꼭 필요한 부분임을 깨달았다. 우리가 내적 치유 사역에 동참하기 시작했다면, 우리는 성령님을 점점 더 많이 경험하게 될 것이고, 그로 인해 치유 과정의 방해물들을 물리치시는 예수 그리스도와 그분의 능력에 대한 믿음이 깊어질 것이다.

내적 치유 사역이 일어나는 다양한 상황들

다양한 상황들 속에서 예수님의 치유 사역에 성령님과 동역하는 법을 배우도록 돕는 것이 이 책의 목적이다. 그 상황들은 교회의 치유 집회일 수도 있고, 병문안을 가는 것일 수도 있고, 당신의 자녀들이 받은 정서적인 상처일 수도 있고 혹은 낯선 사람과의 우연한 만남일 수도 있다. 상처받은 사람들은 어디에나 있다. 그래서 성령님 또한 우리의 삶 속에서 예수님의 사랑과 치유를 주시기 위해 어디서나 일하신다.

우리의 삶은 예수님의 내적 치유 사역 속에서 성령님과 함께 일하는 것을 배울 때 달라졌다. 당신의 삶도 달라질 수 있으리라 믿는다.

예수님은 당신의 가장 어둡고 가장 괴로웠던 기억 속에 들어가실 수 있다. 그분은 그저 치유하시고 회복시키시는 것만이 아니다. 성령님의 은사를 통해 당신도 다른 사람의 치유를 위해 사용될 것이다.

복습을 위한 질문

1. 브래드의 학습 장애 이야기와 연관이 있을 만한 경험이 당신에게도 있는가?

2. 과거의 어떤 경험이 현재까지 남아 있어서 당신을 계속 괴롭히고 있는가?

3. 치유 사역의 어떤 부분에 관심이 있는가? 어떤 부분에 두려운 마음이 드는가?

왜 인간은 상처를 받는가?

왜 인간은 내적 상처를 받을 수 있는가? 그 해답을 찾기 위해서 우리는 창세기의 첫 몇 장을 보아야만 한다. 치유에 관한 책의 서두로는 좀 이상하게 보일 수도 있지만, 태초부터 다루며 시작하는 것은 우리의 깨어진 전체 모습과 예수님의 회복 사역의 놀라운 깊이와 넓이를 성경적으로 이해하게 해 준다.

인간을 위한 하나님의 비전

하나님의 비전을 알기 위해서는 창세기에 있는 창조 이야기로 가야한다. 창조 이야기를 둘러싸고 수많은 논쟁들이 벌어지고 있지만, 창조에 관한 창세기의 이야기는 인간을 위한 하나님의 본래의 비전을 우리가 알 수 있도록 하나님의 마음을 엿볼 수 있게 성령의 감동으로 쓰여진 것이라고 믿는다. 이러한 관점에서, 창조 이야기는 심오한 진리이며, 인간의 상태에 대한 실제적인 사실이라고 우리가 알고 있는 것과 일치한다.

창조 이야기는 하나님의 원래 의도가 이 지구상에 천사, 인간, 동물, 식물이 서로 연관된 성스러운 공동체를 세우는 것이라고 말해 준다. 하나님은 이 공동체에서 인간이 주도적인 역할을 할 수 있도록 하나님 자신의 형상을 따라 인간을 창조하셨다. 이러한 관계들 속에서 조화를 이루는 열쇠는 하나님의 주권 아래 있는 적절한 질서였다. 이상적인 공동체의 배경은 에덴동산이었고, 하나님은 사람에게 다스리라고 명령하셨다 (창 2:15). 이런 창조의 본래적 비전을 진지하게 생각하면 인간이 영적, 정서적 그리고 신체적인 상처를 받게 되는 가능성을 이해하게 된다.

하나님과의 사랑의 관계를 위해 창조되었다

인간만이 하나님의 형상을 따라 창조되었다 (창 1:26-27). 우리가 하나님을 닮은 부분은 이성적으로 생각하고, 결정하고, 느끼고,

다른 사람들과 관계를 맺는 능력이다. 하나님과의 관계는 우리가 존재하는 본래 목적을 규정하며, 우리의 건강과 행복의 궁극적인 근원이다. 종교와 철학의 성찰을 넘어서, 우리는 뭐라고 지명해서 말할 수 없는 영혼의 깊은 곳의 불안감처럼 하나님과의 관계를 지향하는 내적이고 자연적인 성향을 경험한다. 아담과 하와가 범죄한 후에, 하나님은 날이 서늘할 때에 동산을 거니시며 아담과 하와를 찾으셨다고 창세기는 말한다 (창 3:8-9). 하나님과 함께 거닐다니! 이것을 생각하면 인간의 영혼 속에 있는 무언의 갈망과 깊은 외로움이 일어난다. 그렇다. 하나님과 거니는 것이야말로 우리가 늘 해야 했던 일이었다. 하지만 우리는 그 다음 이야기를 알고 있다. 아담과 하와는 죄를 지어 부끄러움을 알게 되었기 때문에 하나님의 낯을 피했다.

하나님은 여전히 자신의 형상을 따라 창조된 우리를 자신에게로 이끄신다. 요한일서 4장 7-12절은 하나님은 사랑이시라고 말한다. 우리도 끊임없이 하나님의 사랑을 구할 뿐만 아니라 하나님도 사랑으로 우리에게 손을 내미신다. 하나님은 우리를 사랑하시고, 우리는 그분을 사랑하도록 창조되었다. 우리는 하나님과의 관계를 향한 갈망 때문에 그 사랑의 관계에서 멀어질 때 영적으로 또 정서적으로 상처를 받게 되는 독특한 가능성을 갖게 된다. 제일 먼저 우리에게 필요한 치유는 하나님과의 관계를 회복하는 영적 치유이다.

공동의 다스림과 관계를 위해 창조되었다

또한 우리는 하나님을 알고 사랑하도록 창조되었을 뿐만 아니라 다른 사람과 관계를 맺는 능력도 갖도록 지어졌다. 다른 사람과의 관계를 원하는 것이 바로 우리 존재의 핵심이다.[1] 아담과 하와는 세상을 다스리는 책임을 동등하게 나누어 갖는 돕는 자로 창조되었다. 창세기 1장 27-28절에서 하나님의 의도를 살짝 엿볼 수가 있는데, 하나님은 창조의 질서를 세우셨다. 이 구절을 보면 남자와 여자는 둘 다 하나님의 형상을 따라 창조된 것이 분명하다. 하나님의 비전은 남성과 여성 사이에 평등이다. 비록 아담이 먼저 창조되고 동물들의 이름도 지었지만, 먼저 만들어진 그는 외로웠다. 자신에게 어울리는 돕는 배필이 없었다 (창 2:18, 20). 하나님이 아담의 갈빗대로 하와를 만드셨을 때, 아담의 반응은 순전한 기쁨이었다. "이는 내 뼈 중의 뼈요, 살 중의 살이라." 생육하고 번성하라는 하나님의 명령은 성적(性的)으로 또 정서적으로 차이가 있어야만 했지만, 권세로 다스리고 서로 관계를 맺을 때는 사랑 속에서 평등하며 돕는 사이였다.

그러나 사랑과 평등을 위해 창조되었음에도 불구하고 사랑은 사라지고, 평등 대신에 지배가 판을 치는 죄악 가득한 세상 속에 우리는 살고 있다. 바로 이 때문에 여성과 남성의 관계 속에서 그런 혼란과 상처가 자주 일어나게 된다.

세상을 다스리도록 창조되었다

성경에는 아담과 하와의 영적, 정신적 혹은 육체적인 능력에 대해서 말한 부분이 없다. 그러나 불도저나 다이너마이트도 없었던 시절에 세상을 다스려야 하는 그들의 의무는 굉장한 능력과 인격을 필요로 했을 것이 분명하다. 우리는 예수 그리스도를 살펴보면서 하나님이 원래 의도하신 바가 무엇인지 유추해 볼 수 있다. 예수님은 마지막 아담이시며, 구원받은 인류의 원형(原型)이시고, 하나님의 형상이 온전히 회복된 분이셨다.

예수님의 일생을 보면, 우리는 예수님이 강력한 정신적, 영적 능력과 더불어 완전한 믿음의 역량을 갖고 계시다는 결론을 내릴 수 있다. 히브리서 11장 1절에 믿음은 "바라는 것들의 실상이요 보지 못하는 것들의 증거니"라고 묘사되어 있다. 믿음은 이상 세계의 연결고리이며, 새로운 현실의 탄생을 가능하게 한다. 예수님은 완전한 믿음의 역량으로 이 세상에서 아버지의 뜻을 실현하는 어마어마한 능력을 얻게 되었다. 이러한 능력으로 병자를 고치시고, 죽은 자를 살리시고, 귀신을 쫓아내셨다. 또한 믿음으로 자연을 다스리는 능력을 받아 물위를 걸으셨고, 바람과 파도를 잠잠케 하셨다. 죄 짓기 전에 아담과 하와는 예수님처럼 완전한 믿음으로 하나님의 비전을 따라 현실을 만들어내는 초자연적인 능력을 가졌을지도 모른다.

예수님은 믿음뿐만 아니라 광대한 권세도 가지셨다. 복음서 저자들은 예수님이 권세로 가르치실 뿐만 아니라 귀신과 자연을 지배하시는 권세도 가지셨고, 능력과 주권을 가지셨던 예수님을 보고 사람들이 놀랐다고 말한다. 원래 아담과 하와 역시 세상에 대해 그와 비슷한 권세가 있었다. 이 권세는 동물들의 이름을 지어 주는 부분에서 맨 처음 드러났다.

하나님은 아담과 하와에게 하나님과 온전하게 합력하여 세상을 다스릴 수 있도록 다른 특별한 능력도 주신 것이 틀림없다. 지성, 의지, 창의력, 기억력 등도 분명히 포함되어 있었을 것이다. 게다가 오늘날 이 죄악된 세상에서 우리가 영력이나 초능력이라 부르는 능력들도 있었을 것이다. 이 모든 능력들은 인간 정신의 깊숙한 곳이나 성경에서 말하는 마음, 즉 정신, 감정, 혼, 영이 만나는 곳에서 흘러나온다.

사람이 어떻게 하나님의 형상을 따라 지음받았는지 이해하기 위해 마음의 도식을 그림으로 살펴보자.

그림 1
성경에 나타난 인간의 마음

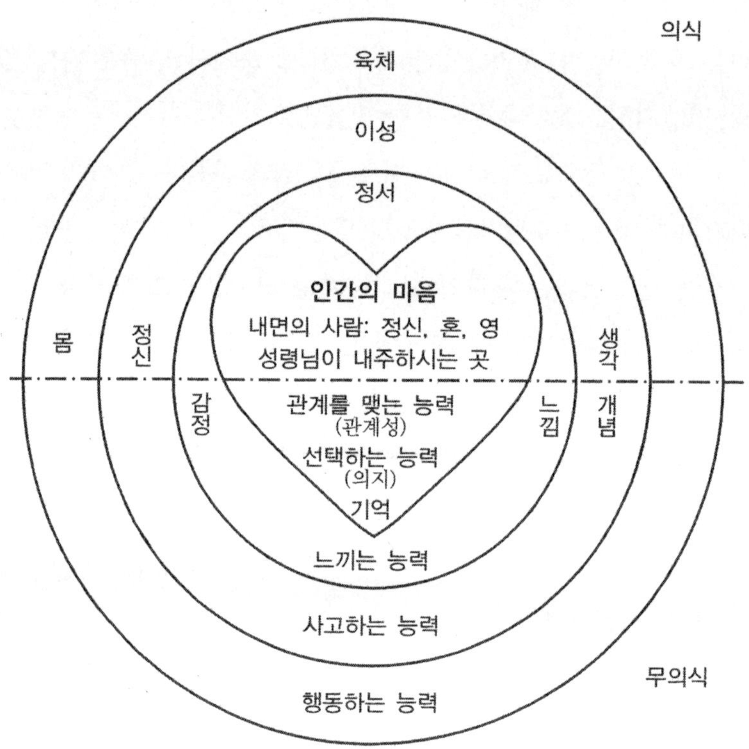

중심부에 선택하고, 관계를 맺고, 기억하는 능력이 있다. 사람은 마음속에 있는 많은 내용을 의식하고 있다. 의식적으로 기억해 낼 수 있는 것들, 쉽게 찾을 수 있는 기억들을 의미한다. 예를 들어, 신디는 결혼식날을 생생하게 기억할 수 있다. 그 날의 날씨, 흥분과 기쁨의 감정들을 기억한다. 이러한 기억들은 의식 속에 저장되어 있다.

무의식은 파악하기가 훨씬 더 복잡하다. 이 책의 목적에 비추어 볼 때, 무의식은 의지적으로 떠올릴 수 없는 기억이며, 닿을 수 없는 우리들의 일부라고 할 수 있다. 정신적으로 충격적인 기억뿐만 아니라 모태에서의 삶이나 출생시의 경험과 같이 기억할 수 없는 경험들이 포함되어 있을지도 모른다. 우리에게 일어난 일들과 환경의 변화들은 모두 우리 안에 기록되어 있다. 이 책의 뒷부분에서 무의식에 대해 좀더 다룰 것이고, 우리 안에 숨겨져 있는 상처가 어떻게 치유될 수 있는지에 대해서도 다룰 것이다.

영원한 삶을 위해 창조되었다

현대 그리스도인들은 대체로 아담과 하와의 영적, 정신적, 감정적, 신체적인 특질에 많은 관심을 기울이지 않았다. 실제로 에덴동산에 존재한 두 사람의 이야기를 신화로 치부해 버리는 경향이 있었다. 그러나 성경이 아담과 하와의 육체에 대해 말하는 바를 깊이 생각해 보면, 왜 사랑의 결핍, 허약함, 질병, 죽음이 인간에게 정서적인 상처가 되는지 확실히 알 수 있다. 과학적인 불신을 잠시 접어 두면, 우리는 또한 예수님의 치유 사역이 우리가 죽음에서 끌어 올려 영원한 생명을 덧입을 때 온전해질 육체의 치유까지 포함하는 이유도 알게 될 것이다.

성경은 하나님의 형상을 따라 지어진 인간은 활력이 넘치는 건강과 영원한 생명을 받았다고 기록한다. 죽음과 질병은 죄의 결과였으며 하나님의 본래의 비전이 아니었다. 그러나 건강과 영원한 생명이 인간의 본질적인 특질은 아니었다. 인류의 조상이 생명나무의 접근이 허락되었던 에덴동산에서 하나님과 더불어 살았던 때에 풍성한 삶이 그들에게 흘러들었던 것이다.

죄로 인해 이 생명 부양 체계가 파괴되자, 하나님은 "이 사람이 선악을 아는 일에 우리 중 하나 같이 되었으니, 그가 그 손을 들어 생명나무 실과도 따먹고 영생할까 하노라"고 말씀하셨다 (창 3:22). 그 때부터 인류는 에덴동산에서 쫓겨나 생명나무를 얻을 수 없는 곳에 살았다. 게다가 하나님과 인간 사이에는 깊은 골이 생겼다.

인간이 생명의 근원에서 잘려지고 나서, 죄는 죄의 참상을 불러오기 시작했다. 그럼에도 불구하고 인간이 건강과 활기를 잃은 것은 수많은 세대가 지나고 나서였다. 아담과 하와의 뒤를 이은 세대들이 놀랄 만큼 장수했다는 것을 보면 알게 된다. 생명나무의 실과를 먹은 효과가 서서히 사라진 듯하다 (창 5:1-32 참조). 나이 많은 사람들이 집안 일만 한 것이 아님을 생각해 보라. 노아는 500살이 지나고도 세 아들들과 거대한 방주를 만들기 시작했다! 에덴동산에서 쫓겨나서 많은 세대가 지난 후에 우리 인간들은 선천적인 빈약한 능력만이 남게 되었다. 에덴동산에서 살도록 창조된 우리가 겨우 생명을 부지할 수 있는 상태에서 다른 세계로 추방당한 것이다. 우리는 굶주린 사람들처럼 살고 있기는 하지만 최적의 상태에서 사는 것은 아니다.

본래의 비전에 죄가 미친 영향

원래 하나님이 의도하신 현실은 인간이 불순종함으로 "하나님과 같이" 되고자 하다가 파괴되었다. 그 결과 우리 안에 있는 하나님의 형상은 죄로 인해 관계와 능력의 모든 가능성과 함께 깨어졌다. 그러나 우리 안에는 하나님의 형상대로 창조된 원래의 특질이 일부 남아 있다. 죄와 본성이 얽혀 영적, 육체적, 관계적인 상처를 쉽게 받는다. 우리 모두는 마음속의 상처들, 역기능 가족들의 이야기, 폭력이 난무하는 사회, 전쟁하는 나라들에서 기록된 참담한 이야기들을 직접 알고 있다.

인간의 타락에서 끔찍한 일은 죄와 악이 수동적이 아니라 능동적이라는 것이다. 우리 안에 남겨진 하나님의 형상의 잔여물로 인해 우리들은 거대한 악뿐만 아니라 위대한 선을 계획하고 만들어낼 수 있는 가능성도 가지고 있다. 사람들은 서로 사랑하고 안아 주는 것처럼 능동적으로 서로 상처를 주고 파괴한다. 선과 악은 인간의 마음에서 흘러나와 행동할 때 모습을 드러내기 때문에 활동적이다.

선과 악은 또한 영적이고 초자연적인 존재와 연관이 있기 때문에 실체가 된다. 선을 향한 하나님의 비전을 위해 일하고 있는 성령과 천사들이 인간의 세계를 맡고 있다. 또한 우리를 향한 하나님의 선한 의도를 방해하기 위해 분주히 일하는 타락한 천사, 악령, 사탄도 있다 (계 12:9). 인간의 마음속의 죄는 악한 세력으로 하여금 상처의 굴레 속에 사람을 붙잡아 둔다. 15장과 16장에서 치유하시고 하나님의 나라를 임하게 하시는 예수님의 사역을 악한 영들이 어떻게 방해하는지 구체적으로 살펴볼 것이다.

신디의 이야기: 타락한 세상에서 상처받다

나도 브래드처럼 하나님의 형상으로 창조되었지만 타락으로 인해 상처도 받았다. 브래드는 학습 장애를 가지고 태어나서 상처를 받았다. 나의 상처는 불완전한 가정에서 가운데 딸로 태어났기 때문에 생겼다.

나는 항상 내 어린 시절을 "행복했다"고 말해 왔다. 아버지는 다국적 기업의 간부였다. 오랜 시간 일을 하고 출장도 잦았다. 어머니는 네 아이들과 집에 있었는데, 우리의 일상생활에 많이 관여했다. 어머니는 우리들을 좋은 아내와 엄마가 되도록 예의 바르고, 다재다능하고, 똑똑한 딸로 키웠다. 부모님은 높은 기대를 가졌고, 우리들은 다양한 방식으로 그 기대를 내면화해서 반응했다.

네 딸 중에 셋째인 나는 "독특할 게" 없는 독특한 위치에 있었다. 장녀도 아니었고 막내도 아니었다. 그렇다고 가운데 두 아이 중에 큰 애도 아니었다. 나는 셋째였다. 나는 가족 중 한 자리를 차지하려고 애썼고, 결국 돌보는 사람의 역할로 자리를 잡았다. 다정하고 친절하게 되는 법과 다른 사람들을 돌보는 법을 배웠다. 또한 집안에서 일하는 규범을 익혔고, 잘하려고 몸부림쳤으며, 시도하는 일마다 성공했다.

집을 떠나 독립할 무렵, 나는 사람을 즐겁게 하려는 일 중독자,

 마음의 숨겨진 상처를 치유하시는 예수님 성령님과 치유 사역

완벽주의자, 강박 관념에 사로잡힌 보호자였다. 이 모든 자질들로 인하여 인정받고 보상받는 사역을 하게 된 것은 당연한 일이었다! 그러나 목사 안수를 받고 5년이 지나자, 나는 정신적, 육체적, 영적으로 지칠 대로 지쳐서 쓰러지기 직전이었다. 일은 모두 잘 되고 있었지만, 내면에서는 죽을 것만 같았다. 나는 극심한 고통을 느끼며 치유의 손길을 필요로 했다.

기도의 과정, 그리스도인 임상의와의 상담, 관계를 맺는 데 건강하지 못한 경향들의 규명, 그 경향들을 바꾸기 위한 작업을 통해 나는 치유되었다. 주님은 몇 년 동안 켜켜이 쌓인 고통의 층들을 부드럽게 벗겨내시고 내 마음을 고치셨다. 이러한 여정에서 중요한 때에 내 상처의 뿌리들을 밝히는 데 도움이 될 기도들을 받았다. 그 뿌리들이 드러나자, 깊은 치유가 일어날 수 있었고 나의 일상생활은 달라졌다.

나의 이야기는 독특하지 않다. 사실 몇몇 사람들과 비교해 볼 때, 나의 상처들은 별 것 아닌 것처럼 보일 수 있다. 상처의 정도는 다양할 수 있지만, 우리 모두는 고통과 아픔을 경험했기에 치유가 필요하다. 다음 장에서 구속을 향한 하나님의 계획을 살펴볼 것이다. 이것은 개인의 상처 치유와 하나님과의 올바른 관계 회복을 담고 있다. 그러나 하나님의 비전은 한 개인의 삶에서 죄가 미치는 파급 효과보다 훨씬 더 광범위하다. 하나님 아버지의 비전은 개인으로부터 공동체에 이르기까지 타락의 영향력을 전복시키시고, 심지어 창조 그 자체를 치유하시는 것을 담고 있다.

<h1 style="text-align:center">복습을 위한 질문</h1>

1. 이 장을 읽으면서 하나님과 좀더 깊은 관계를 갖기 위한 열망이 당신의 내면에서 어떻게 일어났는가?

2. 당신의 삶을 돌아보라. 창세기에 나타난 하나님의 원래 계획에 비추어 볼 때 어떤 영역에서 불완전함과 상처가 가장 눈에 띄는가?

3. 창세기의 창조 이야기와 당신의 인생의 차이점은 무엇인가?

예수님은 창조를 위한 하나님의 비전을 회복하신다

인류 조상의 죄로 인해 하나님의 선한 창조의 모든 곳에 죽음이 들어왔다. 이제 두 번째 아담으로 하나님 아버지가 보내신 예수 그리스도는 인간과 하나님 아버지와의 근본적인 관계를 치유하고 회복하는 창조 과정을 진행하신다.

로마서 5, 8, 12, 15장에는 그리스도와 아담의 관계가 설정되어 있다. 또한 예수 그리스도의 궁극적인 사역도 분명히 제시되어 있다. 예수님이 십자가에서 순종하심으로 구속의 과정은 시작되었다. C. S. 루이스(C. S. Lewis)는 이 과정을 자신의 저서 『사자와 마녀와 옷장』(The Lion, the Witch and the Wardrobe)에서 우화적으로 묘사했다. 이 책에서 마녀는 사탄을, 사자 아슬란(Aslan)은 예수님을 나타낸다. 마녀는 십자가 처형을 암시하듯 아슬란을 잔인하게 죽인다. 나중에 아슬란은 죽음에서 살아난다. 어떻게 이런 일이 있을 수 있는가 물었을 때, 아슬란은 대답한다.

> 말하자면...결백한 자가 반역자의 죄를 대신하여 스스로 목숨을 바치면 돌 탁자는 깨지고 죽음 그 자체가 다시 원래의 상태로 돌아간다는 것이지.[1]

예수 그리스도 안에서 생명의 강은 창조물을 따라 흐르고, 하나님의 형상은 회복되며, 원래 계획을 따라 재창조되는 과정이 시작된다. 이것은 성령님의 역사로 일어난다. 이제 하나님의 나라에서 "죽음 그 자체가 다시 원래의 상태로 돌아간다!"

로마서 8장 39절에서 바울은 우리가 영화롭게 된다고 말한다. 타락의 결과들은 원래의 상태로 돌아갈 것이고, 우리는 재창조되어 새 하늘과 새 땅에 속하게 될 것을 의미한다. 죽음이 왔던 것만큼 멀리 도망갈 때 일어날 일을 보여 준다. 우리는 결국 다시 태초로 돌아간다. "또 저가 수정 같이 맑은 생명수의 강을 내게 보이니...강 좌우에 생명나무가 있어" (계 22:1-2).

이것을 보면 잃어버린 천국에 대한 열망이 일어나지 않는가? 하나님은 완전히 헤매는 인류를 붙잡지 않으셨는가? 이것은 그저 회복된 에덴이 아니라 재창조된 것이다! 어린양의 피가 죄와 죽음의 그림자를 넘어섰다. 마지막 아담은 첫 번째 아담보다 더 부요하고 심원하며 놀랍다. 결국 우리 안에 있는 하나님의 형상은 치유될 것이다. 우리 몸은 예정된 대로 영화롭게 부활할 것이며, 서로의 관계는 하나님이 계획하신 대로 회복될 것이다. 우리는 구속된 상태에서 세상을 다시 다스리게 될 것이며, 영원토록 하나님과 통치하게 될 것이다. 성경은 이러한 구속의 새로운 현실을 하나님의 나라라고 부른다.

하나님의 나라는 예수님이 성령님을 통해 인류를 죄에서 구속하시고 타락의 결과들을 치유하시는 상황이다. 하나님의 나라의 비전은 예수님의 치유 사역에 관한 영적, 정서적, 육체적, 공동체적 그리고 우주적 차원을 포함하기에 넉넉한 틀을 제공한다. 하나님의 나라는 관념적인 것이 아니라 예수 그리스도가 십자가 위에서 우리를 위해 성취하신 모든 것을 우리의 삶 속에 적용하시는 성령님의 실제적인 활동이다.

신디의 경험: 숨겨진 상처의 치유

나는 1991년 아프고 지친 상태로 세계개혁장로회 두나미스 모임[2]에 갔다. 나는 5년 동안 사역을 하면서 사립 요양원 환자들과 말기 환자들을 돌보았다. 또한 나는 18개월 된 아들의 엄마였다. 그 때 나는 메니에르 증후군이라는 병으로 치료를 받았는데, 현기증이 나서

3주나 일을 쉬어야 했던 스트레스 관련 장애였다. 내 상태는 엉망진창이었지만, 그것이 얼마나 절박한지는 알지 못했다! 나는 아기와 환자들을 돌보느라 너무나 바빴다.

두나미스에서 나는 메마른 내 영혼에 생수가 흐르는 것 같은 놀라운 교제와 예배를 경험했다. 사람들에게 나를 위해 기도해 달라고 했는데, 이런 일은 내게 다소 생소한 것이었다. 나는 다른 사람들을 위해 기도하는 것은 좋아했지만, 기도를 받는 것은 불편했다. 이 모든 것이 놀라웠다. 그러나 주님은 나를 위해 더 멋진 것을 예비하고 계셨다.

어느 날 밤 예배 시간에 나는 울기 시작했다. 나는 지쳐 있었고 다른 사람들의 문제와 고통으로 마음이 무거웠다. 한 여자가 내 옆으로 다가와 조용히 나를 위해 기도하기 시작했다. 그녀가 무슨 일이냐고 내게 물었을 때, 나는 그저 "모든 사람들을 돌보는 일에 지쳤어요!"라고만 말할 수 있었다. 그녀는 계속 나를 위해 기도하면서 왜 모든 사람들을 돌보아야 한다고 생각하는지 물었다. 나는 잠시 생각한 후에 내가 걷기 시작할 무렵 엄마가 갓난 동생 주디(Judy)를 집으로 데려와서 한 말을 떠올렸다. 엄마는 "넌 아기를 바라보면서 '이제 나 자신은 내가 돌보아야 돼'라고 결심이라도 하는 것 같구나. 너는 항상 그렇게 하고 있잖니"라고 말했다.

나는 자립하는 능력과 남을 돌보는 능력을 완벽하게 수행했었다. 내가 지친 건 너무 당연하다. 나는 일평생 내 주위 사람들의 짐들을 지고 있었다! 나를 위해 기도해 주는 그 여자에게 이 기억을 이야기했을 때, 그녀는 내게 이 기억 속에 예수님을 모셔들이라고 말했다.

그런 것은 들어본 적도 없었지만 나는 기꺼이 그렇게 했다. 예수님께 내 기억 속에 오시라고 간구했다. 떠올린 기억 속에서 실제로 그분을 보았을 때 나는 너무나 놀랐다! 그는 내게 오셔서 나를 안아 주셨고, 사랑한다고, 돌보아 주실 거라고 말씀하셨다. 나는 더 이상 “자립”할 필요가 없었고 다른 모든 사람을 돌보지 않아도 되었다. 그분은 나를 통해 다른 사람들을 보살피겠다고 말씀하셨고, 나를 나의 엄마의 손에 맡기셨다.

이러한 경험을 말로 표현할 수는 없었지만, 무언가 실제적인 일이 일어났음을 알았다. 나는 영적으로, 정서적으로, 육체적으로 새롭게 되어 그 모임을 떠났다. 사역지로 돌아갔을 때, 나는 나 자신의 것이 아닌 능력을 얻었다. 나는 하나님께서 내게 역사하시도록 맡기기 시작했다. 다른 사람들의 돌보는 손길도 받아들였다. 나는 변화되었다! 주님은 나의 강박적인 보살핌의 뿌리를 드러내셨고 나는 치유받았다. 더 이상 자립하려는 마음과 남을 돌보는 일로 발버둥치는 일은 없었다고 말할 수 있다면 정말 좋겠지만 그렇지는 않았다. 그러나 그 몸부림의 본질은 상당히 달라졌고, 싸움은 이전보다 훨씬 부드러워졌다. 무엇보다 나의 기억 속에서 나를 만나 주셨던 예수님과의 관계 속에서 계속 자라고 있고, 이제 그분은 나를 통해 다른 사람들을 치유하는 일을 하신다.

하나님의 본래의 비전을 예수님이 회복하시다

내가 경험한 것은 예수님이 창조의 본래의 비전을 회복하기 위해 일하시는 방법과 일치한다. 예수님은 우리의 가장 깊은 부분인 하나님과의 관계에서 시작하셔서, 외부로 확산되도록 발전해 나가게 하시며, 우리의 육체까지 다루신다. 이 과정은 마치 인류 타락의 비참한 결과가 전복되는 것으로, 루이스가 "죽음은 원래의 상태로 돌아가는 것"이라고 말한 것과 같다. 편의를 위해 예수님의 치유 사역을 다음과 같이 주제별로 구분할 것이다. 각 항목들은 타락으로 영향받았고, 하나님의 나라에서 회복될 현실들과 일치한다.

영적 치유

이것은 하나님 아버지와의 근본적인 관계 회복이다. 예수 그리스도의 죽으심을 통해서, 또한 우리가 거듭나 성령님의 인도를 따라 하나님의 나라의 새로운 실재에 들어가는 것을 통해서 하나님과의 화해가 이루어진다 (고후 5:17-19).

이것은 가장 기본적인 치유이다. 우리를 하나님과 친밀했던 맨 처음 환경으로 회복시키는 첫 번째 단계이다. 인간은 생명나무 과실을 먹으며 하나님과 친밀한 관계를 위해 창조되었기 때문이다. 거듭나고 실제적인 새로운 하나님의 나라로 들어가는 것이 모든 치유의 시작이다.

내적 치유

내적 치유는 죄의 유해한 결과를 원래의 상태로 돌리는 과정의 일부이다. 내적 치유는 우리 자신의 죄의 결과와 다른 사람의 죄의 결

 마음의 숨겨진 상처를 치유하시는 예수님　성령님과 치유 사역

과를 포함한다. 우리 안에 있는 깨어진 하나님의 형상을 온전히 회복하는 과정이다. 죄의 상처가 극복될 때, 우리는 점차적으로 예수 그리스도의 인격을 드러내게 된다. 이것은 성화의 과정이며 우리 안에 계신 성령님의 역사로 이루어진다 (고후 3:17-18).

육체적 치유

육체적 치유는 하나님께서 우리를 원래 의도하신 건강과 영원한 생명으로 회복시키시면서 이루어진다. 맨 처음 죽음에서 부활하신 예수 그리스도는 그를 믿는 모든 자들에게 영원한 생명을 약속하셨다. 예수님을 통해 우리는 생명의 강에 나아간다. 신약에 나온 예수님의 육체의 질병 치유 사역이 이제는 성령님을 통해 이루어지는데, 새 하늘과 새 땅에 충만할 풍성한 천국에서 누리는 삶의 전조이다.

관계 치유

관계 회복은 예수님이 타락한 인간 관계를 치유하실 때 일어난다. 이것은 남자와 여자 사이의 가장 기본적인 관계에서 시작한다. 그리고 나서 점점 그 범위를 넓혀 사회 계층간의 불의 치유, 국가간의 치유까지 포함한다. 사도 바울은 사회의 주요한 세 부분에서 치유를 예견하며 예수 그리스도의 복음을 이해했다. "너희는 유대인이나 헬라인이나 종이나 자유자나 남자나 여자 없이 다 그리스도 예수 안에서 하나이니라" (갈 3:28).

이러한 본래의 평등의 회복은 남자와 여자의 관계가 치유되고 상호 작용과 사랑의 관계로 회복될 때 시작된다. 관계 치유는 생명의 강이 흐를 거룩한 도성이 회복되면서 완성될 것이다.

창조 질서의 회복

바울이 로마서 8장 20-22절에서 말했듯이, 죄는 모든 창조 질서에 영향을 미친다. 그러므로 하나님의 나라에서 치유는 인간을 넘어서 창조 질서 전체를 포함하는 데까지 확장된다. 하나님의 치유 계획은 동물과 식물 세계도 포함한다. 창조물이 부패의 굴레를 벗어 자유롭게 될 때 조화와 평화가 올 것이다. 죽음은 더 이상 창조물과 땅과 인간을 유린할 수 없다. 인간은 회복되면서 자연 세계를 다스리는 책임을 얻게 될 것이다. 땅 그 자체도 생명의 강이 흐를 때 열매 맺음과 풍성함을 다시 얻게 될 것이다. 이사야 선지자는 평화로운 하늘나라에서 이러한 치유의 비전을 보았다 (사 11: 6-9).

타락의 결과를 이겨내면서 범위를 점차 넓혀 가는 치유 과정은 새 하늘과 새 땅에서 정점을 이루며, 에덴이 회복된다. 우리는 이미 이것을 예수 그리스도 안에서 경험하기 시작했다.

마귀를 이기고 악한 영들을 쫓아내라

인류와 창조물들을 하나님의 원래 목적에 따라 회복시키는 예수님의 사역은 구속을 방해하는 적들을 물리치고 쫓아내는 불가피한 전쟁을 수반한다 (행 10:37-38). 예수님은 마귀의 일을 파괴시키려고 오셨다. 오늘날 예수님은 성령을 통해 치유의 모든 영역마다 하나

 마음의 숨겨진 상처를 치유하시는 예수님 성령님과 치유 사역

님의 나라가 실현되는 데 방해가 되는 영적인 세력들을 물리치시고
자유하게 하시는 일을 계속하신다.

그림 2

**하나님의 원래의 창조 비전을 회복하시는
예수님의 치유 사역**

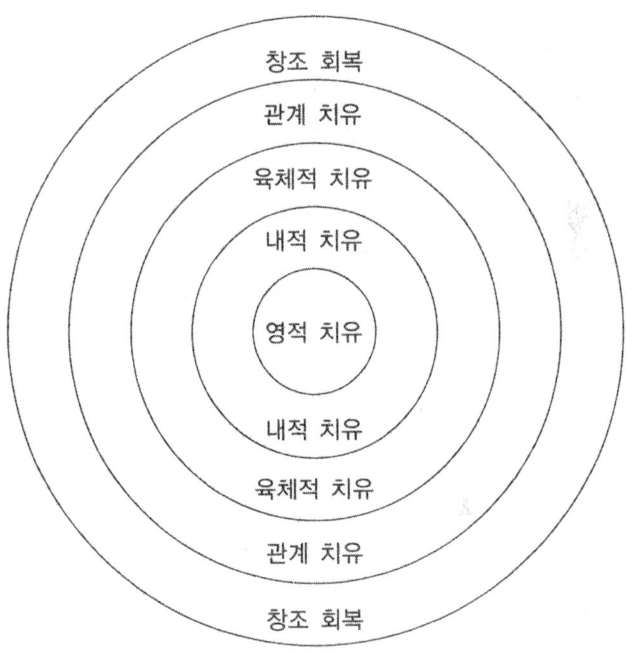

　　지금까지 인간 본성의 다양한 영역과 다양한 형태의 치유를 말했
다. 그러나 인간의 본성은 촘촘히 짜여진 옷감과 같다. 실 하나하나
는 뜯어낼 수 있지만 모든 실이 하나로 짜여졌을 때만 온전한 의미를

갖게 된다. 실제로, 이렇게 다양한 형태의 치유는 완벽하게 짜여지고 서로 엮여져 있다. 육체적 치유나 내적 치유를 먼저 시작하는 것이 편할 수는 있겠지만, 우리는 예수님과 연합하여 온전한 하나님의 나라에서 온전한 인격이 회복되도록 부르심을 받았다. 이 때문에 우리는 인간 존재의 모든 영역에 관여하게 된다. 무엇보다 중요한 하나님의 나라라는 동기 안에서 "체계적으로" 접근하는 것만이 예수님의 치유 사역의 놀라움을 온전히 맛볼 수 있는 길이다.

하나님의 나라는 *지금 와* 있지만, 또한 *장차 도래*할 것이다

예수님의 모든 치유 사역은 하나님의 나라 안에서 이루어지는 것이라고 이해해야 한다. 하나님의 나라는 성령을 통해 지금 실제로 존재한다. 그렇지만 불완전하다. 우리는 여전히 죄와 죽음이 있는 이 세상에 살고 있다. 영적 치유나 하나님과의 관계 회복은 예수님이 십자가에서 죽으심으로 완성되었다. 반면, 나머지 치유는 진행 중이다. 타락의 결과들이 온전히 치유되려면 새 하늘과 새 땅이 올 마지막 때에 하나님의 나라가 완성되어야 한다.

그러므로 그리스도인들이 질병과 정서적인 상처, 상실, 육체의 죽음을 경험하는 혼란스러운 상황들을 이해할 수 있게 된다. 또한 왜 어떤 사람들은 육체적 치유의 기적을 경험하는데, 또 다른 사람들은 부활을 기다려야 하는지 이해하는 데 도움이 된다. 무엇보다도 내면으로부터의 치유 과정은 우리가 사람들을 "내가 곧 길이요 진리요 생명이니, 나로 말미암지 않고는 아버지께로 올 자가 없느니라"(요

14:6)고 말씀하신 예수님께 인도하는 데 우선 순위를 두어야만 하는 것을 의미한다. 이것이 우리가 상상하는 것보다 훨씬 더 우리를 사랑하시고 우리가 다시 에덴에서 살기를 바라시는 하나님의 은혜로우신 치유 사역의 시발점이다.

그러면 예수님의 치유 사역의 목적은 무엇인가? 그리스도인의 치유는 결코 치유 그 자체가 목적이 아니다! 우리는 이 질문에 대답하기 위해 잠시 생각해야 한다. 왜 예수님은 우리를 고치시는가? 그 대답은 근본적으로 하나님의 사랑의 신비에 있다. 그는 그저 우리를 사랑하시기 때문에 우리를 구속하시고 고치신다. 이러한 사랑 때문에 구원받고 치유받은 우리는 예수님의 구원 사역에 동참할 수 있다. 간단히 말해서, 우리의 치유는 그것이 영적이든, 내적이든, 관계이든, 육체적이든지 우리로 하여금 예수님을 따르고 그의 증인이 되는 데 그 목적이 있다. 우리는 예수님의 사역을 통해 죄사함을 받고 치유를 받음으로 다시 세상에 내보내지는 역동성을 보게 된다.

바울은 또한 이러한 역동성을 그의 서신 여러 곳에서 묘사하고 있다. 그는 하나님이 우리에게 화목하게 하는 사명을 주셨다고 말한다 (고후 5:18-20). 이것은 우리의 눈이 그저 치유 사역에만 머물 수 없다는 것을 의미한다. 치유 사역에만 집중하면 우리는 하나님의 온전한 구속의 목적에서 벗어나게 될 것이다. 우리가 치유 사역에 임하는 목적은 다음과 같다:

• 사람들을 예수님의 구원으로 인도하는 것
• 사람들이 성령님의 힘을 덧입게 되는 것

- 사람들이 훈련받아 성숙하게 되는 것
- 사람들이 증인으로 다시 나가는 것

복습을 위한 질문

1. 당신의 삶의 어떤 부분에서 치유를 경험했는가? 어떻게 그런 일이 일어났는가?

2. 온전한 치유에 대한 당신의 비전은 무엇인가? 하나님이 창조물을 회복하고자 하신다는 것을 믿는가? 그 이유는 무엇인가?

3. 우리는 예수님의 증인이 되기 위해 치유받는다. 이 진리가 치유를 위해 기도하는 당신에게 어떻게 영향을 미치는가?

예수님의 역동적인 3단계 치유 사역

예수님은 성령님께 이끌리어 능력을 받으시고 광야의 시험에서 돌아오셨다. 복음서 저자들은 이 시기를 군중들이 예수님의 치유의 손길을 경험하고자 갈망하여 몰려들었던 활동적인 시기로, 심지어 극한 혼돈의 시기로까지 묘사한다 (마 4:23). 사람들의 삶은 달라졌다: 예수님의 옷자락에 손을 댄 혈우병을 가진 여인, 나무에 오른 키 작은 삭개오, 친구들이 지붕을 통해 내려 준 남자, 간음으로 잡혀 와 돌에 맞기 직전인 여인, 소리를 고래고래 지르던 눈먼 바디매오, 야곱의 우물가에서 생수에 목말라했던 사마리아 여인. 눈에 훤한 표정들과 마음에 와 닿는 상처들이 몰려 든 사람들 사이에서 드러난다. 비록 예수님은 군중들 사이를 다니셨지만, 사역은 매우 개인적이었다.

예수님이 병을 고치시거나 귀신을 쫓아내신 각 사람들을 살펴볼 때, 분명히 나타나는 방식이 있다. 예수님과 협력자인 성령님의 숨은 사역이 외부로 표현되는 방식이다. 예수님과 성령님의 환상적인 춤이 하나님 아버지의 의도를 성취하는 결과를 낳는다. 만약 우리가 능력 있는 치유와 축귀 사역에 참여한다면, 우리 또한 성령님과 함께 춤추는 법을 배워야만 한다. 8장에서 예수님의 치유의 기적에서 성령님의 능력 부으심이 성경에 어떻게 나와 있는지 좀더 깊이 다룰 것이다. 또한 예수님을 따르도록 부름받았을 때, 예수님이 경험하신 그 동일한 능력을 성령님이 어떻게 주시겠다고 약속하셨는지 볼 것이다.

우리는 예수님의 치유 사역 전반을 연구하면서 3단계 형태를 살펴보았다.

1단계: 예수님은 인간이 예수님 자신과 관계를 맺게 하여 성령님이 일하실 수 있는 환경을 만드신다.

2단계: 예수님과 성령님은 인간이 하나님의 나라를 실제로 경험하고, 그 결과 치유받을 수 있도록 다양한 방법들을 사용하신다.

3단계: 예수님은 인간이 제자로서 믿음과 순종으로 예수님을 따르도록 부르거나 명령하신다.

이것은 정해진 규칙이나 구체적인 방법이 아니라 단지 성령님이 일하시는 방식을 요약한 것이다. 이것은 규정이 아니라 있는 그대로 말한 서술이다. 그러나 성령님은 예수님과 함께 하신 이 방식대로 대체로 우리와 일하실 것이기 때문에 이 양식을 아는 것이 중요하다. 이 장에서는 1단계에 대해 논의하고, 다음 두 장에서 2단계와 3단계를 다룰 것이다.

1단계: 환경은 관계를 위해 만들어진다

모든 종류의 치유는 치유가 일어나는 배경이나 상황이 있다. 의사들, 간호사들, 특수 장비들과 분위기가 있는 병원이 최대한 의학 치료를 하고 건강을 회복하기 위한 특별한 환경이다. 특별히 훈련받은 사람들, 잘 구비된 장비, 기존 치료 요법, 세상적인 상담이나 심리치료는 심리나 관계 변화를 위한 장소이다.

기독교의 기도 사역도 마찬가지다. 성령님이 예수님의 치유를 이끄실 수 있도록 환경이 만들어져야만 한다. 성경은 이러한 환경이 관계적이며, 예수 그리스도와의 관계라고 밝히고 있다. 이 첫 번째 단계에서 성령님의 역할은 중개자이다: 사람들을 다른 사람들과의 관계로, 예수 그리스도와의 관계로 이끄는 역할. 이것이 성령님의 주된 사역 중에 하나이다.

나는 인정한다. 나는 사랑에 빠진다. 나는 예배한다—그러나 첫 번째 단계에 들어가는 것은 나의 능력이 아니었다. 뜻하지 않은 만남마다 소개해 주고, 중개인으로 활동하고, 서로를 알게 해 주고, 대화의 물꼬를 트는 익명의 제 삼자가 있었다. 더욱이, 눈에 보이지 않는 이 중개인은 그저 우리 사이에 서 있는 것이 아니라 우리 각 사람의 내면에서 활동하고 있다.[1]

치유가 일어나는 환경: 사랑

우리는 사랑이신 하나님의 형상을 따라 창조되었기 때문에 사랑하고 사랑받도록 만들어졌다. 타락의 가장 비참한 결과 중에 하나는 우리에게 영양분을 공급해 주고 우리의 정체성을 결정해 주는 사랑으로부터 우리가 단절된 것이다. 이러한 사랑의 상실은 제일 먼저 하늘에 계신 우리 아버지로부터 시작해서 우리들 그리고 우리의 모든 관계들로 확장되었다. 하나님 아버지는 우리가 아직 죄인 되었을 때, 우리를 위해 독생자를 십자가에 보내셨다. 살아 계신 하나님의 엄청난 희생에는 오직 하나의 동기가 있을 뿐이다. 바로 사랑이다 (롬 5:8; 요일 4:16).

십자가에서 드러난 이렇게 깊은 사랑의 동기는 하나님과의 관계를 가능하게 한다. 십자가는 죄로 인해 생긴 골을 가로지르는 다리를 제공하며, 그 다리 위로 하나님의 놀라운 사랑과 은혜가 흐를 것이다. 이것은 우리가 예수님의 치유와 회복의 역사를 경험할 수 있는 환경을 만든다.

나사로가 무덤에서 살아나는 기적이 있기 전에 *예수님은 우셨다* (요 11:35). 왜 예수님은 우셨을까? 분명히 예수님은 그 누구보다도 친구의 영혼의 상태에 대해서 잘 아셨고, 나사로가 풍성한 생명으로 들어가는 문인 죽음의 평화로움 속에 잠들어 있는 것을 아셨다. 그렇지만 그는 눈물을 흘리셨다. 먼지 쌓인 외로운 죽음의 자리에 모인 사람들은 예수님이 드러내신 감정을 보았다, "이에 유대인들이 말하되, '보라, 그를 어떻게 사랑하였는가' 하며" (요 11: 36). 이 사랑은 세상에서 온 것이 아니라 아버지의 마음에서 온 것이었다. 예수님의 눈물은 하나님의 마음을 드러낸다.

신디: 기독교의 모든 치유를 위한 기초, 주도권 그리고 환경은 하나님의 사랑이다. 이런 치유 사역에서 예수님과 동역자가 되기 위해서는 우리도 기도하는 사람들을 사랑하는 위험을 감수해야 한다. 나는 임상교육(Clinical Pastoral Education, CPE)에서 학생 하나가 신경이 날카로워져서 나와 이야기하고 싶어 할 때 이것을 경험했다. 그 여학생은 나와 있으면서 마음이 진정되었고, 내가 그녀를 좋아한다고 생각했기 때문에 그녀는 전화로 도움을 요청했다. 그녀가 들어와서 성적인 죄를 고백하기 시작했을 때, 나는 그녀의 고백에 당황했고 이야기에 집중하려고 안간힘을 써야 했다. 하지만 기도를 하고 나니, 하나님은 내 마음에 그녀를 향한 사랑을 채우셨다. 나는 더 이상 물러서 있지 않았다. 내 마음에 부어진 그녀를 향한 하나님의 사랑은 성령님이 함께 일하실 수 있는 환경을 만들었다. 나를 통해 그녀는 예수님의 용서와 사랑을 경험했다.

대화가 다리 역할을 한다

사랑이 예수님의 치유 사역을 위한 전체적인 틀을 제공하지만, 예

수님과 사역 대상자 사이에는 마음과 마음을 이어 주는 다리가 있어
야만 한다. 개인적으로 관계를 맺고 있어야 하는데, 이 관계는 성령
님의 다른 모든 사역을 위한 환경을 제공해 준다. 이 모든 것은 예수
님과 그 사람 사이의 관계에서 시작한다. 이런 관계가 없다면 하나님
의 모든 사랑과 능력은 인간의 마음속에 숨겨진 상처를 치유하는 데
힘을 발휘하지 못한다. 그러므로 치유 사역에서 제일 먼저 할 일은
관계의 다리를 만드는 것이다.

예수님은 어떻게 사람들과 관계를 맺으셨는가? 예수님은 말씀과
약속으로 이끄는 이야기와 대화를 통해 관계를 맺으셨다. 장애물들
을 넘어서 마음 깊숙한 곳까지 파고 들면서 사람들에게 이야기하셨
다. 예를 들어, 니고데모가 밤에 예수님을 만나러 왔을 때, 예수님은
처음에 이렇게 말씀하셨다, "진실로 진실로 네게 이르노니, 사람이
거듭나지 아니하면 하나님 나라를 볼 수 없느니라" (요 3:3). 우리는
정곡을 찌르는 이 단언에 경악한 니고데모가 경계심을 버린 것을 상
상할 수 있다. 이것은 그가 기대했던 대답을 뛰어넘는 것이었다. 통
찰력이 뛰어나신 예수님은 그의 마음속에 있는 깊은 갈망을 만져 주
셨다. 너무나도 비이성적인 이 주장에 대한 니고데모의 이성적인 대
답은 "사람이 늙으면 어떻게 날 수 있삽나이까? 두 번째 모태에 들어
갔다가 날 수 있삽나이까?"(요 3:4)였다. 이것으로 예수님과 니고데
모는 관계로 이끄는 다리 역할을 하는 대화로 들어갔다.

우리는 예수님이 야곱의 우물가에서 한 여인에게 "물을 좀 달라"
(요 4:7)고 물으셨을 때, 동일한 일을 하고 계심을 본다. 고대 유대의
문화에서 랍비는 공개적으로 여인에게 말할 수 없었다. 심지어 자기

아내에게도 말하지 않는다. 제자들이 돌아왔을 때 예수님이 여인과 이야기하는 것을 보고 놀라는 것을 떠올려 보라. 그들은 사회적 그리고 문화적 금기를 알고 있었다. 그러나 예수님은 단순한 부탁 하나로 그 모든 것을 깨고 자신과 자신이 속한 공동체에 삶의 변화를 가져올 그녀와 범상치 않은 대화를 시작하셨다.

예수님이 직접 말씀과 질문들로 이끌어낸 이런 대화들은 아마도 몇 가지 역할이 있었을 것이다. 첫째, 그 사람을 구원과 치유의 변화 과정에 참여하도록 부른다. 예수님은 치유하시고 구속하시기 위해 사람들에게 어떤 행위를 하신 게 아니다. 반대로 그들과 함께 행하셨다. 이것은 자유와 책임을 가지고 하나님의 형상을 따라 지어진 인간을 존중하는 것이다. 둘째, 예수님이 하신 질문은 그들의 믿음을 일깨워 예수님이 그들의 삶에서 역사하실 수 있게 하는 기반이 된다. 사실, 그는 단도직입적으로 물어보신다, "이것을 네가 믿느냐?" 예수님이 마르다에게 나사로의 무덤으로 가는 길에 물으셨다 (요 11:26).

셋째, 예수님은 우리에게 약속을 주신다: "너희가 내 이름으로 무엇을 구하든지 내가 시행하리니, 이는 아버지로 하여금 아들을 인하여 영광을 얻으시게 하려 함이라" (요 14:13). 예수님이 "네가 낫고자 하느냐?" (요 5:6) 혹은 "네게 무엇을 하여 주기를 원하느냐?"(막 10:51)라고 물으실 때, 그는 약속을 지키시려고 우리에게 마음의 소망을 표현할 기회를 주신다.

이런 대화들은 하나님의 목적에 매우 중대하기 때문에, 성령님은 우리에게 같은 일을 하라고 부르실 것이다. 개인적인 만남을 통해 먼저 관계의 다리를 만들지 않으면, 당신은 피상적인 관계에 머물게 되고, 실제로 어떤 일이 일어나는 곳에는 도달하지 못한다. 우리는 예수님처럼 좀더 깊은 사역의 문을 여는 대화 속에 사람들을 끌어들이도록 인도함을 받을 것이다. 예수님이 대화를 시작하시고 관계를 맺으려고 하셨던 질문과 말씀들은 "널 위해 뭘 기도할까?" 또는 "너는 하나님께 무엇을 구하니?" 혹은 "잘 지내고 있니?"와 같은 우리가 하는 질문들과 비교가 된다. 이미 마음에 준비가 되어 있는 사람에게 던져진 예수님의 질문들은 성령님이 일하실 수 있는 상황을 만든다. 임상 실험에서는 이것을 "면담"이라고 부를 수 있다.

브래드: 어느 날 목사인 리차드(Richard)는 병원에 갔다가 심각한 상황을 만났다. 겨우 몇 달 된 쌍둥이 남자 아이들의 생명 보조 장치를 제거하여 곧 죽게 되었다. 그 부모들이 아이들에게 마지막 작별 인사를 할 수 있도록 친구들과 가족은 병실에서 나가 달라는 부탁을 받았다. 리차드는 불빛이 희미한 대기실에서 문병 온 사람들과 같이 있었다. 거기 모인 모든 사람들은 슬퍼 보였다. 모두 조용히 외롭게 앉아 옆방에서 사그라지고 있는 생명 때문에 슬픔에 잠겨 있었다. 리차드는 무기력과 죽음의 힘을 느낄 수 있었다. 목사로서 그의 마음은 손을 내밀고 싶었지만, 엘리베이터 안에 조용히 서 있는 사람들처럼 대화를 가로막는 사회적 관습의 벽을 느꼈다. 그는 아무도 알지 못했고 그들이 그리스도인인지도 몰랐다.

성령님이 그 상황에 어울리지 않는 "우리 함께 기도하는 것이 어떨까요?"라는 말로 리차드의 마음을 움직이기 시작하셨다. 예의라는 보이지 않는 장애물과 씨름한 끝에 그는 성령님의 인도하심에 순종했고, 기도하고 싶은 사람이 있냐는 질문으로 침묵을 깨뜨렸다. 그 즉시 분위기는 해질녘 빛이 변하는 것처럼 달라졌다. 모든 사람이 거의 한 목소리로 "네!"라고 대답했다. 리차드는 두 아이의 생명을 주신 하나님께 감사의 기도를 드렸다. 갑자기, 성령님이 역사하시는 상황이 되었다. 관계의 다리가 놓여졌다. 깊은 슬픔을 간직한 공동체가 만들어졌다. 사람들은 울기 시작했고 서로를 잡고 위로하기 시작했다. 어떤 남자가 "내 딸이 암 진단을 받고 이 병원에 있습니다"라고 말했다. 우리는 모두 그 사람과 딸을 위해 기도했다.

리차드처럼, 성령님이 역사하고자 하실 때 우리도 그러한 기회에 준비되어 깨어 있어야만 한다. 성령님은 관계의 다리가 만들어지도록 우리가 행동하고 말해야 하는 상황을 예비하실 것이다. 이러한 상황에서 치유 사역은 일어날 수 있다. 공식적인 상담 시간일 수도 있고 기도 모임 혹은 사람들이나 성령님이 역사하시는 곳은 어디나 될 수 있다. 일단 관계가 이루어지면 우리는 치유 과정의 두 번째 단계로 나아간다.

복습을 위한 질문

1. 누군가 당신에게 당신의 삶에서 하나님이 역사하시도록 담대하게 말을 꺼낸 적이 있는가? 당신에게 그것이 어떠했는가?

2. 누군가와 관계가 더 깊어질 기회가 있었지만 당신이 말하거나 행동하지 않아서 아무 일도 일어나지 않았던 때가 기억나는가? 잃

어버린 그 기회를 말해 보라. 무엇 때문에 주저했는가?

3. 하나님의 인도하심을 느끼고 말했거나 행동했던 경험을 이야기해
   보라. 무슨 일이 있었는가? 당신은 무슨 말을 해야 하는지 어떻게
   알았는가?

예수님은 성령님과 함께 역사하신다

치유 사역의 두 번째 단계는 예수님이 관계를 만드신 후에 시작된다. 이 단계에서 예수님은 그 사람의 필요뿐만 아니라 성령님이 그 사람 안에서 행하실 역사와 관련된 다양한 일들을 하신다. 그 사람에게 미치는 결과는 지대하다. 하나님의 나라가 임한 것이 눈으로 보이게 치유와 변화를 실제로 경험한다.

우리는 야곱의 우물가의 여인의 이야기에서 이 단계가 다시 한 번 입증되는 것을 본다. 예수님은 물을 달라고 부탁하여 대화를 시작하셔서 그녀에게 생수에 대한 이야기를 하신다. 성령님은 예수님이 그녀에게 남편을 불러오도록 지식의 말을 주셨다. 이로써 예수님은 메시아로서 자신을 드러낼 수 있는 더 깊은 수준의 대화를 하셨다. 예수님은 그녀의 영혼을 만지셨고 생수에 대한 갈망을 자극하셨다. 그녀는 마음속 가장 깊은 곳에서 예수님이 자신이 찾아 헤매던 분이라는 것을 알았다.

이 단계에서, 예수님은 그 사람과 성령님의 독특한 인도하심을 의지해서 여러 가지 일들을 행하셨다. 다음의 표는 다양한 가능성들을 요약한 것이다.

예수님의 행위	관련 성경 구절	목적과 결과
예수님은 사람들을 하나님의 나라로 거듭나게 인도하신다.	요일 1:5-10; 막 1:15, 9:23-24; 요 1:12-13, 3:34-36, 4:16-19, 8:1-11; 고후 5:17-21	하나님과 우리의 근본적인 관계를 회복시키시고, 우리를 하나님의 나라 안에서 치유 과정으로 인도하신다.
예수님은 죄를 고백하고 회개하며 빛 가운데 행하라고 부르신다.	요일 1:5-10; 막 9:23-24; 요 4:16-19, 29, 8:10-11	숨겨진 것들을 치유받고 용서받을 수 있는 빛으로 인도하신다. 그리하여 성령님이 영적, 내적, 관계적, 육체적인 치유를 하지 못하게 막는 장애물을 제거하신다.
예수님은 죄를 용서하신다.	마 9:1-8; 눅 7:36-50, 22:60-62; 요 21:15-19	영적, 내적 그리고 관계적인 치유의 핵심으로, 육체의 질병을 치유하는 길을 분명히 해 준다.
예수님은 사탄, 타인 그리고 또는 우리 자신이 말한 거짓말을 뒤엎으시고, 예수님 자신, 현실과 우리 자신에 대한 진리로 바꾸어 놓으신다.	막 9:39-41; 눅 22:61-62; 요 8:31-32, 8:44, 14:6	예수님을 진리로 경험할 수 있고, 진리 가운데서 행하도록 사람들을 자유하게 하신다. 모든 형태의 치유에 영향을 준다.

예수님은 귀신을 쫓아내며 치	막 5:1-20; 눅 13:10-16	성령님의 치유와 회복의 역
유와 회복과 순종의 길을 밝히		사를 방해하는 악한 영을 제
보이신다.		거한다. 모든 형태의 치유에
		영향을 미칠 것이다.

이러한 행위들을 알맞은 시기에 할 때 이것들은 치유로 가는 중요한 요소들이 된다. 만약 성령님이 이렇게 인도하기 원하신다면 이것들은 쓰임받기 위해 우리가 준비해 두어야 하는 것들이다.

이 행위들 가운데 세 가지—구원으로 인도하는 것, 죄를 고백하게 하는 것 그리고 용서하도록 권면하는 것—는 치유 과정에서 꼭 필요한 것이다. 거짓과 귀신들과 맞서는 역할은 뒷부분에서 자세히 다룰 것이다.

사람들을 거듭나도록 인도하라

타락하고 죄악 가득한 이 세상 가운데서 죽음의 권세에 사로잡힌 인간에게 하나님은 생명의 길을 주셨다. 예수 그리스도를 믿는 믿음을 통해서이다. "영접하는 자 곧 그 이름을 믿는 자들에게는 하나님의 자녀가 되는 권세를 주셨으니" (요 1:12-13; 또한 막 1:14-15; 요 3:34-35 참조). 또한 사두개인들 앞에서 베드로는 이렇게 말했다, "다른 이로서는 구원을 얻을 수 없나니, 천하 인간에 구원을 얻을 만한 다른 이름을 우리에게 주신 일이 없음이니라" (행 4:12).

성경은 예수님이 하나님의 나라라는 새로운 실재에 들어가는 길이라고 말한다. 이것은 영적 치유이며, 깨어진 하나님 아버지와의 관계가 회복되고, 하나님이 의도하셨던 본래의 조화 있는 관계를 다시 맺는 것이다. 이것은 모든 치유 과정의 시작점이고 완성의 도달점이다.

한밤에 이루어진 니고데모와의 대화에서 이것을 분명히 알 수 있다. "어떻게 그런 일이 있을 수 있습니까?"라는 니고데모의 대답이 나올 수밖에 없는 자극적인 단언을 하신 예수님은 하나님의 나라를 볼 수 있는 유일한 길은 다시 태어나는 것뿐이라는 말씀을 하심으로 다음 단계로 나아가셨다. 우물가의 여인에게도 동일한 일이 있었다. 진리와 진정한 예배에 관한 지적인 대화는 예수님으로부터 흘러나오는 생수를 얻게 하는 부르심이 되었다. 대화를 넘어서 무슨 일이 사람들에게 실제로 일어났음을 우리는 짐작할 수 있다. 우물가의 여인은 기쁨에 차서 온 마을 사람들에게 메시아를 만났다고 말하려고 달려갔다 (요 4:28-29). 니고데모는 예수님을 반대했던 율법 선생이었지만, 그에게서도 변화의 증거를 볼 수 있다. 그는 장례를 치르기 위해 예수님의 몸에 바를 몰약과 침향 섞은 것을 가져왔다 (요 19:39).

예수 그리스도를 믿는 믿음을 통하여 하나님 아버지와의 깨어진 관계가 영적으로 치유되는 것은 예수님이 우리에게 주시는 치유의 길로 들어가는 것이다. 치유를 위해 기도하도록 부름받은 우리에게 성령님이 인도하시는 것은 그 사람들이 거듭나도록 복음을 전하는 것이다. 만약 그들이 이미 그리스도인이라면, 성령님은 예수님을 주님으로 시인하는 믿음을 재확신하도록 인도하실 것이다.

성령님의 내주하심으로 하나님의 나라에서 거듭나는 것은 결국 하나님의 원래 비전이 온전히 회복되는 과정을 시작하는 것이다. 진

 마음의 숨겨진 상처를 치유하시는 예수님 성령님과 치유 사역

정한 치유는 "내가 곧 길이요 진리요 생명이니, 나로 말미암지 않고는 아버지께로 올 자가 없느니라"(요 14:6)고 말씀하신 예수 그리스도만을 통해 이루어지기 때문에, 치유 사역이 복음으로 시작되는 것은 당연하다.

그렇다면 비그리스도인은 치유와 온전해짐을 경험할 수 없다는 말인가? 경험할 수도 있다. 이후에 논의할 원리들은 모든 인간이 하나님의 형상을 따라 지음받았다는 것을 기반으로 하는 영적 법칙 또는 자연 법칙과 일치한다. 예를 들어, 죄의 고백과 용서의 원리는 상황에 관계없이 치유의 역사를 이룰 것이다. 비그리스도인들 사이에서도 치유의 원칙들이 작용한다는 사실은 모든 창조물에 대한 하나님의 사랑과 은혜의 표시이다.

그렇지만 온전한 치유, 하나님 형상의 온전한 회복, 타락의 결과로 인한 손실의 반전은 예수 그리스도를 통해 하나님의 나라에서 거듭난 사람에게만 나타날 수 있다. 생명의 강은 하나님의 나라에서만 흐르고 강 좌우에는 만국을 소성하는 잎사귀들이 있는 생명나무가 있다 (계 22:2).

죄의 고백, 회개, 빛 가운데 행함

인간의 내면은 하나님의 형상으로 지어졌기 때문에 고집스럽게 하나님께 숨기는 것은 하나님이 치유하실 수 없는 중요한 영적 원리이다. 인간이 자유 의지를 표현하는 방법 중에 하나는 숨기는 것이다. 아담과 하와가 맨 처음 의지를 표현한 것은 범죄함으로 하나님의 낮을 피하는 것이었다. 또한 벗었음을 숨기려고 했다 (창 3:7-10). 상한 마음을 가지신 하나님은 숨어 있는 아담과 하와를 찾으셨다. 넘치는 사랑으로 하나님은 숨어 있는 우리도 찾으실 것이다. 그렇지만 하나님은 왜곡된 자유의 표현도 존중하신다. 만약 우리가 숨어 있기를 고집한다면 하나님은 우리를 상처 입은 대로 그냥 두신다. 하지만 이것은 우리를 향한 하나님의 은혜로우신 의도가 아니다.

요한일서에서 성령님은 하나님의 은혜로 우리 안에서 온전히 치유의 역사가 일어나도록 "빛 가운데 행하라"고 당부하신다.

> 만일 우리가 하나님과 사귐이 있다 하고 어두움 가운데 행하면 거짓말을 하고 진리를 행치 아니함이거니와, 저가 빛 가운데 계신 것 같이 우리도 빛 가운데 행하면 우리가 서로 사귐이 있고, 그 아들 예수의 피가 우리를 모든 죄에서 깨끗하게 하실 것이요.
>
> 요한일서 1:5-7

"빛 가운데 행하는 것"이 개인, 가정 그리고 나라에 적용되는 치유와 온전함의 기본 원리이다. 인간 본성의 법칙으로, 이것은 사람들이 예수 그리스도를 존중하느냐 하지 않느냐와 상관없이 적용된다. 죄와 죄로 인한 상처가 고백을 통해 빛 가운데 나오지 않는 한 사랑과 능력의 하나님도 치유하지 않으실 것이다.

예수님의 치유 사역에 있어서 예수님은 관계를 맺은 후에 종종 숨겨져 있었던 것을 빛 가운데 드러내신다. 귀신들린 아이의 아버지는 예수님이 나타나시고 놀랍게 귀신이 드러나자 자신의 믿음이 부족함

을 공개적으로 고백할 수밖에 없었다. 예수님은 그에게 "믿는 자에게
는 능치 못할 일이 없느니라"고 권고하셨다. 아이의 아버지는 즉시
"내가 믿나이다. 나의 믿음 없는 것을 도와 주소서"라고 소리 질렀다
(막 9:23-24). 아버지가 불신앙을 솔직히 고백함으로 "빛 가운데 행
한 것"은 예수님이 아이뿐만 아니라 그 아버지의 상처와 의심도 치유
하실 수 있도록 문을 열었다. 간음 현장에서 잡혀와 돌에 맞기 직전
인 여인은 죄의 고백을 강요받았다. 그녀의 죄는 정죄하는 무정한
바리새인의 눈앞에 그리고 예수 그리스도의 눈 앞에 드러났다. 그러
나 그녀는 예수님으로부터 정죄가 아니라 용서와 회복을 얻었다 (요
8:10-11).

예수님은 우리가 죄를 고백하면 치유와 회복으로 이끄는 죄사함
을 주신다. 죄는 내적 상처와 깨어진 관계의 근원이다. 죄를 용서받
으면 하나님과의 올바른 관계가 회복될 뿐만 아니라 그들의 내면에
있고 그들의 관계에 있는 죄의 결과가 치유됨을 경험한다.

예수님이 베드로를 용서하신 것(눅 22:54-62; 요 21:15-19 참
조)은 어떻게 용서가 대부분의 영적, 내적 그리고 관계적인 치유에
관건이 되는지를 성경에서 가장 생생하게 보여 주는 것이다. 성경은
베드로가 타락하여 죄 가운데 빠지는 것을 분명하게 묘사한다. 베드
로는 세 번이나 예수님을 부인했다. 세 번 부인한 베드로는 예수님이
그를 보시자 마음이 찔렸다: "밖에 나가서 심히 통곡하니라" (눅
22:62). 예수님의 시선을 느꼈을 때, 베드로는 마음에 상처를 주고
예수님을 따르지 못하도록 방해하는 확고부동하게 돌기둥처럼 서 있
는 크나큰 수치와 아픔의 무게를 분명히 경험했을 것이다.

베드로는 이 모든 내면의 상처를 예수님이 부활하신 이후에도 안고 있었다. 몇몇 제자들이 고기를 잡으러 나갔을 때, 누군가 바닷가에 있는 것을 보았다 (요 21:4-7). 베드로는 마음의 상처로 인해 그가 누구인지 알아보지 못했다. 베드로에게 "주시라!"고 말한 것은 예수님이 사랑했던 제자, 예수님을 향한 사랑으로 베드로 *대신* 주님을 알아 볼 수 있었던 요한이었다. 베드로는 즉시 물로 뛰어들었고 물가로 헤엄쳐 갔다.

베드로가 물을 뚝뚝 떨어뜨리며 해변가에 닿았을 때, 우리는 그가 숯불을 보고 놀란 것을 상상할 수 있다. 숯불을 지펴놓고,[1] 예수님은 베드로가 그를 부인했던 그 상황, 그의 시선에 마음이 찔렸던 그 상황을 기억나게 하셨다. 불을 보면서 또 그 곁에 부활하신 예수님이 자신을 바라보는 것을 보면서, 그 끔찍했던 밤의 기억들과 감정들이 베드로에게 밀려왔다. 죽기까지 따라가겠다고 맹세했던 예수님을 부인하던 자신의 목소리를 다시 한 번 들었다. 닭의 울음소리가 그의 귓가에 울렸다. 쓰디쓴 눈물을 삼키며 가슴속의 절망 덩어리와 몸부림치면서 먹으려고 애쓰고 또 애썼다. 예수님이 말씀하시고 용서하시자 그는 버거웠던 침묵의 짐을 덜었다.

예수님은 "나를 사랑하느냐?"라고 세 번 물으심으로 베드로가 세 번 부인한 죄를 드러내셨다. 매번 물으실 때마다 성령님은 베드로의 마음 깊이 역사하셨고, 세 번째 "네가 나를 사랑하느냐?"라고 물으셨을 때, 베드로는 마음 깊은 곳에서 "내가 주를 사랑하는 줄을 주께서 아시나이다"라고 대답했다. 예수님은 "이제 너를 용서한다"라고 말씀하지 않으셨다. 용서는 "내 양을 먹이라"는 세 번 확인한 부르심과 "나를 따르라"는 말씀으로 이루어졌다. 용서받은 베드로는 순교할 때까지 초대 교회의 지도자로서 예수 그리스도를 따랐다.

치유 사역으로 우리를 부르시는 일에 있어서의 자백과 용서

예수님은 우리에게 그의 이름으로 죄를 용서하는 권세를 주셨다.

> 예수께서 또 가라사대, "너희에게 평강이 있을지어다. 아버지께서 나를 보내신 것 같이 나도 너희를 보내노라." 이 말씀을 하시고 저희를 향하사 숨을 내쉬며 가라사대, "성령을 받으라. 너희가 뉘 죄든지 사하면 사하여질 것이요, 뉘 죄든지 그대로 두면 그대로 있으리라" 하시니라.
>
> 요한복음 20:21-23

용서받기 위해서 숨겨진 상처들을 빛 가운데 드러내는 것은 치유 과정에서 필수적이다. 종종 성령님이 치유를 위해 사람들의 상처와 아픔을 기적적으로 빛 가운데 드러내시는 것을 본다. 그러나 성령님은 죄의 고백에서 끝나지 않고 예수님의 용서로 인도하신다. 이것은 성직자들이 죄의 고백에 대해 사면을 선언함으로 공식적인 성찬식에서 행해지기도 한다. 우리의 고백을 들은 친구가 우리에게 예수님의 사랑과 용서를 확신할 때 용서는 비공식적으로 더 빈번하게 일어난다. 고백을 듣고 예수님의 이름으로 용서하는 것은 기도 사역자가 상처받은 사람들을 치유로 이끌 수 있는 중요한 방법이다.

신디: 내가 예수님께 죄사함을 받았던 가장 뜻 깊은 경험은 약 20

년 전, 시카고(Chicago) 지역에 살던 때였다. 나는 로스앤젤레스(Los Angeles)에서 2년 동안 살다가 시카고로 이사했다. 로스앤젤레스에서 살 때가 나의 반항기였다. 22년 동안 교회에 다니는 착한 소녀로 살았다가 나 자신이 그런 식으로 더 살고 싶어 하는지 모르겠다는 결론을 내렸다. 교회도 그만 두고, 열 살이나 연상인 비그리스도인 남자와 사귀고, 세상일들을 시도했다. 돌이켜 보면 내 반항기는 굉장히 순한 편이었지만, 나는 갈 데까지 간 기분이었다! 이제는 그 두 해 동안 나의 많은 선택들이 부모님을 굉장히 노엽게 했다는 것을 안다. 또한 내 행동이 죄였고, 내가 돌아오기를 기다리셨던 하나님을 슬프게 했다는 것도 안다.

탕자처럼, 결국 나는 정신을 차렸다 (눅 15:17). 내 믿음과 뿌리에서 멀리 떠나 방황했음을 깨달았고 집으로 돌아오고 싶었다. 그래서 아파트를 정리하고 동부로 다시 왔다. 영적인 "움직임"도 필요하다는 사실은 생각하지 않고 몸만 움직였다. 교회로 돌아오고 다시 그리스도인으로 살았지만, 나는 죄를 고백하지도, 그것이 어떻게 하나님과의 관계에 영향을 미쳤는지 생각도 하지 않았다. 시카고로 이사한 지 몇 달이 지나도록 그랬다.

나는 특별 예배에 참석해서 음악에 심취해 있었다. 갑자기 현기증과 통증을 느꼈다. 서 있기가 어려워서 예배실을 나가 누울 만한 곳을 찾았다. 그 때 나를 짓누르는 보이지 않는 무게를 느꼈고 숨을 쉬기가 힘들었다. 나는 영적인 원인을 먼저 생각하지 않았기 때문에, 감기에 걸렸거나 세균에 감염된 줄 알았다. 하지만 이상한 기분이 한 시간 이상 계속되었다. 결국 예배 시간에 같이 있었던 친구 한

명이 교회 휴게실로 나를 찾아왔다. 내 느낌을 듣더니 기도하자고 했다. 우리가 기도했을 때, 나는 그것이 죄의 무게임을 깨달았다. 그것을 친구에게 말하자, 친구는 마음에 떠오르는 모든 죄를 하나님께 고백하라고 했다. 그는 내가 캘리포니아에서 어떻게 살았는지, 어떤 죄를 지었는지 몰랐다. 하지만 내가 무언가에 시달린다는 것은 알았다. 내가 죄를 고백하기 시작하자, 마치 댐이 무너지는 것 같았다. 하나님을 기쁘시게 하지 못했던 일들을 쏟아놓고 용서를 구했다. 친구는 내 기도를 듣고, 내가 하나님께 (또한 나 자신과 가족에게) 범죄하였다고 말했다. 그 말이 나의 방어막을 갈라버렸고 나는 울기 시작했다. 그는 하나님이 나를 사랑하시고, 내 기도를 들으시며, 나를 용서하시고, 더러운 과거의 죄에서 깨끗하게 하실 것을 확신한다고 말했다. 그러자 나는 마음이 가벼워지는 것을 느꼈다. 다시 숨을 쉴 수 있었고 깨끗해지는 것을 느꼈다.

진실로 인생을 변화시키는 용서는 오직 예수님으로부터만 온다. 그렇기 때문에 기독교의 치유 기도가 세상적인 치료 요법과 상담이 줄 수 있는 것보다 훨씬 깊이가 있을 수 있다.

이제까지 우리는 치유 사역의 두 단계를 이야기했다. 1단계에서 예수님은 사람들을 예수님과의 관계로 초대하셔서 영적 치유에 이르게 하신다. 2단계에서 그는 사람들에게 죄를 고백하고 빛 가운데 행하라고 부르신다. 고백하는 자에게 죄사함을 주신다. 성령님이 역사하실 때, 우리는 사람들이 예수님께 죄를 고백하고 용서하심을 경험하도록 인도하심을 받는다. 그렇게 될 때 그들은 치유를 경험할 것이다. 그러나 3단계를 통과하기 전까지는 치유가 온전히 이루어진 것이 아니다. 3단계에서 예수님은 사람들에게 자신을 따르고 순종의 길을 가도록 부르신다. 자, 이제 세 번째 단계로 넘어가 보자.

복습을 위한 질문

1. 이 장을 읽으면서 당신의 마음속에 움직이는 것이 있는가? 빛 가운데로 가지고 나와 고백해야 할 기억들이 있는가? 그렇다면 지금 시간을 내어 그렇게 하라.

2. 왜 하나님은 다른 사람들과 하나님의 용서하심을 중재하도록 약하고 죄 많은 인간을 통해 역사하시는 것을 선택하셨다고 생각하는가?

3. 당신은 어떻게 예수님의 용서를 경험했는가? 그 경험을 통해 용서의 역동성은 무엇이었는지 생각해 보라.

치유에서 제자도로

무덤 사이에 거하던 남자는 귀신들려 있었다. 벌거벗은 채로 죽은 자들 사이를 고통스럽게 뛰어다니며 지상에서 지옥의 식민지가 되었다. 성경에는 그가 어떻게 악한 영들의 지배를 받게 되었는지 나와 있지 않다. 그러나 귀신이 누군가에게 달라붙을 때는 대개 귀신을 받아들일 만한 죄와 내적 상처가 있다는 것을 우리는 안다. 이런 내적 상처의 끔찍한 특질은 나중에 다룰 것이다. 여기에서는 예수님과 귀신들과 그 남자의 우연한 만남, 그 놀라운 이야기를 보도록 하자.

1단계에서는 신속한 능력의 대결이 벌어졌다. 성령 세례를 받으신 예수님이 막 육지로 내려오시는 것만으로도 전투를 시작하기에 충분했다. "예수를 보고 부르짖으며, 그 앞에 엎드리어 큰 소리로 불러 가로되, '지극히 높으신 하나님의 아들 예수여, 나와 당신과 무슨 상관이 있나이까? 당신께 구하노니, 나를 괴롭게 마옵소서'" (눅 8:28). 예수님이 먼저 말씀하신 상대는 괴로움을 당하던 인간이 아니라 주께서 나가라고 명령한 더러운 귀신이었음이 틀림없다.

2단계에서 귀신의 무리는 극적으로 추방당한다. 성경에 기록된 이야기는 여기까지가 전부이지만, 결론은 귀신이 나간 사람이 "옷을 입고 정신이 온전하여 예수의 발 아래 앉은 것"이다 (눅 8:35). 귀신을 쫓아내는 것뿐만 아니라 온전하여지고 또한 영적, 내적, 정신적인 치유를 받아 사탄에게 사로잡힐 이유가 없어진 것이 분명하다.

그는 자유하게 되고 치유받은 후에 예수님과 함께 가기를 간구했다. 분명히 막 충격적인 일을 경험한 그에게 사랑과 관심이 있었다면 치유의 주께서 베푸시는 후속 조치가 따랐어야 했을 것이다. 그러나 예수님은 또 다른 명령을 하셨다. 성경은 "예수께서 저를 보내시며 가라사대, '집으로 돌아가 하나님이 네게 어떻게 큰 일 행하신 것을 일일이 고하라'"고 말한다 (막 5:19; 눅 8:39).

예수님은 치유를 통해 그 사람을 회복시키시는 차원에서 제자로 행하도록 그를 부르시는 차원으로 전환하셨다. 성경에 기록된 거의 모든 사례에서 예수님은 사람을 치유하고 나서 그 사람이 어떤 반응을 보이도록 초대하시거나 명령하신다. 이것이 제자로서 주님을 따르는 첫 단계이다. 그 응답이 믿음을 갖게 하는 것일 수도 있다. 가서 무엇인가 하라는 요구로써 믿음을 실천하라는 것일 수도 있다. 예를 들어, 숯불가에서 예수님를 부인했던 기억을 떠올리고 세 번이나 용서받았던 베드로는 "내 양을 먹이라"(요 21:15, 17)와 "나를 따르라"(요 21:19)는 부르심을 받았다. 열 명의 문둥병자처럼 제자의 첫 번째 단계로 믿음의 순종을 행하라는 요구를 받을 때도 있다. 그들이 순종하며 걸어갔을 때 고침을 받았다 (눅 17:14). 우물가의 여인에게는 "네 남편을 불러오라"(요 4:16)는 명령을 하셨다. 간음하다 잡힌 여인에게는 "가서 다시는 죄를 범치 말라"(요 8:11)고 하셨다. 제자로 부르심은 치유의 두 번째 단계에서 무엇인가 미묘하고 분명하지 않게 시작될지도 모른다. 하지만 결국에는 이것이 너무나 분명해져서 예수님과 같이 사역하는 과정의 세 번째 단계라고 규정하게 된다.

믿음과 행함으로 부르신 것은 그 사람과 그에게 일어난 치유를 예수님의 치유의 궁극적인 목적과 연관시킨다. 우리를 그분의 증인으로, 하나님의 나라의 살아 있는 중개인으로 보내는 것이다. 기독교의 치유는 그저 치유만이 아니다. 우리가 예수님을 따라 가도록 표현되는 제자도에 대한 것이다 (다음 표를 참조).

예수님이 우리를 제자로 따르라고 부르시는 방법들		
예수님 자신이 그러셨듯이 성령님의 사역을 받아들이라고 부르신다.	마 12:31-32	예수님이 우리와 역사하실 때 성령님이 우리 안에서 우리와 함께 역사하시는 것을 환영하고 인정해야 한다.
예수님은 우리에게 상처를 준 사람들을 용서하라고 부르신다.	마 6:12-15; 18:21-35	우리는 다른 사람들을 용서해야만 한다. 그렇지 않으면 우리는 하나님의 은혜와 용서를 막게 된다.

| 예수님은 믿음과 순종으로 따르라고 부르신다. | 막 5:18-20; 요 4:15-16, 11:25-27 | 우리의 믿음과 순종은 모든 치유를 경험하는 과정의 일부이다. 또한 치유하는 목적으로 들어가는 첫 번째 단계이다. 그럼으로써 우리는 예수 그리스도의 증인이 될 것이다. |
| 예수님은 그의 제자로 행하는 우리에게 성령님의 인도하심과 은사와 능력 주실 것을 약속하신다. | 눅 11:13; 요 20:21-23; 눅 24:46-49; 행 1:4-5, 8 | 우리는 깨어지고 상처받았다. 또한 예수 그리스도를 따를 힘이 없다. 예수님의 제자로 따르려면 성령님의 능력이 필요하다. |

예수님의 치유 사역은 우리를 제자의 길과 순종으로 부른다. 3단계에서 1단계는 예수님으로부터 오신 성령님이 우리 안에서 역사하심을 인정하는 것이다. 그리고 나서 종종 내적 상처의 경우에 우리가 용서받은 것처럼 우리에게 상처를 준 사람들을 용서하라는 부르심을 받게된다. 이 두 가지 요구는 성경에서 매우 엄격하게 말하고 있다. 성령을 훼방하는 죄는 용서받지 못할 것이며, 우리가 용서하지 않으면 하나님도 우리를 용서하지 않으실 것이다. 이것은 위협적이고 우리를 향한 하나님의 사랑과 은혜라고 알려진 모든 것을 무효화하는 것과 같다. 왜 이 두 가지 요구가 제자에게 우선적으로 필요한가? 왜 이것들이 하나님의 은혜를 끊고 계속적인 치유를 방해하는 힘이 있는가?

성령님의 역사를 받아들이라

예수님이 인간의 몸으로 세상에 오셨을 때, 개인적으로 사람들과 대화하시고, 어루만지시며, 고치시고, 제자로 부르셨다. 우리의 초점이 예수님께 있어야만 하지만, 보이지 않는 동역자이시며 예수님의 활동에 능력과 힘을 주시는 성령님이 계시다는 것을 잊지 말라. 부활과 오순절 이후에 성령님은 치유의 3단계 전 범위에서 우리와 역사하기 시작하셨다. 우리가 성령님의 인도하심과 역사하심을 받아들이기만 하면 예수님은 이미 와 계신다 (요 16:13-16 참조). 만일 우리가 성령님을 거절하면, 그분은 세상에 오신 예수님의 대리자이며 유일한 중재자이기 때문에, 예수님을 거절하고 예수님의 은혜의 사역으로부터 자신을 내치는 결과를 가져온다.

예수님은 우리에게 자신의 유일한 중재자이며 영감과 힘의 진정한 근원이신 성령님을 거절할 때의 결과를 엄중히 경고하고 있다, "그러므로 내가 너희에게 이르노니, 사람의 모든 죄와 훼방은 사하심을 얻되 성령을 훼방하는 것은 사하심을 얻지 못하겠고" (마 12:31).

"용서받지 못하는 죄"에 대한 이 말씀은 그리스도인들 사이에 엄청난 고민을 일으켰다. 많은 사람들은 자신의 특정한 약점이 하나님이 용서하실 수 없는 바로 그것일까 생각하고 두려워한다. 우리는 이 무시무시한 경고를 이해하기 위해서 예수님이 이것을 말씀하신 상황을 살펴보아야 한다.

마가복음 3장에 보면, 예수님이 병자를 고치시고 귀신을 쫓아내시는 기적을 베풀자 많은 사람들이 몰려들었다. 예수님과 제자들은 사람들에게 시달려서 심지어 식사할 겨를도 없었다. 이렇게 혼란스러운 시기에 예수님의 친속들이 "붙들러 나오니, 이는 저가 미쳤다 함일러라"고 기록하고 있다. 율법학자들과 서기관들은 미쳤다는 말보다 더 심한 말도 서슴지 않았다, "'저가 바알세불을 지폈다' 하며, 또 '귀신의 왕을 힘입어 귀신을 쫓아낸다' 하니" (막 3:21-22 참조).

우리는 8장에서 치유의 기적을 행하시고 귀신을 쫓아내시는 예수님의 능력과 권세의 근원이 성령님이라는 성경의 가르침을 제시할 것이다. 그러나 율법학자들은 이것이 성령님이 아니라 예수님 안에 있는 귀신의 일이라고 말했다. 이것은 용서받을 수 없는 죄이다! (막 3:28-30)

이 죄는 예수님의 용서를 받아들일 수 있는 믿음을 주시는 성령님을 거절한 것이기 때문에 용서받을 수 없다. 치유를 마귀의 일이라고 말하면서 성령님을 통해 진리와 은혜 가운데 손을 내미시는 하나님을 거부할 때, 우리는 하나님 아버지께서 우리를 위해 만드신 유일한 다리를 봉쇄하는 것이다.

이것은 치유 과정과 직접적인 관련이 있다. 2단계에서 성령님은 우리를 용서하시고, 사랑의 말씀을 주시고, 숨겨진 죄를 드러내시고, 우리를 회개로 이끄시는 많은 일을 행하실 것이다. 그 후에 3단계에서 성령님은 우리를 예수님의 제자로 살아가도록 인도하시고, 사람들을 용서하시고, 주님의 증인으로 살라는 사명을 주실 것이다. 이런 인도하심은 머리 속의 생각, 성경 말씀, 주변 환경, 다른 사람들을 통해 올 수 있다. 또한 방언, 예언, 진동, 눈물, 입신과 같은 성령님의 역사와 은사가 같이 나타날 수 있다. 이러한 성령님의 역사를 거절하고 귀신의 일이라고 왜곡한다면, 우리 안에서 역사하실 수 있는 하나님으로부터 우리 자신을 잘라내는 것이다. 이렇게 용서받을 수 없는 죄를 짓게 된다.

서구의 많은 그리스도인들은 귀신의 존재를 믿지 않는다. 그래서 그들은 성령님의 역사를 귀신의 일이라고 왜곡하지는 않을 것이다. 그렇지만 믿음의 결여, 비성경적인 신학, 의지적인 불순종, 인식의 부족으로 인해 성령님의 역사를 거절할 수도 있다. 예수님은 우리를 사랑하시고 우리의 무지를 용서하실 것이다. 그러나 이런 것들은 예수님이 우리 안에서 치유 사역을 행하시는 데 방해가 될 것이다. 오늘날 교회들, 특히 칼빈주의 교회의 가장 큰 비극 중의 하나는 성령님의 은사와 능력을 거절하는 것이다. 그 결과 구원받고 진심으로 성경을 믿으며 옳은 일을 하려고 애는 쓰지만, 삶이 변화되는 경험을 하고 치유하시는 예수님의 역사를 경험하지 못하는 그리스도인들이 교회에 넘쳐난다.

성령을 훼방하지 말라는 경고를 긍정적으로 표현하면 이렇게 말할 수 있다: 우리도 우리 안에서 예수님으로부터 오신 성령님이 역사하시기를 기대하는 것이다. 그렇게 함으로 영적, 내적, 관계적, 육체적인 치유의 길이 열리고, 우리는 예수님을 좇아 하나님 아버지의 영광에 이르기까지 인도함을 받을 것이다.

용서하라는 부르심

"그 때에 베드로가 나아와 가로되, '주여, 형제가 내게 죄를 범하면 몇 번이나 용서하여 주리이까? 일곱 번까지 하오리이까?' 예수께서 가라사대, '네게 이르노니, 일곱 번뿐 아니라 일흔 번씩 일곱 번이라도 할지니라'" (마 18:21-22). 용서는 예수님에게 추상적인 개념이 아니다. 그는 가장 고통스러운 시간에 용서를 몸소 행하셨다. 십자가에 달리셔서 고통스럽게 서서히 죽어 가실 때, 자신을 거절하는 사람들의 조롱하는 얼굴을 보시면서 예수님은 "저희를 사하여 주옵소서. 자기의 하는 것을 알지 못함이니이다"(눅 23:34)라고 말씀하셨다. 예수님은 자신을 죽이는 사람들을 용서하셨고, 우리도 우리에게 상처 준 사람들을 용서하기 바라신다.

우리가 고통 속에 있을 때는 대체로 잊어버리고 있는 무엇인가를 예수님은 극심한 고통 가운데서도 아셨다. 용서는 우리와 우리에게 상처를 준 사람들을 묶고 있는 속박을 끊고, 양편 모두 하나님의 은혜를 경험하도록 자유를 준다. 자발적으로 순종하는 것은 우리 자신의 치유를 한 차원 높게 할 뿐만 아니라 예수님을 따르는 첫발을 내딛는 것이다.

성령님의 역사를 거절하는 것과 마찬가지로 용서하기를 거절하는 것은 끔찍한 결과를 가져온다. 예수님은 냉엄하게 말씀하셨다, "너희가 사람의 과실을 용서하면 너희 천부께서도 너희 과실을 용서하시려니와, 너희가 사람의 과실을 용서하지 아니하면 너희 아버지께서도 너희 과실을 용서하지 아니하시리라" (마 6:14-15). 이것은 용서하지 않는 것을 정당화하고 싶어 하는 그 누구도 망설이게 만든다. 용서받고 용서하는 것이 내적 그리고 관계적 치유의 정수(精髓)이다.

브래드: 나는 이것이 진리라는 것을 안다. 왜냐하면 내 삶 속에서 경험했기 때문이다. 한번은 무척이나 믿었던 어떤 사람이 나의 신뢰를 저버렸다. 나는 깊이 상처받았다. 그렇게 배신당한 적이 없었다. 그 상황을 어떻게든 헤쳐 나가보려고 노력했지만 할 수가 없었다.

 마음의 숨겨진 상처를 치유하시는 예수님 성령님과 치유 사역

나는 그 사람을 용서하지 않으려고 했다. 결국, 잘못된 것은 바로 나였다. 죄악으로 가득 차고, 용서하지 않으려는 마음이 내면에서 작용하여, 내 상처는 분노에서 증오로 바뀌었다. 모든 감정을 억누르려고 노력했고, 그 사람을 볼 때마다 그럭저럭 상냥할 수 있었다. 모든 것을 잘 덮어 두었다고 나 자신을 속이고 있을 때, 우리 둘을 아는 친구가 화해를 권하면서 중재자로 나섰다. 그 권면을 듣고 나자 내 모든 상처가 다시 나타났고 분노는 다시 치밀어 올랐다. 커지는 분노를 느꼈고 내 마음 깊은 곳에서 화해가 아니라 복수를 원한다는 사실을 직면해야 했다.

억누르려던 의도가 좌절되면서, 며칠 동안 나는 분노에 차서 잠을 잘 수가 없었다. 지옥에 빠져 있을 때, 성령님은 계속해서 나의 분노와 복수하려는 욕망을 잡기 위해 친구의 도움을 받을 필요가 있다고 말씀하셨다. 결국, 그 사람의 잘못한 것들을 몇 장에 걸쳐 적은 후에, 나는 목사이자 친구인 리차드를 찾아갔다. 나는 그를 주 안에서 형제로 온전히 신뢰하고 있었고, 다른 사람들에게는 알리기 부끄러운 기분들을 무릅쓰고 기꺼이 나누려고 했다.

1단계

위의 이야기에서 1단계, 즉 성령님이 일하실 수 있는 환경으로 관계가 이루어지는 것은 이미 만들어졌다. 리차드는 기도 사역에서 성령님이 어떻게 우리와 함께 역사하시는지 이미 알고 있었다. 그는 예수님을 사랑했고, 말씀에 뿌리를 굳게 내리고 있었다. 게다가 우리는 과거에 여러 번 함께 기도했었고, 주 안에서 우정과 상호 책임의 관계를 쌓아왔다. 그러므로 내가 약속 없이 그의 사무실에 갔을 때, 우리는 이미 예수님이 내게 행하실 일을 기대하는 2단계로 넘어갈 준비가 되어 있었다.

2단계

내가 모든 상처와 분노와 증오를 터뜨리는 동안 리차드는 그저 듣기만 했다. 나는 그에게 잘못을 적어간 종이를 주었고, 이 사람이 나와 화해하길 원한다면 여기 있는 모든 것을 청산해야 한다고 말했다. 마음이 좀 진정되어 그의 이야기를 들을 수 있게 되자 리차드는 말했다, "너는 그가 신뢰를 깨고 너에게 얼마나 많은 상처를 주었는지 다 말했어. 자, 이제는 예수님께 이야기해 봐. 난 듣고 있을 테니까."

예수님께 이야기해 보라는 말로 분위기는 달라졌다. 나는 더 이상 그저 감정만 터뜨리지는 않았다. 고백으로 나아갔다. 내 상처와 분노와 증오를 고백해야 했다. 그러자 그 일과 연관된 억눌렸던 모든 감정들을 풀기 시작했다. 리차드는 나를 안아 주었고, 그저 내가 울게 내버려 두었다.

엉엉 울고 나니 고요함이 찾아왔다. 그것은 감정을 소비하고 난 후의 공허감이 아니었다. 나의 상처와 분노가 증오로 변하여 하나님께 범죄했었다는 것을 깨달은 슬픔이었다. 가슴이 미어졌다!

리차드는 내가 모든 죄의 무게를 느끼도록 기다렸다. 그리고 나서 성령님만이 감지하실 수 있는 절묘한 순간에 말했다. "너는 죄를 지었어. 하지만 예수님은 너의 분노와 복수하려는 마음을 용서해 주시지. 그는 너를 사랑하시고, 깨어진 믿음으로 생긴 상처를 치유하실 거야."

리차드가 말했을 때, 나는 성령의 강이 내 안을 통과하면서 내 모든 상처와 증오를 쓸어버리시는 것을 알았다. 머리에 가시관을 쓰신 예수님이 눈물을 머금으시고 나를 바라보시는 모습이 마음속에 일순간 떠올랐다. 그 순간, 나는 예수님 역시 배신당하셨기 때문에 나의 상처를 이해하시는 것도 알았다. 나는 용서를 느꼈다.

3단계

리차드는 나를 안아 주었고 우리는 잠시 찬양을 드렸다. 나는 이 기도가 끝나기를 원했기 때문에 자리를 뜨고 싶었지만, 마음 깊은 곳에서 아직 끝나지 않았음을 알았다.

"정말 멋있어!" 리차드는 말했다. "하지만 가기 전에 다시 한 번 기도해서 예수님이 우리가 또 무엇을 하길 원하시는지 보여 달라고 성령님께 간구하는 게 좋겠어."

리차드는 성령님의 음성을 듣고 있었고, 성령님은 우리가 예수님과 함께 3단계로 인도되길 원하셨다.

몇 분 후에, 내가 방언으로 기도하고 리차드가 내게 안수하는 동안 갑자기 머리에 가시 면류관을 쓰시고, 얼굴에 피를 흘리시며, 십자가에 달리신 예수님의 모습이 뚜렷이 보였다. 성경 말씀이 떠올랐다. "아버지여, 저들을 용서하소서. 자신들이 하는 일을 알지 못하나이다." 이것이야말로 정말 하기 싫었던 일이기 때문에 나는 아무 말도 하지 않았다.

리차드가 말했다, "예수님이 뭘 하라고 말씀하셨어? 나는 뭔지 알 것 같은데."

나는 예수님이 무엇을 원하시는지 정확히 알았다. 비록 하고 싶지는 않았지만, 그 비열한 인간을 용서해야 한다. 하지만 용서하고 싶지 않은 마음보다 더 혼란스러웠던 것은 성령님으로부터 온 이 분명한 인도하심을 거부하고 싶어 하는 내 마음 깊은 곳에 있는 말도 안 되는 욕망이었다. 게다가 사실은 성령님이 역사하고 계시는 내 친구 리차드에게도 내 인생에 끼어들지 말라고 말하고 싶었다. 나는 이 끔찍한 생각들이 나의 가증스러운 죄악성과 완벽하게 맞물려서 활동하는 악한 영으로부터 온 것이라고 믿는다.

나는 속으로 싸웠다. 예수님께 도움을 부르짖었다. 결국, 나는 "예수님이 뭘 원하시는지 정확히 알아. 나는 그를 용서해야만 해. 1년 전부터 알고 있었어! 하지만 나는 물 위를 걷는 능력이 없는 것처럼 용서할 만한 능력도 없어. 사실 적어도 일곱 번은 노력했지! 하지만 어쩔 수가 없었어! 날 좀 도와 줘"라고 말할 수 있었다.

이 말이 조금은 과장되게 들릴 것이다. 하지만 만약 당신이 부당하게 상처를 받았다면, 그리고 쉽게 분노하고 복수를 쉽게 생각하는 사람이라면, 다 이해할 것이다. 만약 상처받아 본 적도 없고 자연스럽게 용서할 수 있는 좋은 성품의 소유자라면 용서가 맘대로 되지 않는 성격에다가 상처를 받았음을 이해하기 바란다. 이런 경우라면, 내가 받았던 리차드의 도움을 당신도 주어야 할 것이다.

"좋아." 그는 대답했다. "기꺼이 돕지. 네가 순종할 수 있도록 하나님의 은혜를 구하는 기도를 하자구."

나보다도 예수님을 훨씬 더 사랑하는 내 친구는 예수님이 그 사람을 용서하시고 구원하신 이야기를 했다. 그랬을 때, 무엇인가 내 안에서 무너졌다. 마치 복수의 칼이 내 손에서 사라진 것 같았고, 나는 스스로 기도할 수 있었다.

나는 기도했다, "하나님, 그를 용서하고 축복합니다. 그 어떤 복수심도 버립니다. 그와 이 모든 상황을 당신께 맡깁니다. 예수님의 이름으로 기도합니다. 아멘."

나는 예수님으로부터 온 내 안의 성령님과 친구의 인도와 지시를 받아들였다. 하나님의 놀라운 은혜로 내가 용서받은 것처럼 나도 용서할 수 있었다. 그 기도 시간에 나는 단지 내면의 상처만 치유된 것이 아니었다. 예수 그리스도의 제자로 나아간 것이다. 그분은 내게 "나를 따르라. 너에게 상처를 준 그 형제를 용서함으로 시작하라"고 말씀하셨다.

신디: 조심할 것이 있다. 우리에게 상처를 준 누군가를 용서하는 것이 치유에 있어서 중요하기 때문에 브래드는 배신한 사람을 용서하라는 부르심을 받았다. 그러나 어느 누구도 준비되기 전에 용서하라고 강요해서는 안 된다. 브래드는 용서할 수 있기까지 1년 이상을 고민했다. 상처가 깊을수록 용서하는 데 오랜 시간이 걸린다.

예를 들어, 성적 학대를 받은 여인은 온전한 치유를 경험하기 위해서 가해자를 용서할 필요가 있을 것이다. 하지만 그녀가 혼란, 분노, 분개의 감정들을 온전히 극복하기 전에는 용서할 수가 없을 것이다.

준비가 되지 않았는데, 누군가에게 용서를 시인하라고 강요하는 것은 위험할 수 있다! 브래드처럼 용서에 이르기까지는 먼저 몇 가지 단계들을 거쳐야할 필요가 있다 (리차드가 브래드에게 한 것처럼). 기도 사역자에게 부탁하는 일도 포함된다. 혹은 상처받은 사람이 가해자를 하나님께 맡겨서 하나님이 그를 용서하시도록 간구하는 일이 필요할지도 모른다. 이런 것들은 용서로 나아가는 중간 단계들이다. 치유가 계속되려면, 상처받은 사람이 상처를 준 사람을 용서해야 한다.

용서한다는 말은 하나님께 표현해야 한다. 꼭 가해자가 들을 필요는 없다. 다시 말해서, 브래드가 배신자를 용서는 했지만 그 사람과 화해는 되지 않은 것처럼 상처 준 사람을 용서하고 주님께 맡기면서도 화해는 하지 않을 수도 있다. 화해는 (피해자뿐만 아니라) 양편의 용서와 변화를 필요로 한다. 어떤 경우에 화해가 불가능할 수도 있다. 예를 들어, 가해자가 이미 죽었거나 책임을 인정하기를 거부한다면 관계를 회복할 수는 없을 것이다. 많은 사람들이 하나님은 항상 화해하라고 말씀하신다고 생각하기 때문에 용서를 망설이게 된다. 그러나 그렇지 않다!

예수님이 역사하시는 것처럼 성령님의 역사를 받아들이는 것과 예수님이 우리를 용서하셨듯이 다른 사람을 용서하는 것, 이 두 가지 필수 조건은 하나님의 은혜를 제한하는 것이 아니다. 오히려, 하나님과 언약의 관계에 능동적으로 임하는 데 초석이 된다. 우리가 할 일을 하지 않으면, 왕이신 하나님이 하실 수 있는 일을 막게 된다. 물론 그로 인해 하나님은 마음 아파하시지만, 우리가 자유 의지로 하나님의 형상을 잃은 대가의 일부인 것이다.

예수님을 따라 증거하고 섬기라

우리에게 상처를 준 사람들을 용서하는 것 외에도, 우리는 예수님이 우리를 증거하고 섬기는 일에 불러 주시기를 기대할 수 있다. 이런 부르심은 성령님이 인도하시고, 힘을 주시며, 능력을 주시는 약속과 더불어 온다. 구체적으로 어떻게 예수님의 제자로 부르심을 받는가는 그 사람의 상황과 하나님의 주권에 달려 있다. 확실한 것은 예수님은 또한 치유의 손길을 펴신 각 사람에게 "나를 따르라!"는 특별한 초대도 하신다. 우리가 순종하며 행할 때, 비록 여전히 마음은 아프고 몸에는 상처가 남아도, 성령님은 불가능을 가능하게 하는 힘과 권세를 주실 것이다. 이생의 삶에서 치유 과정이 다 끝나지 않을지도 모르지만, 그렇다고 하나님의 나라에서 우리가 해야 할 역할이 면제되는 것은 아니다. 이방인의 사도인 바울을 생각해 보라. 성령님의 능력으로 치유의 기적을 일으키고 복음을 선포하였던 그는 여전히 자신의 몸에 가시가 있는 채로 순종의 길을 걸어갔다 (고후 12:7-10). 하나님은 항상 "상처받은 치유자"를 사용하셔서 타락한 이 세상에서 다른 사람들이 치유받을 수 있도록 하신다.

신디: 브래드와 나 둘 다 상처받은 치유자들이다! 2장에서 나는 불완전한 가정에서 태어나 상처받은 것을 이야기했다. 나도 브래드처럼 성령님이 인도하시고 능력을 베푸시는 기도 모임 중에 치유받았다. 그 기도 시간에 나는 변화되었다. 그 때는 무슨 일이 내게 생긴 것인지 온전히 이해하지 못했다. 그러나 이제는 우리의 일상생활 속에 복음의 진리가 실제로 나타나게 하시는 성령님의 일이심을 깨닫

게 되었다. 그 때까지는 다른 사람들을 돌보는 일과 다른 습관들에 매여 사는 것이 나의 현실이었다. 복음의 진리는 예수님이 십자가에서 죽으셨을 때 나를 자유하게 하셨다는 것이다.

나는 시간이 지나면서 치유를 위해 다른 사람과 기도하는 것이 소수를 위한 은사가 아니라 그리스도인으로서 나의 부르심의 일부라는 것을 알게 되었다. 몇 년 동안 나는 예수님의 치유 사역에 동참하는 법을 배웠다. 남편과 나는 교회에서 다른 사람들의 정서적인 문제, 영적인 문제를 놓고 기도하기 시작했다. 병원 원목으로 일하면서는 환자와 가족들을 위해 다르게 기도하는 나 자신을 발견했다. 치유를 경험할수록, 다른 사람들을 도울 수 있도록 그 과정을 더 잘 이해하기를 원했다. 이것이 예수님이 그 사역에 동참하라고 나를 부르신 방법이다!

내가 완벽하게 치유받았다고 말할 수 있었으면 좋겠지만 그렇지가 않다. 하지만 치유의 과정 가운데서 예수님은 나를 제자로 따르라고 부르셨다. 내게 있어 제자됨은 치유 사역에 동참하는 것이었다. 치유에 관한 이 책을 공동으로 저술한다는 사실은 내가 완전해졌다는 간증이 아니라 내가 예수님의 치유 사역의 부르심에 순종했을 때 나타난 하나님의 능력과 은혜의 간증이다.

복습을 위한 질문

1. 예수님으로부터 온 성령님의 인도하심을 받아들이기가 힘들었던

경험을 생각해 보라. 무슨 일이었는가?

2. 지금 당신이 용서해 주어야 할 사람이 누가 있는가? 이 기회를
   통해 용서하라. (기도 동역자나 목사 혹은 친한 친구와 같은) 사
   람에게 말할 필요는 없지만, 때로는 말하는 것이 도움이 되기도
   한다.

3. 상처와 치유의 경험에서 예수님이 어떻게 당신을 제자로 부르셨
   는가?

우리의 3단계 치유 사역

예 수님의 사역에서 우리가 살펴본 3단계는 우리가 치유 사역에서 성령님과 함께 일하기 위한 간단한 틀을 제시한다. 이것은 치유를 행하거나 하나님을 교묘하게 다루기 위한 *방법*이 아니다. 오히려, 이러한 단계들은 예수님이 성령님을 통해 일하셔서 한 사람에게 하나님의 나라를 온전히 실현하실 때 예수 그리스도와 함께 관계를 맺고 대화하는 흐름을 실제적으로 그리고 있다. 전체적으로 보기 위해 3단계와 성령님이 우리에게 함께 하라고 부르시는 방법을 표로 살펴보겠다.

1단계

예수님은 그 사람과 관계를 맺어서 성령님이 일하실 환경을 만드신다. 우리는 성경적 원리에 따라서 성령님의 사역을 환영하는 환경을 만들도록 일한다.

예수님의 사역	예수님과 함께 하는 우리의 사역
예수님은 성령으로 충만하여 아버지께 순종하신다.	우리는 성령 충만을 간구하며, 성령님이 기도받는 사람에게 임하시기를 구한다. 성령님이 오셔서 역사하시도록 모셔 들인다.
예수님은 아버지께 순종하신다. 이것이 사역의 방향과 목적의 근원이다.	우리는 자신을 복종시켜 예수님께 순종하는 길을 걷는다.
예수님은 손을 내밀어 자신의 사랑을 보여 주신다.	우리는 기도받는 사람을 위해 우리가 예수님으로부터 받았던 사랑을 말과 행동으로 보여 준다.
예수님은 사람들을 대화로 이끄신다.	우리는 기도받는 사람들에게 직접적으로 질문하고 주의 깊게 들어 주어 대화를 유도한다.

2단계

예수님과 성령님은 치유가 이루어지는 하나님의 나라가 실제로 임하도록 다양한 방법으로 그 사람에게 역사하신다. 우리가 성령님

의 인도를 받고 힘을 얻어 예수님이 육신을 입고 계실 때 하셨던 일들을 할 때, 예수님은 하나님의 나라가 실제로 임하도록 우리를 통해 기도하는 사람 안에서 역사하신다.

예수님의 사역	예수님과 함께 하는 우리의 사역
예수님은 사람들을 하나님의 나라에서 거듭나게 인도하신다.	우리는 사람에게 복음을 전하고 예수 그리스도를 구세주와 주님으로 영접하도록 초청한다. 그리고 나서 그 사람이 거듭나도록 함께 기도한다.
예수님은 죄의 고백과 회개와 빛 가운데 행하도록 힘을 주시고 명하신다.	우리는 사람들에게 죄를 고백하고 빛 가운데 행하라고 말한다.
예수님은 죄를 용서해 주신다.	우리는 예수 그리스도의 이름으로 용서해 준다.
예수님은 예수님 자신과 현실과 우리에 대한 진리를 말씀하시므로 사탄이나 다른 사람들 또는 우리 자신들이 만들어낸 거짓을 바꾸어 놓으신다.	우리는 기도받는 사람이 갖고 있는 거짓들, 진리이신 예수님의 빛 아래 있는 실재와 반대되는 거짓들을 분별하고 기도받는 사람이 분별하도록 돕는다.
예수님은 귀신을 쫓아내어 치유와 회복과 순종의 길을 밝히 보이신다.	이성적인 분석과 성령님의 은사를 통해 우리는 기도받는 사람의 안팎에 있는 악한 영의 존재를 분별하고, 공격의 근거지가 되는 "진입구"를 폐쇄하고, 예수 그리스도의 권세로 악한 영들을 묶어 그 사람을 방해하지 못하게 한다.

3단계

예수님은 그 사람에게 제자로서 믿음과 순종으로 자신을 따르도록 *초청하시거나 명령하신다.* 우리는 예수 그리스도께서 어떻게 제자가 되는 순종의 길로 행하도록 부르셨는지 그가 듣고 분별하게 돕는다.

예수님의 사역	예수님과 함께 하는 우리의 사역
예수님은 그로부터 나오는 성령님의 역사하심을 받아들이라고 말씀하신다.	우리는 기도받는 사람이 우선 분별하도록 돕고, 그리고 나서 예수님으로부터 오는 성령님의 일을 받아들이도록 돕는다.
예수님은 우리에게 상처를 준 사람을 용서하라고 말씀하신다.	우리는 기도받는 사람이 상처에 책임이 있는 사람을 용서할 수 있는 은혜를 갖도록 기도한다.
예수님은 믿음과 순종으로 자신을 따르라고 우리에게 말씀하신다.	기도받는 사람이 믿음과 순종으로 예수님을 따르기로 할 때 우리는 사랑과 지혜로 그 사람과 함께 한다.
예수님은 우리가 제자의 길을 걸을 때 우리에게 성령님의 인도와 은사와 능력 주실 것을 약속하신다.	우리는 그 사람이 성령으로 충만하여 예수 그리스도의 증인으로 파송하도록 기도한다.

이 단계들을 길잡이로 사용하라

신디: 이 3단계 양식이 복잡하게 보일 수 있으나, 성령님의 인도하심에 맡기는 법을 배우면 이 과정들이 펼쳐지는 방법은 놀랍다. 또한 내가 그랬던 것처럼, 실제로 일어나는 일들이 표에서 보듯이 그렇게 간결하고 잘 정돈되는 것은 아니라는 것을 발견하게 될 것이다. 치유는 당신, 당신이 기도하는 사람 그리고 성령님 사이의 관계 속에

서 일어난다는 것을 명심하라. 이것은 정말 흥미진진하다! 이 단계들
은 우리가 하나님의 창조 비전을 회복하는 목적을 가지고 여행하는
데 집중할 수 있도록 돕는 표지판이나 이정표일 뿐이다. 이 3단계를
예증하고 성령님이 어떻게 나를 통해 간통의 관계에 빠진 사람에게
예수님의 인도하심과 치유를 전했는지 보여 줄 사례를 소개하겠다.

1단계: 성령님의 역사를 환영하는 환경을 만들기 위해
성경의 원리대로 사역하라

내가 어느 여성수련회에서 강의를 끝마쳤을 때, 35세쯤 된 여자가
나에게 다가왔다. 그 여자는 무척 우울해 보였다. 그녀는 "지극히 개
인적인" 일을 위해 기도해 줄 수 있는지 물었다. 나는 여자 강사 한
분과 함께 기도할 수 있는 조용한 곳으로 갔다.

나는 그녀에게 기도 제목을 물었다. 그러자 심각한 중년의 위기를
나타내는 모든 증상들과 영적으로 또 도덕적으로 고심한 이야기가
쏟아져 나왔다. "나는 멋진 사람과 행복한 결혼 생활을 하고 있어요.
남편은 잘 나가는 큰 회사의 기술자예요. 우리는 모든 것을 함께 나
누고 행복한 네 자녀들이 있어요. 그런데 문제가 있어요. 나는 세계
개혁장로회의 사역을 통해 성령님의 역사를 보며 자랐는데, 남편은
정말 자상하긴 하지만, 그의 과학적인 사고와 합리적인 기질로 볼
때 그 사람은 나처럼 성령님을 삶 속에서 경험하지 못해요."

"나의 고민은 내가 우리 교회 목사님에게 감정적으로 끌려서 그
일에 압도되는 거예요. 목사님도 행복한 결혼 생활을 하세요! 사모님

은 아름다우시고 목사님과도 성격이 잘 맞죠. 그런데 사모님은 너무 바쁘고 일을 많이 요구하는 직업을 가지고 계세요. 나는 목사님의 세 자녀들도 좋아해요. 우리 아이들 또래죠. 목사님은 서른여덟 살이고, 현재 목회에 좀 지쳐 있어요. 교회가 목사님의 생각보다 성령님의 은혜가 부족하기 때문이죠. 교회에서 자주 목사님을 만납니다. 아마 사모님보다 내가 더 많이 목사님과 만날 거예요. 무엇보다도 좋은 건 같이 기도할 수 있고, 또 성령님도 우리를 통해 역사하시는 것 같아요. 나는 목사님이 나에 대한 감정 때문에 힘들어하시는 걸 알아요. 우리 둘 사이에 활기가 있는 걸 느낄 수 있죠. 이렇게 되려고 한 것도 아니고 이걸 원한 것도 아니었어요! 그저 우리는 주님의 일을 하면서 이렇게 된 거예요. 정말 바보 같다고 생각하고, 이렇게 말하는 게 겁이 나요."

더 깊은 이야기를 나누면서 부적절한 애정 표현이 있었음도 알게 되었다. 둘 다 무서웠고 유혹에 저항하려고 안간힘을 썼지만, 어느덧 혼외정사까지 진전된 것이다.

여기까지 이야기하자 그 여자는 눈물을 흘렸고 마음과 영혼이 괴로워하는 것이 보였다. 기도 동역자와 나는 소녀처럼 울먹이는 그녀를 포용해 주었다. 이 때 우리는 그녀를 사랑으로 감싸 달라는 기도를 해야겠다는 생각이 들었다. 그녀는 울고, 우리는 조용히 방언으로 기도할 때, 나를 통해 성령님의 임재와 실체가 그녀에게 움직이는 것을 느꼈다. 그녀가 진정했을 때, 내 동료는 로마서 8장 35-39절을 읽었다. 우리를 그리스도 안에 있는 하나님의 사랑으로부터 끊을 것이 없다는 말씀이다.

이 사람은 이미 깊이 헌신된 그리스도인이었기 때문에 거듭남에 대해 말할 필요가 없었다. 그러나 우리는 예수님에 대한 믿음을 확인하기 위해, 그리고 비록 지금 이렇게 힘겨운 고민을 갖고 있지만 예수님께 다시 한 번 헌신하기 위해 그녀에게 질문했다.

대화를 마치고 좀더 기도하기 시작했다. 구체적인 기도 제목을 물어보자, 그녀는 "모르겠어요. 우선 도움이 필요해요. 나는 혼자서 어떻게 할 수 없고, 내 마음의 감정을 제어할 수 없다는 것만 알아요. 앞으로 일어날 일이 겁이 나요"라고 말했다.

우리는 기도하기 시작했다. 성령님께 인도해 달라고 간구했다. 우리는 예수 그리스도의 주되심을 인정했다. 그리고 나서 나는 성령님이 죄를 고백하라고 권고하시는 것을 느꼈다. 나는 "당신의 고민과 기도 제목을 우리는 들었어요. 이제는 당신이 직접 예수님께 말씀하세요. 우리는 증인으로서 당신 옆에 있을 거예요"라고 말했다.

그녀가 자신의 이야기를 다시 시작하자, 분위기는 완전히 달라졌다. 고백은 더 이상 우리를 향한 것이 아니라 하나님을 향한 것이었다.

그녀는 "오 예수님! 나는 당신이 나에게 허락하신 이 멋진 가정을 망치고 싶지 않습니다. 남편도 아닌 사람과 사랑에 빠질 생각은 없었습니다. 잘못된 일인 줄 압니다. 하지만 주님, 나를 도와 주세요. 내 감정을 끊을 능력이 나에게는 없습니다. 제발 어떻게 해야 할지 알려 주세요”라고 기도했다.

우리도 그녀와 함께 기도했고, 예수 그리스도께서 오셔서 말씀하시고 역사하시길 간구했다. 잠시 침묵이 흐른 후에, 나는 “예수님이 뭔가 말씀하셨습니까? 고백해야 할 죄가 있나요?”라고 물었다. 그녀는 즉시 그렇다고 대답했고, 옳지 못한 성적 접촉을 고백했다. 또한 자신의 감정이 남편과 맺은 혼인 서약과 모순된 것임을 고백했다. 그 일은 눈물과 회한 속에서 이루어졌다. 그녀는 진심으로 사랑하는 남편을 배신한 것 때문에 비참했고 마음 아파했다.

나는 “그래요. 그것은 당신의 남편뿐 아니라 하나님에 대한 죄입니다”라고 사실을 분명히 말했다. 우리는 그녀가 울면서 자신의 죄를 실감하도록 두었다. 그녀의 고백은 끝난 것 같았고 그녀의 영혼이 절망 속에서 방황할 때, 성령님은 용서의 말을 전하라고 하셨다.

나는 “복음의 기쁜 소식을 들으세요. 당신을 위해 죽으신 예수 그리스도는 간음하다 잡혀서 돌에 맞아 죽을 뻔한 여인을 용서하신 분이시니, 당신도 용서해 주십니다”라고 말했다.

기도하고 나서 우리는 그녀의 모습이 완전히 달라진 걸 볼 수 있었다. 무거운 짐을 벗은 그녀의 얼굴에는 기쁨이 어렸다. 죄사함 받음을 찬양하고 나서 그 여자는 “이 모든 일이 말도 안 되는 너무나 엄청난 일인데, 악한 영이 나에게 들어와서 이런 일을 만든 거라고 생각하세요?”라고 물었다. 성적인 죄로 인해 사탄에게 억압되기 쉽기 때문에 우리는 이 질문을 신중히 했다. 또한 그 목사나 이 여자와 같이 성령님의 역사를 보며 성장한 사람들이 이런 부분에서 사탄의 표적이 되는 것은 절대 흔한 일이 아니다.

확실히 하기 위해 우리는 모든 가능성들을 짚어보고 "똑똑. 거기 누구 있어요?"(Knock, knock. Who's there?)라는 과정[1]을 밟았다. 사탄의 모습이 드러나지 않았기 때문에, 우리는 이렇게 결론을 내렸다. 둘 다 중년의 위기 가운데 있었고, 필요할 때 배우자들에게 정서적으로나 영적으로 도움을 받지 못한 것이 악화되어 악한 영들의 공격을 받았을 가능성이 높았을 것이다.

3단계: 예수님이 어떻게 그들을 순종의 길로 부르시는지 분별하도록 도우라

주님께 감사를 드리고 나서, 나는 나의 과거의 경험을 생각하며 그 여자가 누군가 용서해야 되는 것이 아닌가 생각했었다. 또한 성령님이 어떻게 해서든지 그녀가 제자로서 성령님과 동행하도록 부르시길 원하신다는 것을 알았다.

나는 "용서해야 할 사람이 있나요?"라고 물었다. "네!" 그녀는 대답했다. "누구요?" "나 자신이요!" 우리는 마음에 경계선을 긋도록 그녀 자신의 용서를 간구하는 기도를 드렸다. 이 단계의 치유 과정에서 그녀는 남편이나 그 목사나 다른 사람들을 용서할 필요는 느끼지 못했다.

기도하고 나서 나는 다시 "예수님이 또 말씀하시나요?"라고 물었다. 그녀는 속삭이듯 말했다. "있어요. 예수님이 뭐라고 말씀하시는지 알아요. 예수님을 따르고 목사님보다 예수님을 더 사랑하라고 부르십니다. 그 관계를 정리해야만 해요."

그러자 그녀는 다시 울기 시작했다. 동료와 나는 "주님, 우리를 도와 주세요. 당신의 인도하심이 필요합니다"라고 기도했다. 나는 그녀와 그 목사 간의 영적 속박이 끊어지는 것을 느꼈다. 우리는 기도하면서 그녀 안에서 역사하시는 하나님을 온전히 발견했다.

기도를 마치고 그녀가 위험한 관계에서 벗어나기 위해 실제적으로 해야 할 일들을 솔직하게 이야기했다. 우리는 어느 정도의 책임에 대해 의견 일치를 보았고, 혼외정사로 빠지는 것을 막기 위한 몇몇 결단에 동의했다.

대화 가운데 성령님은 나의 기도 동역자에게 영상을 통해 예언의 말씀을 주셨다. 그녀는 결혼한 두 쌍이 손을 잡고 있는 것을 보았다. 그리고 나서 갑자기 예수님이 그 부부들 사이에 서 계셨다. 예수님은 앞을 가리키시며 말씀하셨다. "나를 따르라. 그리하면 나의 사랑과 능력을 알게 될 것이다. 나를 따르라. 그러면 네 결혼 생활을 고칠 것이다. 나를 따르라. 그러면 하나님의 나라의 동역자가 될 것이다."

이 이야기를 나누자, 성령님이 그녀에게 임하셨다. 그녀는 마음 깊이 감동받았고, 이 상황을 헤쳐 가도록 인도하실 거라는 하나님의 약속과 소망의 말씀으로 받아들였다. 감사를 드린 후에, 우리는 그녀에게 손을 얹고, 성령님이 능력으로 오셔서 그녀 앞에 펼쳐진 힘난한 길에 예수님을 따르도록 힘과 은사를 주시기를 간구했다.

이 기도 시간이 위의 표에 제시된 순서대로만 진행되지 않았음을 주목하라. 그대로 되는 경우는 아주 드물다. 딱 들어맞는 단계란 없다. 오히려, 단계들은 우리가 예수님의 치유를 경험할 수 있도록 성령님이 움직이실 수 있는 방법이다.

이제 우리는 예수님과 성령님의 관계, 우리가 치유 기도에서 어떻게 성령님과 동역하도록 부르심을 받는지 면밀히 살펴보아야 한다. 실제적으로 이러한 역사 가운데 성장하면서 우리는 인간의 마음속 더 깊은 곳으로 주님과 함께 갈 수 있다. 그 곳에서 예수님은 숨겨진 상처를 치유하실 것이다.

복습을 위한 질문

1. 개인적인 경험을 이 3단계 활동에 비추어 보면 어떤 면에서 이 3단계 활동이 더 분명해지는가?

2. 치유 기도를 받았던 때를 떠올려 보라. 기도의 3단계를 나누어 볼 수 있는가?

3. 다른 사람의 치유를 위해 기도했던 때를 생각해 보라. 기도 모임이 위에서 말한 양식과 맞는가? 다른 점은 무엇인가?

치유와 성령님의 능력

예수님은 공생애 사역을 "때가 찼고 하나님 나라가 가까웠으니, 회개하고 복음을 믿으라"(막 1:15)는 놀라운 말씀으로 시작하셨다. 하나님의 나라는 인간의 역사 가운데 들어와 인간의 마음을 주장하는 하나님의 통치와 권위이다. 하나님의 나라는 추상적인 개념에 그치지 않는다. 새로운 현실이다. 단지 말이 아니라 악을 전복하고 우리의 삶을 바꾸는 하나님의 능력이다. 하나님께서 창조의 본래의 비전을 회복하는 곳이 바로 하나님의 나라이다.

하나님의 나라의 왕은 예수 그리스도이시다. 예수님은 이 타락한 현실에 다섯 가지 형태의 치유, 즉 영적, 내적, 관계적, 육체적, 창조의 치유를 주시려고 육신의 모습으로 이 땅에 오셔서 역사하셨고, 지금도 성령님을 통해 역사하시고 계신다. 또한 그는 인간을 속박하고 회복의 과정을 방해하는 사탄의 나라를 권세로 물리치신다.

영적으로 거듭나는 기적을 통해 하나님의 나라에 들어갈 때, 우리에게는 두 가지 일이 생긴다. 첫째는 다섯 가지 치유를 경험하기 시작한다. 둘째는 하나님의 나라를 확장하시는 예수님의 사역의 도구로 부름받고 능력을 얻는다.

예수님은 사람들을 치유 사역에 동참하라고 부르신다

예수님은 치유 사역을 처음 시작하실 때부터 사람들을 부르셔서 그의 사명을 나누셨다. 제일 먼저 열두 제자를 부르셨고, 후에는 72명을 불러 예수님이 행하신 일을 하도록 권세를 주어 내보내셨다. 아픈 자를 고치고, 귀신을 쫓아내며, 하나님의 나라를 선포하라고 그들을 보내셨다 (눅 2:1-2; 10:9). 다양한 차원의 치유 사역에 주님과 함께 하라는 부르심은 공생애 제자들에게만이 아니라 우리에게도 해당된다. 예수님은 우리에게 놀라운 약속을 주셨다. "내가 진실로 진실로 너희에게 이르노니, 나를 믿는 자는 나의 하는 일을 저도 할 것이요, 또한 이보다 더 큰 것도 하리니…" (요 14:12).

예수님이 죽은 자 가운데서 살아나시고 하늘과 땅의 모든 권세를 가지신 후에, 모든 세대의 모든 그리스도인들에게 행진 명령과도 같은 확실한 명령을 주셨다, "'너희에게 평강이 있을지어다. 아버지께서 나를 보내신 것 같이 나도 너희를 보내노라.' 이 말씀을 하시고 저희를 향하사 숨을 내쉬며 가라사대, '성령을 받으라. 너희가 뉘 죄든지 사하면 사하여질 것이요, 뉘 죄든지 그대로 두면 그대로 있으리라' 하시니라"(요 20:21-23).

예수님은 우리가 주님과 함께 사역에 동참하는 것을 진지하게 생각하셨다. 그러나 우리는 성급히 사역에 뛰어들기 전에 무엇을 하도록 부름받았는지 살펴보아야 한다. 사람들에게 새 생명을 주시고, 죄를 용서하시고, 상한 육체를 고치시고, 귀신을 쫓아내시고, 죽은 자를 살리신 예수님의 기적들을 심사숙고해 보라. 이것은 예수님이 행하셨고 또 우리가 해야 할 일 중 일부이다. *불가능해!* 라는 생각이 들지 않는가? 타락한 인간으로서 우리는 아무 것도 할 수 없다. 하물며 예수님이 우리가 하리라고 약속하셨던 더 큰 일은 어림도 없다. 어떻게 예수님의 제자들은 예수님이 하신 일을 했을까? 우리도 예수님의 일을 할 뿐만 아니라 더 큰 일도 하리라는 엄청난 약속이 어떻게 종교적인 환상에서 실제 경험으로 바뀔 수 있을까?

이 질문들에 대한 성경의 해답을 보기 위해 우리는 먼저 이 약속을 주신 예수님께로 돌아가야 한다. 우리는 "예수님은 어떻게 치유 사역을 하셨는가?" 그리고 "예수님은 우리가 어떻게 그 일을 하길 기대하시는가?"라고 질문해야 한다.

예수님은 성령님의 능력 가운데서 움직이신다

교회는 종종 예수님의 치유 사역이 그의 신성에서 나온다고 이해해 왔다. 우리 하나님은 모든 창조물의 주인이시므로 병든 자를 고치시고, 죽은 자를 살리시며, 나라들을 평화와 화합으로 회복하시는 일이 손쉬운 일일 것이다. 그러나 우리 마음에는 여전히 상처가 있다. 질병과 죽음은 여전히 우리를 꽉 잡고 있다. 그렇다면 하나님의 능력은 힘이 없다는 말인가?

우리는 곧바로 또 다른 문제에 부딪치게 된다. 예수님의 치유가 그의 신성에 기인한다면, 그가 하신 일을 우리도 하리라는 약속은 불가능하게 된다. 우리는 하나님이 아니다. 치유 사역이 예수님의 신성 때문이라는 가정은 우리가 그분의 치유 사역에 동참한다는 것을 상상도 할 수 없게 만든다. 기독교는 선을 위하여 인간이 용감무쌍하게 노력하면서 옳은 것을 믿는 문제가 되어 버린다.

이 두 가지 문제에 대한 해답은 성경에서 찾아볼 수 있다. 예수님은 온전한 하나님이실 뿐만 아니라 온전한 인간이시다. 예수님의 기적적인 치유 사역은 그의 신성뿐만 아니라 예수님의 인성에 능력을 부으신 성령님으로부터 흘러 나왔다. 바울은 빌립보서 2장 6-8절에서 예수님이 우리와 같이 되시기 위해 신성을 잠시 접어 두신 놀랄 만한 과정을 묘사한다. 예수님이 우리의 모든 한계를 지닌 우리와 같은 인간이 되셨다면, 우리가 우리의 능력만으로는 할 수 없는 것처럼 죽은 자를 일으키거나 병든 자를 고치거나 하나님의 나라를 전파하지 못했을 것이다.

예수님은 육신으로 오셔서 처음 30년 동안은 심오한 지혜가 있었고, 하나님 아버지와의 관계가 깊어갔지만, 겉으로는 특별한 능력을 보이지 않으셨다. 예수님의 생애 초기에 대한 전설처럼, 목공소에서 초능력을 이용해 짧은 판자를 길게 만들거나, 흙으로 빚은 비둘기에게 생명을 불어넣어 날려 보내거나 하지 않으셨다. 세례 요한이 요단 강에서 예수님께 세례를 주어 성령이 내려오신 후에야 능력을 베푸셨다 (막 1:10). 예수님이 하나님을 아는 지식과 함께 성장했다는 증거로 보아, 이미 성령님이 내면에서 일하고 계셨지만 (눅 2:40), 성령님의 능력 가운데 사역하신 것은 세례를 받으신 후였다 (눅 5:17).

성령님이 예수님께 임하신 일을 묘사한 언어는 구약에서 하나님의 나라의 일을 위하여 능력을 주시려고 여호와의 영이 누군가에게 임하심을 묘사한 언어와 동일하다. 만약 예수님 시대에 구약을 잘 아는 사람이 있었다면 모세가 선택한 칠십 인에게 임한 영과 그들이 예언하는 모습을 즉시 떠올렸을 것이다. 예수님과 동시대에 살았다면, 삼손, 드보라, 다윗 왕 그 외의 많은 사람들을 생각했을 것이다. 이 사람들 중 어느 누구도 신성은 없었지만, 여호와의 영이 임하는 것을 경험했고, 주님을 위해 위대한 일들을 행했으며, 능력으로 예언했다.

성령님이 예수님께 임하자마자, 예수님은 시험을 받으러 광야로 이끌려 나가셨다. 그리고 "성령님이 능력으로" 갈릴리로 되돌아가 회당으로 가셨다. 거기서 예수님은 이사야의 글을 읽으셨다, "주의 성령이 내게 임하셨으니..." (눅 4:18). 회당에 모인 놀란 사람들에게 "이 글이 오늘날 너희 귀에 응하였느니라"(눅 4:21)고 선포하셨다.

이 예언의 말씀으로 예수님은 자신에게 임하신 성령님을 구약에서 여호와의 영을 덧입은 예언자, 제사장, 왕들의 경험과 확실하게 연결시키셨다. 예수님께 성령님의 역사는 새 언약을 세우는 것이었다. 이것이 구약과는 다르지만, 성령님이 능력을 주시려고 일하신 방법은 동일하다.

구약의 인물들에게 그랬듯이, 성령님이 예수님께 임하신 것은 예수님의 능력 사역의 출발점이 되었다. 예수님의 치유 사역은 갑자기 시작되었다. 사람들은 하나님의 나라가 실재하는 증거를 목격하며 깜짝 놀라고 종종 두려움에 떨었다. 예수님은 열병에 걸린 베드로의 장모를 고치셨고, 가난한 사람들에게 권위로 복음을 전하셨고, 귀신을 쫓아내셨다. 치유하는 능력이 예수님에게서 나오므로 거대한 무리들이 그를 따랐다 (눅 5:17).

이 시점부터 예수님은 성령님의 은사 가운데서 움직이셨다. 예를 들어, 우물가의 여인을 만났을 때, 그녀의 과거를 드러내시는 지식의 말씀을 하셨다. 예수님이 귀신을 쫓아내셨을 때, 분별의 은사가 보인다. 그의 사역은 초자연적이고 인간의 삶을 바꾸시는 능력과 행위가 특징이다. 예수님은 자신의 힘이 아니라 성령님의 능력으로 치유 사역을 행하셨다.

치유 사역에서 성령님과 동행하신 인간으로서의 예수님의 행보는 우리가 초자연적인 능력으로 예수님께 동참할 수 있는 가능성을 열어 줄 뿐만 아니라 예수님이 하셨던 바로 그 틀 안에서 일해야 한다는 것을 암시한다. 예를 들어, 예수님은 고향에서는 사람들의 믿음이 부족하여 아무런 기적을 행할 수가 없으셨다 (막 6:5-6). 예수님은 하나님의 뜻이 아니었기 때문에 십자가에서 내려오실 수도 없으셨다 (마 27:42-43). 예수님이 성령님의 능력을 힘입어 같이 행하실 때는 인간으로서 모든 한계도 가지고 계셨지만 신성의 모든 가능성도 가지고 계셨다. 치유를 일으키는 3단계에서 성령님과 합력할 때, 예수님은 우리와 마찬가지로 인간으로 행하셨지만 성령님의 능력과 권세로 하셨다.

예수님은 우리에게 동일한 것을 갖추어 주시겠다고 약속하신다

성령님이 예수님의 치유 능력의 근원임을 알게 되면 우리에게 시사하는 심오하고 흥미진진한 의미에 놀랄 것이다. 예수님은 자신을 따르라고 우리를 부르실 때, 우리에게 자신의 치유 사역만 맡기신 것이 아니라 자신의 사역을 가능하게 했던 동일한 성령님이 또한 우리의 사역을 가능하게 하시리라는 약속을 주신다. 예수님은 성령 세례를 약속하시고, 성령 세례를 통해 우리는 임하신 성령님의 원동력을 얻게 된다. 이로써 우리는 하나님의 나라를 전하는 예수님의 사역을 이루기 위해 초자연적인 능력과 은사를 얻게 된다 (행 1:4-8).

"성령 세례"라는 말은 많은 사람들이 문제를 삼았던 부분이었다. 역사적으로 이 문제는 성령 세례가 우선적으로 "즉각적이고, 완전한 성화"의 경험을 갖는 것에 달려 있다는 오순절의 가르침에서 나왔다. 그들의 교리는 이것을 "두 번째 축복"이라고 불렀다. 오순절 전통은 실제로 성령 세례를 받았다는 "우선적인 증거"로써 방언을 해야 한다고 가르쳤다.[1]

이 교리는 초기 오순절의 경험을 서술한 것일지는 몰라도 성경의 증거를 뒷받침하는 것은 아니다. 방언을 꼭 해야 할 필요도 없고, 성령님의 능력을 간구하고 받는 완벽한 경험이 있어야 할 필요도 없다. 더 나아가, 성령 세례가 종교적 경험이 될 수는 있지만, 성령 세례의 목적은 종교적 경험을 주는 것이 아니다. 세례가 우리를 정화시키는 능력이 있을 수는 있지만, "거룩하게" 되기 위해 성령 세례를 받는 것도 아니다. 도리어, 우리가 하나님의 나라에서 사용되기 위함이다. "오직 성령이 너희에게 임하시면, 너희가 권능을 받고, 예루살렘과 온 유대와 사마리아와 땅 끝까지 이르러 내 증인이 되리라"(행 1:8) 고 말씀하셨듯이, 예수님은 성령 세례의 목적과 결과를 분명히 밝히셨다. 맨 처음 제자들에게 이 약속은 오순절날 이루어졌다. 그들은 개종이 아니라 예수 그리스도의 복음의 증인으로 능력을 받았다. 그 의미는 분명하다. 성령 세례는 능력과 은사를 주시는 성령님의 사역으로 들어가는 문이다. 이것은 예수님이 우리에게 약속하신 단 하나의 준비이다. 그래서 우리는 치유 사역에서 예수님과 합력할 수 있을 것이다.[2] 예수님의 생애에서 살펴본 3단계 양식은 우리가 예수님처럼 성령님의 이 약속을 받을 때에만 가능하다 (행 1:4-5; 2:38-39).

신디: 나는 성령의 충만을 받자마자, 치유 사역의 부르심이 그 이전에는 결코 이르지 못했던 깊이까지 움직이는 것을 경험하기 시작했다. 일하는 병원에서 환자들의 삶을 위해 예수님과 합력할 때, 도움이 되는 강력하면서도 부드러운 도구로써 은사를 발견하고는 깜짝 놀랐다. 예를 들어, 어느 날 수술을 앞둔 환자를 위해 기도해 달라는 전화를 받았다. 프랜시스(Francis)는 다리뼈에 종양이 있었고, 의사

들은 악성이 분명하다고 했기 때문에 겁에 질려 있었다. 그녀와 기도할 때, 주님께서 내게 "프랜시스에게 암이 아니라고 말하라"고 말씀하시는 것을 들었다.

처음에는 그 소리를 무시했다. 그녀에게 그릇된 희망을 주고 싶지 않았다. 물론, 우리 모두는 암이 아니라고 생각하고 싶었다. 그냥 내 속으로 말한 것이었을 거야. 그래서 나는 계속 평안과 수술의 성공을 위해 기도했다. 또 다시, 주님의 음성이 들렸다. "암이 아니라고 말하라." 그 때 나는 성령님께 협력하기로 결단하고 종양이 암이 아니라고 말해 주었다. 우리는 계속 기도했고, 하나님의 평안이 그녀에게 임하는 것을 보았다. 그녀는 하나님의 임재하심을 새로이 느끼며 자신의 건강과 안전을 하나님께 더 깊이 맡기고 수술에 임했다.

그 날 늦게, 나는 프랜시스를 찾아가서 그 종양은 암이 아니라 사실은 염증이었다는 것을 알았다. 그녀는 환한 모습이었고, 하나님이 자신을 특별하게 만지고 계신다고 믿었다. 그녀는 여전히 수술을 하고, 몇 주 동안 항생제 정맥주사 치료를 계속 해야 했지만, 암은 아니었다!

성령님이 예수님의 치유 사역에 우리가 협력하기 위해 필요한 능력과 은사와 인도하심을 주신다는 것을 발견한 것은 바로 이와 같은 놀라운 경험을 통해서이다. 다음 장에서는 성령님과 동역하는 데 필요한 몇 가지 필수 조건들을 더 깊이 살펴볼 것이다.

복습을 위한 질문

1. 예수님이 어떻게 기적을 행하셨다고 생각하는가? 하나님으로서 아니면 성령의 충만을 받은 인간으로서? 이 질문에 대한 대답이 치유 사역에 어떻게 영향을 미치는가? 또한 그 대답이 당신이 치유를 위해 기도하는지 아닌지에 어떻게 영향을 미치는가?

2. 예수님이 하셨던 일을 우리도 한다는 예수님의 말씀의 의도는 무엇이었는가?

3. 예수님을 따라 사역할 때 자신의 무능력을 발견한 때는 언제인가?

성령님과 치유 사역

제 일 먼저 환경을 만들고, 그 다음에 치유가 일어날 행동을 취하고, 마지막에 제자로 부르는 3단계 양식은 예수님과 성령님의 개인적인 관계의 외적 표현이다. 그러나 하나님이 이끄시는 이 강력한 활동은 인간의 배움과 협력이 수반되어야만 한다. 그래서 심리치료 요법, 심리학 그리고 다른 인간의 훈련에 대해 통찰해 볼 여지가 생긴다. 이 양식을 따르는 것을 배울 수도 있고, 예수님이 하셨던 일들, 즉 관계의 다리를 놓기 위해 흥미로운 질문을 던지거나 사람들이 상

처를 드러내 놓고 고백하도록 이끌거나 상처를 준 사람들을 용서하
도록 권면하는 것과 같은 일들을 배울 수도 있다. 영적, 내적, 관계적
인 치유가 실제적으로 일어날 수 있다. 이런 일들은 하나님의 형상을
따라 지어진 우리의 본성과 일치하는 원리에 기초하고 있기 때문에
치유가 일어날 수 있다. 또한 하나님은 우리를 너무 사랑하셔서 우리
가 성령님의 인도하심을 따르든지 아니면 그저 우리의 열정과 선한
의도에서든지 관계하지 않고 치유를 갈망하는 인간의 노력을 통해
종종 역사하실 것이다.

이 과정에서 인간적인 차원들은 이러한 원리들이 선한 열매를 맺
을 수 있는 쪽으로 전환될 여지가 있다. 그러나 그렇게 한다면, 우리
는 예수 그리스도와의 더 깊은 관계를 놓칠 것이다. 치유 사역에 깊
이 헌신하여 하나님의 기적을 보는 것이 기준이 된다면, 우리는 먼저
예수 그리스도가 치유의 궁극적인 근원임을 인정해야만 한다. 또한
우리는 예수님이 하셨듯이 그 모든 과정을 인도하시고 힘을 주실 성
령님과 협력하는 것을 배워야만 한다.

카이로스의 순간들: 성령님이 역사하실 준비가 될 때

성령님은 어디에나 계신다. "내가 주의 신을 떠나 어디로 가며,
주의 앞에서 어디로 피하리이까?" (시 139:7) 하나님의 영은 어디에
나 계시지만, 성령님이 의도적으로 특정한 상황이나 장소나 사람에
게 특별한 일을 이루시기 위해 움직이시는 경우가 있다. 이것은 하나
님의 마음속에 살아 있는 실재를 태중에 품었다가 해산하는 창조 행

위를 위한 준비이다. 또한 성령님이 어떤 사람이나 상황에서 역사하시려고 준비할 때 이루어지는 성령님의 분명한 임재이다. 이렇게 창조하시고, 현실을 만드시고, 힘을 주시는 성령님의 사역은 성령님이 창조 전에 수면 위를 운행하시듯 (창 1:2) 누군가 *위에 임하시는* 것으로 성경에 반복해서 묘사된다.[1]

성령님의 활동 준비는 흔히 인간에게 시간의 변화로 느껴진다. 우리는 대부분의 삶을 헬라어인 *크로노스(Chronos)*로 함축되는 시간 가운데 살아간다. *크로노스* 시간이란 초, 분, 시간으로 나누어진 시계로 객관적으로 측정된다. 우리의 삶을 구성하는 4차원 중에 하나이다. 그러나 성령님이 사역을 시작하시면 우리는 다른 차원의 시간으로 이동한다. 이 시간은 헬라어로 *카이로스(Kairos)라고* 말할 수 있다. *카이로스*는 하나님이 행하시기로 선택한 시간이다. 예수님이 "때(*kairos*)가 찼고 하나님 나라가 가까웠으니, 회개하고 복음을 믿으라"(막 1:15)고 말씀하셨을 때처럼 영원이 우리의 *크로노스* 시간에 들어오는 것이다.

치유 사역에서 *카이로스* 시간은 성령님이 역사하실 준비를 하시고 사람의 마음이 성령님의 역사를 받아들일 준비가 되었을 때 온다. 사람의 마음이 부드러워지고 열려지는 것이 느껴지는 시간이 왔다는 것을 알게 될 것이다. 종종 그런 시간은 고통의 화염 속에서 사람의 의지가 단련될 수 있는 광야의 시험이 준비되는 때이다. 사람의 마음이 그 이전에는 결코 그런 적이 없는데, 독특하게 열려 있고 쉽게 받아들인다. 때로 *카이로스*의 시간에, 기도하는 사람들은 공기 중에 무게나 두께를 느끼든지, 진동, 방언, 눈물이든지 혹은 성령님의 다른 나타나심이든지 간에 성령님이 오셔서 움직이시는 것을 분별할 수 있을 것이다. 또는 눈에 보이는 징후나 느낌은 전혀 없이, "지금 나는 준비되었다. 이 사람의 삶 속에서 역사할 준비가 되어 있다"라는 말씀을 깊이 깨닫기만 할 수도 있다. *카이로스*의 시간은 연대기 속에 어느 부분일 수도 있지만 종종 지극히 순간적이다. 준비하는 데 수년이 걸렸어도, 그 순간을 놓친다면, 그것은 다시는 오지 않을 것이다.

신디: 목사와 혼외정사에 빠진 여자의 경우에, 기도 팀과 그녀는 이것이 놓칠 수 없는 기회의 순간이라는 것을 뼈저리게 느꼈다. 기도 팀은 성령님의 함께 하심을 경험했다. 그 여인의 마음이 상한 것은 누구나 알았다. 자신에게 절망했고, 어떤 주님의 음성이든지 들을 준비가 되어 있었다. 나중에 그녀는 나에게 말했다, "그런 느낌은 정말이지 처음이었어요. 지금이야말로 내 문제와 결혼 생활을 해결해야 할 시간이라는 걸 알았죠. 하나님께서 딱 맞는 사람들과 환경을 준비하셨다는 것을 알았습니다. 그 때 내가 행동했기 때문에 하나님께서 나를 도와 주셨어요. 만약 미루었다면, 나는 달라진 게 없었을 거예요. 계속 그 관계에 빠져서 소중한 모든 것들을 잃어버렸을 겁니다." 기도 이후의 변화와 오랜 시간이 지나 맺은 열매를 보아도, 그 때가 *카이로스*의 시간임이 확실했다.

예수님의 생애에서 치유 사역은 *카이로스*의 시간에 일어났다. 우리에게도 마찬가지일 것이다. 성령님께서 이 모든 과정의 주도자이시기 때문에 치유 사역은 *카이로스*의 시간에만 일어날 수 있다. 성령님이 행동하실 준비가 되어 있는 그 시간을 분별하는 법을 배우는 것은 치유 사역을 위해 부르심을 받은 사람들에게 우선적인 일일 것이다.

성령님은 우리에게 믿음의 은사와 사랑의 열매를 주실 것이다

성령님은 *카이로스*의 시간에 사역을 준비하시면서, 우리 안에서 사랑의 열매와 믿음의 은사를 행하신다. 둘 다 성령님으로부터 오며, 성령님은 역사하시기 위해 우리 마음과 접촉하여 우리를 준비시키신다. 사랑의 역할은 이미 4장에서 논의한 바 있다. 여기서는 믿음의 은사를 살펴볼 것이다.

구원의 믿음이 있고 매일 행하는 믿음이 있다. 그러나 그 외에도 믿음의 은사가 있다. 이 믿음은 하나님의 뜻이 있으면 이루실 것이라는 내적 확신이다. 마태복음 21장 21절, 마가복음 11장 24절, 히브리서 11장에 나오는 산을 옮기는 믿음, 마태복음 8장 10절에 나오는 백부장의 믿음, 마태복음 15장 28절에 나오는 가나안 여인의 믿음이 바로 이것이다. 지속적이거나 일상적인 것은 아니고, 하나님이 선택하신 특별한 필요와 상황을 위해 주어지는 것이다. 영적, 내적, 관계 치유에서 기도받는 사람의 삶 속에서 *카이로스*의 시간을 분별해 내고, 하나님이 역사하시기를 기대하며 성령님의 인도하심에 순종하여 행하는 믿음이다. 치유를 간구하는 사람이 예수 그리스도께서 그들 안에서 주님의 뜻을 행하실 수 있고, 또 행하시리라 믿는 신뢰이다.

예수님의 사역에서 대부분의 치유와 기적들은, 엄밀히 말하면, 예수님이 "기도"하셔서가 아니라 "믿음의 기도"를 통해 이루어졌다. 예수님이 나사로에게 무덤에서 나오라고 명하셨을 때 나사로는 병고침을 받았다 (요 11:43). 성령님이 이미 작정하신 바로 그 일을 예수님이 *카이로스*의 시간에 권세를 가지고 말씀하셨기 때문에 기적이 일어났다. 예수님은 이미 고칠 것이라는 초자연적인 확신(믿음)이 있었기 때문에 그렇게 할 수 있으셨다. 예수님이 바로 그 시간에 죄사함을 확신하시며 죄가 용서받았다고 말씀하셨을 때, 동일한 믿음의 은사가 역사했음을 보게 된다 (마 9:2-6; 눅 7:48-50).

믿음의 은사가 없을 때, 예수님도 능력을 행하시는 데 제약을 받으셨다. 예를 들어, 사람들이 예수님의 가족들을 알고 예수님께 적대적이었던 고향에서는 성령님의 능력 가운데서 행하시는 것이 제한되었다 (막 6:1-6). 사실 예수님은 믿음이 있었던 것이 분명한 소수만 고치셨다는 것은 그 곳에서도 성령님이 하나님의 나라가 임하도록 *카이로스*의 시간에 움직이셨다는 것을 의미한다. 그러나 믿음의 문이 닫힌 *크로노스*의 시간은 온 공동체 안에 은혜로운 하나님의 임재를 방해하는 굳건한 벽이다.

왜 우리의 믿음이 부족하면 전능하신 주권자 하나님이 행동하시는 데 방해가 될 수 있는가? 이것이 신비이다. 우리는 하나님께서 인간의 기도와 순종을 자신의 주권적인 일의 부분이 되도록 하셨던 것과 동일한 방식으로 인간의 믿음도 그 일부가 되게 하셨다고 생각한다.

백부장의 하인이 고침을 받은 이야기는 믿음과 하나님의 행하심 사이의 관계를 분명히 보여 준다 (마 8:5-13; 눅 7:2-10). 이 기적에서 우리는 믿음이 예수님이 역사하실 수 있게 신뢰하시는 은사임을 알게 된다. 백부장은 예수님이 치유의 권세가 있음을 깊이 믿고 있었다. 이것이 예수님이 요구하시는 전형적인 믿음이다. 예수님은 우리를 "치유하시는 믿음"으로 부르지 않으셨다. 오히려 치유하시는 예수 그리스도를 신뢰하도록 부르셨다.

믿음이라고 불리는 이상한 이것은 무엇인가? 이것은 영의 영역과 인간의 영역을 이어 주는 매개물로, 영적인 것이 인간을 형성해 줄 수 있게 한다. 믿음은 그리스도인만의 독특한 은사가 아니다. 우리가 하나님의 형상으로 지어졌기 때문에 남아 있는 자연적인 능력인 것 같다. 인간은 이런 믿음을 통해 영의 영역에 있는 것들을 생각하고 상상할 수 있으며, 그것을 인간 세계에서 실현할 수 있다. 믿음은 영과 물질 세계 사이의 연결자이다. 아리안(Aryan) 민족의 우수성에 대한 히틀러(Hitler)의 광신적인 믿음은 그와 악의 세계를 연결해서, 이 지구상에 지옥을 만들어냈다. "나는 꿈이 있습니다"(I Have a Dream)라는 연설에서 드러났듯이, 마틴 루터 킹(Martin Luther King)의 믿음은 평등과 정의의 더 높은 이상과 이어졌다.

성령님이 우리에게 주시는 믿음이라는 초자연적인 은사는 우리가 믿음으로 예수님을 신뢰하고, 특정한 상황에서 예수님이 의도하시는 바를 우리와 연결시킨다는 점에서 독특하다. 하나님이 *카이로스*의 시간을 보내실 때는 영의 영역이 우리의 연대기적 시간과 공간 속에 침투해 오는 것이다. 예수님을 믿는 믿음은 성령님의 행보에 문을 열고, 마음속으로 성령님의 역사를 반기는 것이다. 성령님과 동역하는 치유의 3단계 양식에서 우리는 각각의 단계들이 실제로 이루어지도록 문을 여는 것은 바로 믿음이라는 것을 반복적으로 알게 되었다.

브래드: 나는 미시간에서 열린 두나미스 집회에서 사람들을 위해 기도하면서 *카이로스*의 시간과 마주쳤다. 성령님이 내게 강력하게 임하셔서 사람들을 축복하려고 움직이시는 것을 알았다. 어떤 사람이 아내를 위해 기도해 달라고 왔다. 내가 그녀에게 손을 얹었을 때, 갑자기 내 마음속에 워즈워드(Wordworth)의 춤추는 수선화 벌판에 대한 시가 떠올랐다.[2] 그리고 수선화 벌판을 웃으며 달리는 한 작은 소녀를 보았다. 그게 무엇인지는 몰랐지만 예수님으로부터 왔고, 내가 성령님을 신뢰하고 말하면 예수님이 그것을 통해 이 자매에게 일하실 거라는 믿음이 내 안에 있었다. 그래서 나는 믿음으로 그것을 그 부부에게 말했다. 그러자 성령님의 능력이 나를 통해 일어났고, 그녀는 자리로 돌아갔다.

기도 시간이 끝나고, 그 부부는 환히 웃으며 놀라운 간증을 했다. 그 아내는 학대를 받으며 상처투성이의 어린 시절을 보냈다. "난 자유롭게 뛰어다닐 수도 없었고 다른 아이들처럼 놀 수도 없었어요. 당신이 날 위해 기도해 주시기 직전에 나는 남편에게 내 어린 시절로 다시 한 번 돌아가 야생화가 핀 들판을 자유롭게 달리고 싶다고 말했어요. 당신이 춤추는 수선화 이야기를 했을 때, 그것은 당신의 말이 아니라 예수님의 말씀이었죠. 그분의 사랑이 나를 감싸고 과거의 상처는 치유되었어요. 나는 작은 소녀인 내가 야생화 들판을 뛰어다니는 것을 너무나도 생생하게 보았어요." 그 모임에 있던 한 화가는 그 이야기에 깊은 감동을 받고 그녀에게 황금 수선화 들판을 뛰어 노는 행복한 소녀의 그림을 그려 주었다.

누가 믿음의 은사를 받느냐는 그렇게 중요하지 않은 것 같다. 기도 사역자일 수도 있고, 기도받는 사람이 믿음의 은사를 받을 수도 있다. 기도에 동참하는 누군가일 수도 있고, 예수님께 고침받도록 중풍병자를 데려온 네 명의 친구들처럼 기도를 받도록 누군가를 데려오는 사람일 수도 있다 (막 2:1-12). 위의 이야기에서 내가 *카이로스*의 시간에 지식의 말을 할 수 있었던 것은 바로 믿음의 은사 때문이었다. 또한 그 장면을 받아들이고 예수님의 치유의 사랑을 얻도록 성령님께서 그 장면을 사용하시게 한 것은 그 부부의 믿음의 은사였다. 믿음이 문을 열 때, 사랑과 권세의 예수 그리스도는 들어오셔서 놀라운 일을 행하실 수 있다. 믿음이 없다면 그저 문 밖에 서서 문을 두드리실 뿐이다 (계 3:20).

성령님은 우리에게 행하실 일을 말씀하실 것이다

*카이로스*의 시간은 성령님이 행하실 준비가 된 때이다. 하나님은 친구로 부르신 자들에게 말씀하실 것이다. 하나님은 친구들이 순종함으로 예수님과 동역자로 일하도록 *카이로스*의 시간에 행하실 일을 말씀하실 것이다. 우리는 성경이 이것을 반복해서 증명하는 것을 본다. 예를 들어, 에스겔은 마른 뼈가 가득한 골짜기에 서서 분노하신 음성으로 "인자야, 이 뼈들이 능히 살겠느냐?"고 묻는 것을 들었다 (겔 37:3). 동정녀 마리아는 하나님의 인도하심으로 인류 역사상 가장 위대한 일에 참여하라는 천사의 음성을 듣는다. "네가 잉태하여 …" (눅 1:31). 베드로는 복음을 이방인들에게까지 미치게 하시려는 하나님의 계획에 따라 환상과 "함께 가라. 내가 저희를 보내었느니

라”는 명령을 받는다. 빌립은 에디오피아 사람의 구원(영적 치유)에 동참하라는 천사의 음성, “‘남으로 향하여 가라’ 하니, 그 길은 광야라”를 듣는다 (행 8:26). 성경에 보면 하나님은 계속해서 성령님이 움직이시는 *카이로스*의 시간에 그의 백성들에게 말과 행동을 말씀으로 지시하신다.

하나님이 우리를 그의 놀라운 치유 사역에 동참시키시는 방법은 말씀을 통해서이다. 예수님은 우리가 주를 따를 수 있도록 인도하시겠다고 약속하셨다. “내 양은 내 음성을 들으며, 나는 저희를 알며, 저희는 나를 따르느니라” (요 10:27). 오순절 이후에 치유 사역에 동참하는 우리들에게는 예수님이 주로 성령님을 통해 말씀하시고 인도하실 것이다. 이런 인도하심은 종종 지식, 지혜, 예언, 방언, 방언통변, 영적 분별(고린도전서 12장과 14장)과 같은 성령의 계시적 은사를 통해 올 것이다. 이러한 은사들을 통해 우리는 실제로 하나님이 행하실 일과 치유를 간구하는 사람들에게 일어날 일들을 알게 된다.

이 책에서 은사들의 사용법을 배우는 것에 대해 언급하고는 있지만, 더 깊이 논의하는 것은 우리의 영역을 넘어서는 것이다. 실제로 이러한 은사들을 경험하기 위해서는 실례를 보는 것이 옳은 순서이다. 일반적으로 이러한 “계시”는 우리의 생각 중에 하나로 나타날 것이다. 빌립보서 2장 13절에 보면, 우리 안에서 행하시는 이는 하나님이시니, “자기의 기쁘신 뜻을 위하여 너희로 소원을 두고 행하게” 하신다. 결과적으로, 하나님의 말씀은 대개 내면에 불이 일듯이 우리 안에 선한 뜻이 일어나면서 온다. 예레미야 31장 33절은 하나님의 법을 우리의 마음에 기록하여 우리가 해야 할 바를 원하도록 하신다고 말한다. 우리는 끌려가는 것이 아니라 따라가는 것이다.[3] 말씀이 우리 안에서 속삭일 수도 있고, 말할 것 혹은 해야 할 것을 직관적으로 혹은 주변을 통해 알게 하실 것이다.

때로는 하나님의 말씀이 "소리"가 아니라 이미지일 수도 있다. 성경에서 하나님은 끊임없이 장면이나 이미지를 통해 말씀하셨다. 이미지는 사람 전체에게, 마음과 정신에게 말한다. 예수님이 끊임없이 비유를 사용하신 예에서도 볼 수 있다. "씨를 뿌리러 나간 사람…"이나 "열 드라크마가 있는데, 하나를 잃은 여인…"과 같은 비유들은 즉시 우리 마음속에 장면을 떠올리게 해서 하나님의 진리가 마음속에 들어오게 한다. 성령님은 내적 치유 기도에서 종종 상처의 본질이나 성령님이 그 사람의 삶에서 행하실 일들을 밝히는 이미지를 보여 주신다. 말씀의 이미지들은 무의식을 건드리고 숨겨진 상처들을 연결하는 능력이 있다. 성령님으로부터 오는 이러한 인도는 3단계 과정을 이끄시는 주요한 방법이다. 인간의 마음 깊은 곳으로 들어가서 치유를 일으킨다. 우리는 이러한 은사가 없이는 내적 치유 과정이 별 효과가 없음을 발견해 왔다.

하나님의 음성을 들을 수 있는 조건

예수님과 함께 치유 사역을 하는 데 아주 중요한 조건 한 가지가 있다. 하나님의 뜻에 순종하도록 우리의 뜻을 바꾸어야만 한다. 하나님은 하나님의 뜻에 맞추어진 사람들에게 말씀하신다.

한번은 바리새인들이 예수님의 가르침이 정말 하나님께로부터 온 것이냐 아니냐를 놓고 논쟁한 적이 있다. 우리는 치유 사역에서 동일한 질문을 할 수 있다. "내가 받은 이 암시가 혹은 갑자기 머리 속에 떠오른 성경 구절이 정말 하나님으로부터 온 것일까?" 또는 기도받는 사람도 같은 의문을 가질 수 있다. 바리새인들의 질문에 대해 예수님은 하나님의 음성을 정확히 들을 수 있는 원리를 말씀하셨다. "사람이 하나님의 뜻을 행하려 하면 이 교훈이 하나님께로서 왔는지 내가 스스로 말함인지 알리라" (요 7:17).

하나님의 뜻을 따르기로 선택하는 것은 종종 우리 자신의 뜻을 버리는 힘든 과정이다. 치유 사역에 있어서 특히 그렇다. 예를 들어, 우리는 누군가를 깊이 사랑하고 무엇보다도 그 사람이 낫기를 바랄 수 있다. 이전에 성령님이 죄의 고백을 통해 악한 영을 물리치신 능력으로 병 고치는 것을 보았을지도 모른다. 그래서 우리는 하나님이 전에 하셨던 것처럼 하시리라 생각하며 다음 사람에게 기도한다. 여기서 우리는 우리 자신의 열망에서 벗어날 뿐만 아니라 하나님이 행하실 일을 미리 짐작하지 않는 태도를 길러야만 한다. 하나님의 뜻이 무엇이든 간에 우리의 뜻을 꺾을 때, 우리는 성령님과 놀랍고 창조적인 방법으로 일할 준비를 갖추는 것이다. 우리는 또한 선입견을 버렸기 때문에 분명한 음성을 들을 수 있다.

브래드: 아처 토레이(Archer Torrey)가 대만에 있는 나를 방문했을 때, 나는 하나님의 뜻에 내 뜻을 복종시키는 법을 배워야만 했다. 우리가 부흥 집회를 마치자 사람들이 기도를 받으러 앞으로 나왔다. 나는 아처를 위해 중국어로 통역했다. 나는 세 명의 친구들이 희망으로 가득 찬 환한 표정으로 다리가 마른 젊은 남자의 휠체어를 밀고

나오는 것을 보았다. 그는 내가 성경대학에서 가르치는 학생이었다. 나는 예수님이 그를 고쳐 주시길 간절히 원했다. 그가 앞으로 나올 때, 나는 절박하게 기도했다. "하나님, 걷지 못하는 이 학생을 어떻게 하길 원하십니까? 그를 사랑하십니까? 그를 고치실 겁니까? 제발 하나님, 그를 고쳐 주소서!"

그가 앞으로 나오는 몇 분 동안, 나는 내 의지와 기대를 하나님께 굴복시키는 힘겨운 과정을 거쳐야 했다. 내 뜻을 굽혔을 때, 성령님이 "두려워하지 말고 내 말을 듣기만 하라. 내가 말하는 대로만 하라. 그러면 내가 그의 삶 속에서 내 영광을 위해 일할 것이다"라고 말씀하시는 것을 느꼈다.

그리고 나서 그 젊은이가 희망으로 가득 찬 눈빛으로 내 앞에 왔다. 아처는 "당신의 문제와 예수님께 간구하는 기도 제목을 말해 보세요"라고 말했고 나는 통역해 주었다. 그는 소아마비에 걸려 축구 선수의 꿈이 물거품이 된 슬픈 이야기와 육체가 고침을 받기 원한다는 중심의 소원을 말했다. 그가 말할 때 나는 예수님으로부터 알게 된 사랑이 그를 향해 깊이 번지는 것을 느꼈다. 아처를 쳐다보았을 때 그에게도 같은 사랑이 흐르는 것을 볼 수 있었다. 그 젊은이의 비극적인 이야기에 마음 아파한 아처는 눈물을 흘리며 무릎을 꿇고 그를 안아 주었다. 젊은이 또한 울기 시작했다. 성령님이 내게 임하셔서 예수님이 이 학생 안에서 역사하실 것임을 그저 믿으라고 알려 주셨다.

치유를 위해 기도했지만 아무 일도 일어나지 않는 것 같았다. 치유 기도의 3단계에서 젊은이는 끝나버린 축구 선수의 꿈을 예수님께

올려드리고 새로운 꿈을 달라고 기도하도록 인도하심을 받았다. 우리가 기도했을 때, 마치 불이 켜진 것처럼 그의 얼굴은 기쁨에 가득 찼고 평안이 그에게 임했다. 그는 육체적으로는 휠체어를 벗어나지 못했지만, 영적으로나 정서적으로는 자유로웠다. 그는 예수님과 자유롭게 걸었다.

그는 나중에 예수님이 자신을 대만의 장애인들을 위해 부르셨다고 말했다. 그것이 80년대의 일이었다. 그 젊은이는 육체적으로는 결코 고침을 받지 못했다. 반대로 그의 육체적인 상태는 악화되었다. 그러나 우리가 하나님의 음성을 듣고, 우리의 뜻을 그분의 뜻에 굴복시켰기 때문에 하나님은 그에게 말씀하시고 능력을 주셨다. 그는 장애인들을 경멸하는 사회에서 장애인들에게 복음을 아주 훌륭하게 전하고 있다.

하나님은 오직 성경을 통해서만 말씀하시는가?

우리는 즉시 하나님은 오직 성경만을 통해 말씀하신다고 믿는 그리스도인들의 반대를 논의해야만 한다. 성경의 권위와 중심성을 유지하기 위해, 그들은 고린도전서 12장과 14장에 나열된 성령님의 명백한 은사들이 오늘날 우리에게도 유효하다고 이 책에 있는 가정을 거부한다.

우리는 성령님의 은사가 오늘날에도 역사하심을 인정하면서도, 또한 성경이 하나님의 말씀인 것과 하나님의 인격과 인간을 향한 하나님의 목적을 알게 하는 유일한 권위임을 믿는다. 우리는 은사를 통해 인도하시는 성령님의 역할이 성경에는 나오지 않은 새로운 진리와 새로운 계시를 밝히는 것이 아님을 강조한다. 예수님은 "그러하나 진리의 성령이 오시면 그가 너희를 모든 진리 가운데로 인도하시리니, 그가 자의로 말하지 않고 오직 듣는 것을 말하시며 장래 일을 너희에게 알리시리라. 그가 내 영광을 나타내리니, 내 것을 가지고 너희에게 알리겠음이니라"(요 16:13-14; 요 15:26 참조)고 이것을 아주 확실하게 말씀하셨다.[4]

우리는 성령님이 교리를 드러내시기 위해 성경을 통해 말씀하시는 것을 본다. 예를 들어, 우리는 요한복음에서 하나님이 우리에게 온전히 드러내신 예수 그리스도의 진정한 본성을 발견한다. 그리고 로마서는 우리가 행함이 아니라 오직 예수 그리스도를 믿는 믿음으로 구원받는다고 말한다.

그러나 우리는 때때로 성경 여러 곳에서 성령님이 은사를 통해 교리와는 상관없이 사람들을 인도하시는 것을 보게 된다. 더 정확히 말하면, 성령님은 어떤 사람이 예수님과 함께 사역할 때 구체적으로 인도하신다. 예를 들어, 광야에서 에디오피아 사람을 우연히 만나 구원하도록 한 발자국씩 인도함을 받은 빌립 (행 8:26-40), "가라"는 말씀을 듣고 사울을 위해 기도한 아나니아 (행 9:10-18), 성령님의 인도하심을 받아 아시아에서 복음을 전하지 말고 마게도니아로 가라는 환상을 들은 바울(행 16:6-10)을 생각해 보라.

매 순간 적극적인 성령님의 인도하심은 새로운 교리를 말하는 것이 아니다. 그 대신에 어떻게 우리가 예수님과 일할 것인지 세밀히 알려 주신다. 내적 치유에서 예수님과 함께 일하면서 우리가 듣는 계시와 같은 것이다. 성령님은 우리에게 오직 성경의 문자로만 말씀하신다고 믿기 때문에 이것을 배제한다면, 우리는 오늘날 인간의 삶 속에서 움직이시는 예수 그리스도의 역동적인 사역에서 우리 자신을 끊어버리는 것이다. 물론, 칼빈이 살펴본 대로 성령님은 "성경의 저자이시며, 자신의 말씀을 바꾸실 수 없다."5) 성령님은 결코 다른 것을 계시하지 않으실 것이며, 이미 성경에서 밝히신 진리와 반(反)하여 그 어떤 것도 우리에게 말하거나 행동하라고 하지 않으실 것이다.

순종하며 행동하라

성령님과 협력하는 역동성은 댄스에서 정해진 스텝과도 같다. 첫째, 성령님은 *카이로스*의 시간에 움직이신다. 둘째, 자신이 활동하시는 통로로 우리에게 사랑과 믿음을 주신다. 셋째, 성령님은 이 시간 무엇을 하실지 우리에게 말씀하신다. 이제 마지막 하나가 남았다. 바로 순종이다.

*카이로스*의 시간에 성령님이 우리에게 명하신 말이나 행동을 우리가 그대로 했을 때, 성령님은 활동하시고, 이미 그 사람 안에서 행하시는 일들을 우리의 순종과 연결하셔서 일을 이루신다. 근본 원리는 하나님의 말씀이 성령님과 연결되어 하나님이 우리의 삶에서 실제로 활동하신다는 것이다.

우리는 창조 이전에 이러한 역동성을 본다. "하나님의 신은 수면에 운행하시니라" (창 1:2). 이것이 태초 이전에 *카이로스*의 시간이었다. 성령님은 세상을 창조하시려는 의도가 있었다. 그러나 하나님께서 "빛이 있으라"고 말씀하시기 전까지는 어떤 창조도 시작되지 않았다. 이러한 말씀들이 성령님의 운행하심에 던져졌을 때, 하나님의 활동은 시작되었고 순식간에 창조가 시작되었다. *카이로스*의 시간에 성령님이 주시는 말씀을 말과 행동으로 순종하는 것은 동일한 결과를 가져온다. 하나님은 우리에게 말하라고 은혜롭게 주신 말씀 안에서 그의 의도를 성취하기 위해 일하실 것이다.

우리는 예수님이 나사로를 죽음에서 살리신 위대한 기적 속에서 이러한 역동성을 본다 (요 11장). 예수님은 하나님이 나사로의 병을 고치시고자 일하실 것임을 아셨으며, *카이로스*의 시간이 다가온 것을 감지하셨다 (요 11:4). 그래서 예수님은 이틀을 더 지체하셨다 (요 11:6). 성령님이 일하실 장소는 마르다, 마리아, 나사로에 대한 예수님의 사랑을 통해 (요 11:5), 또한 예수님이 실제로는 "구원과 생명"(요 11:25-26)이심을 믿는 마르다의 믿음의 은사를 통해 만들어졌다.

무덤 앞에 서서 예수님은 눈을 들어 우러러보시고 기도하셨다 (요 11:41). 우리는 그 기도가 어떠했는지, 또는 하나님께서 어떤 응답을 주셨는지 알지 못하지만, 그 다음 순간 예수님은 과감하게 자신이 받으셨던 인도하심에 순종하며 행하셨다. 예수님은 큰 소리로 "나사로야, 나오라"고 부르셨다 (요 11:43). 하나님의 뜻을 구현한 이 말씀은 생명을 주시기 위해 죽음의 자리를 운행하셨던 성령님과 연결되었다. 이런 역동성의 결과는 위대한 기적이었다. 죽은 자가 걸어 나왔다! (요 11:44)

우리는 당신이 무슨 생각을 하는지 안다. "그거야 예수님이었잖아. 그러니까 죽은 사람이 살아나지. 난 그렇게 할 수 없어." 성령님에 대한 예수님의 약속의 의미를 마음 깊이 간직하라. 이 역동성은 성경의 모든 기적 속에서 증명되며, 오늘날에도 우리를 통해 치유 사역을 가능하게 한다! 예를 들어, 우리는 그것이 리차드의 예에서도 유효하다는 것을 볼 수 있다. 그가 병원 대기실에서 운행하시던 성령님의 *카이로스*의 시간에 "같이 기도합시다"라고 믿음으로 말했을 때, 분위기는 달라졌다. 하나님께서 일하기 시작하셨고, 역사는 일어났다.

그림 3

성령님과 협력하는 역동성

인류사의 흐름: 공간과 시간의 연속성—크로노스 시간 안에 카이로스의 순간들

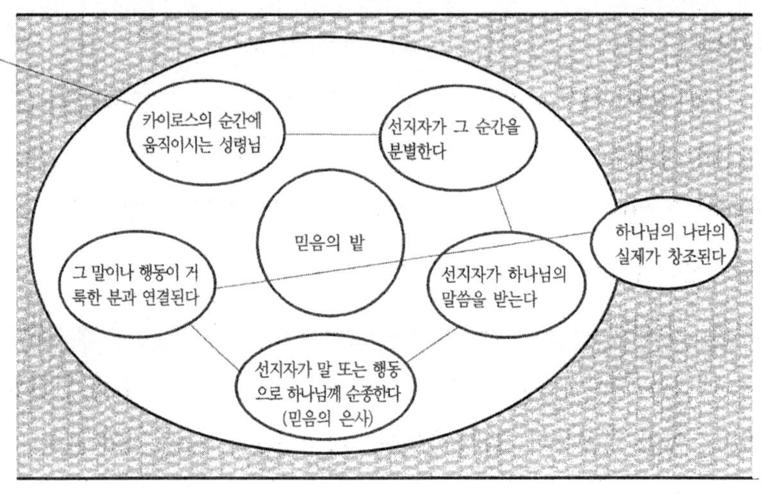

브래드: 나에게 상처를 준 사람을 1년이 넘게 용서할 수 없었던 때가 있었다. *카이로스*의 시간에 성령님이 내 마음을 부드럽게 준비하시자, 리차드는 또 성령님이 주신 대로 말했다. 그 순종이 이미 내 안에서 일하고 계신 성령님과 연결되어 기적이 일어났다. 나는 나를 용서하신 예수님을 경험했을 뿐만 아니라 나를 배신한 그 사람을 용서할 수 있었다.

성령님과 협력하는 역동성을 배우는 것이 3단계 양식을 실제로 행하는 데 핵심이다. 예수님은 이렇게 일하셨고, 자신의 영광을 위해 우리를 통하여 동일하게 일하실 것이다. 우리는 실제로 영적, 내적, 관계적 그리고 육체적인 치유의 기적들이 하나님께 영광 돌리는 것을 보게 될 것이다!

하나님이 주권자시라면, 우리는 실제로 무엇을 할 수 있는가?

마지막 질문이 남았다. 당신은 이 모든 것이 하나님의 주권에 달려 있음을 볼 수 있다. *카이로스*의 시간에 성령님을 보내시는 분은 바로 하나님이시다. 우리에게 사랑과 믿음을 주시는 분도 하나님이시다. 우리에게 말씀하시는 분도 하나님이시다. 만일 사랑하는 누군가에게 치유가 필요하다면, 아무 일도 일어나지 않을 때, 하나님이 움직이실 때까지 우리는 수동적으로 기다려야만 하는가? 아니다! 하나님의 일 가운데 마지막으로 우리가 해야 할 일이 있다. 바로 기도이다. 성경에 직접적인 언급은 없지만, 나사로가 병들고, 병세가 점점 악화될수록 마르다와 마리아의 기도가 점점 간절해지지 않았을까

추측해 볼 수 있다. 그들은 하나님께 도움을 부르짖었고, 나사로를 고칠 수 있다고 생각되는 예수님을 보내 달라고 간구했다.

또한 성령님이 기도를 인도하시고 영감도 주시지만, 성령님이 크로노스 시간에 행하시도록 초청하는 것은 사람의 일이다. 치유 사역은 예수님과의 관계와 우리의 진실한 기도에서 비롯된다. 기도는 예수님의 이름으로 하나님이 이미 원하셨던 일—하나님의 나라가 하늘에서 이루어지듯이 이 땅에서도 이루어지도록 창조 본래의 비전을 회복하는 것—을 이루기 위해 성령님을 통해 하나님을 초청하는 것이다.[6]

복습을 위한 질문

1. 오늘날에도 하나님이 사람들에게 말씀하심을 믿는가? 그 이유는 무엇인가?

2. 당신은 어떻게 하나님의 음성을 들었는가?

3. 카이로스의 시간을 경험했던 때를 돌이켜 보라. 어떤 일이 일어났는가?

치유가 일어나지 않았을 때
어떻게 해야 하는가?

우리는 치유 사역에서 성령님과 협력하는 것을 다루었다. 이 원리들을 실행했을 때, 예수님이 사람들의 숨은 상처들을 치유하시는 것을 경험했다. 그렇지만 때로는 아무 역사도 없는 것 같다. 성령님과 치유 사역의 3단계를 거쳤는데도 치유는 일어나지 않는다. 분노, 비합리적인 두려움, 파괴적인 강박 관념과 같은 상처의 증상들은 분명히 있지만, 이런 증상들의 실제 원인이 기도 사역자와 기도받는 사람들을 교묘히 피해 달아난다. 용서받고 용서하는 것을 아는 것이 내적 치유에 관건이지만, 당사자가 왜 자신들이 용서를 받아야 하고 누구를 용서해야 하는지 알지 못할 때는 아는 것이 별 효과가 없다. 기도 사역에서 몇 가지 "실패"에 관한 이야기는 이런 점을 증명해 줄 것이다.

복음적인 한 여자는 평생 동안 깊은 분노로 갈등하고 있었다. 이 분노 때문에 그녀의 관계들, 하나님과의 뿐만 아니라 남편과의 관계가 파괴되었다. 남편은 성경에 나오는 분노와 용서에 관한 말씀을 연구해 보라고 말했다. 그녀는 충실하게 말씀을 보았지만 예전처럼 분노가 치밀어 올랐다. 왜 말씀이 효과가 없는 것인가?

어떤 신학생은 빌리 그레이엄(Billy Graham) 대전도집회에서 예수 그리스도를 따르기로 일생을 헌신했다. 그는 진정으로 하나님을 섬기기를 원했지만, 아버지뻘 되는 나이 많은 교수에게 사랑과 연정을 느끼며 괴로워했다. 하나님께 도와 달라고 간절히 기도하고 또 기도했지만 끌리는 마음은 커져만 갔다. 정말 매력적인 한 여학생이 그에게 관심을 보였다. 그는 진심으로 그 여학생에게 호감을 가져보려고 애썼지만 두렵게도 아무 감정도 생기지 않았다. 그는 목사와 상담했고, 목사는 친절하게 들어 주고 용서와 치유를 위해 기도해 주었다. 다시 학교로 돌아왔을 때, 그는 여전히 그 상태였다. 왜 치유되지 않았을까? 왜 그의 전쟁은 계속되었을까? 왜 예수님은 이런 비정상적인 욕망을 치유하지 않으셨을까? 왜 예수님은 동성애는 죄라고 성경에 분명히 나온 하나님의 율법을 따라 살려고 안간힘을 쓰는 이 사람을 도와 주지 않으셨을까?

마지막으로 어떤 신실한 그리스도인은 하나님을 더 친밀하게 알기를 간절히 원했다. 하나님께 가까이 가기 위해 알고 있는 모든 일을 했다. 성경을 연구하고, 예배에 참석하고, 열심히 기도했다. 그러나 열심히 하면 할수록 하나님은 더욱 멀어져만 갔다. 무엇이 하나님을 향한 친밀감을 막는 것일까? 왜 그는 하나님과 깊은 관계를 가질 수 없었는가?

위의 이야기들은 치유 기도가 효과가 없었던 몇 가지 예에 불과하다. 훨씬 더 많은 사례들이 있다!

무엇이 문제인가?

신실한 믿음의 사람들이 분노, 성적 욕망, 우울증과 같은 문제들과 씨름하지만 치유되지 않는 것을 보면서, 교회에 다니는 많은 사람들은 자유하게 하시는 복음의 능력을 의심하게 된다. 예수 그리스도께서 지상에서 살아 계신 동안에 사역하신 것처럼 오늘날에도 성령님을 통해 치유 사역을 하신다는 이 책의 주장의 타당성에도 의구심을 비쳐 왔다.

우리는 이 문제가 용서와 하나님의 사랑을 아는 것과 같은 성경에서 말하는 원리들이 무력하다는 것을 말하는 것이 아니라는 것을 확신한다. 또한 성령님이 신약에서 하셨던 일들을 오늘날에는 하지 않으신다는 결론도 아니다. 문제는 성령님의 치유 사역이 인간의 마음의 숨겨진 깊은 상처에 관한 것임을 곰곰이 생각해 보아야 한다는 점이다. 숨겨진 상처의 치유 단계로 넘어가서 치유 기도가 열매 맺는 것을 보기 시작하려면 꼭 이해해야 할 것이 있다.

- 인간 정신의 본성
- 무의식 속에 숨겨진 내적 상처의 해부
- 치유 과정을 적극적으로 방해하는 악한 영들의 복잡성
- 인간의 마음속에 숨겨진 골에 예수님의 치유를 가져오기 위해 우리가 성령님과 협력하는 과정

좀더 깊은 치유가 필요한 증상들

많은 경우에는 좀더 깊은 치유가 필요 없을 때가 있다. 본인이 문제의 원인이 무엇인지, 치유받기 위해 무엇이 필요한지를 정확히 안다. 그렇다면 필요한 일을 하기 위해 성령님의 도움만 있으면 된다.

브래드: 내가 깊은 분노와 상처로 위축되어 도움을 구하러 친구 리차드를 찾아갔을 때, 상처의 본질이 무엇인지 또 내가 누구를 용서해야 되는지는 자명했다. 우리 둘 다 내가 해야 할 일들을 알고 있었다. 다만 나는 리차드의 도움 없이는 그렇게 할 수가 없었다. 일상생활에서 드러나는 증상이나 행동 때문에 우리 마음에 상처를 받은 것은 알고 있지만, 그 행동의 원인이 무의식 속에 숨겨져 있어서 곧바로 예수님이 일하시는 데 의식적으로 동참하기가 어려울 때도 있다. 신학생이 원치 않는 동성애를 느끼는 경우가 그렇다. 그와 그를 위해 기도하는 사람들도 왜 그가 그런 감정을 갖는지 알지 못했다. 그러나

그가 겪고 있는 어려움은 더 깊은 곳에 무엇인가 있음을 암시하고 있으며, 만약 우리가 그것을 알 수만 있다면 그것이 치유의 열쇠가 될 것이다.

사람의 마음속에 깊은 상처가 있다는 것을 암시하는 증상들은 어떤 것이 있을까? 치유 기도가 능력을 발휘하려면 그 사람의 무의식으로 더 깊이 들어갈 필요가 있음을 알려 주는 표시나 단서는 무엇인가?

깊은 열등감

열등감은 내가 하나님과 다른 사람들에게 사랑스럽다고 느낄 수 없는 것이다. 이런 사람은 "하나님이 날 도와 주실 이유가 어디 있어?"라고 생각하기 때문에 기도가 소용없다고 생각한다.[1] 낮은 자아상이나 빈약한 자존감은 많은 사람들을 괴롭게 한다. 열등감은 겉으로는 유능하고, 자신감 있고, 굉장한 실력이 있고, 엄청나게 성공한 사람들 속에도 숨어 있을 수 있다. 겉모습과는 달리, 언젠가는 진실이 드러날 것이며, 자신들이 무능력하게 보일 것이라는 두려움 속에서 살기 때문에 그들은 성취 속에서도 기쁨이 없다. 이런 사람들 중에 다수는 높은 기대 수준에 맞추어 살게끔 압박감을 경험한 사랑스런 가정에서 자랐다. 부모의 비판하는 목소리가 내재되어 있어 아이는 결코 완벽하게 해내지 못하리라 생각한다. 빈약한 자아상을 하나님의 형상으로 대치하면서 치유가 내면에서부터 일어나야 한다.

분노, 적대, 자기 증오

분노는 위협을 받거나 상처를 받았을 때 당연히 나타나는 인간의 반응이다. 하나님은 우리를 창조하시면서, 필요할 때에 우리 자신을 방어할 수 있는 능력을 주셨다. (이것을 "투쟁-도피 반응"이라고 한다.) 분노를 표출할 수 없는 환경에서 계속 위협을 받고 산다면, 그 감정은 우리의 속사람에게 향한다.

신디: 나는 평생 분노와 씨름했다. 착한 여자라면 화를 내서는 안 된다. 특히 교회에 다니는 착한 여자라면 더 그렇다고 믿으며 자랐다. 그래서 나는 나의 분노를 적절하게 표현하기가 어려웠다. 나는 분노가 커질까봐 두려워서 화나는 걸 억제했다. 그러면 대개 위장장애나 두통이 생겼다! 아니면 "바보" 같은 일에 폭발해 버렸다. 치료 요법, 독서, 내적 치유, 정신과 치료가 분노를 느끼고 좀더 올바르게 표현하는 데 도움을 주고 있다.

불합리한 두려움과 걱정

분노와 마찬가지로 두려움 또한 위협에 대한 자연스러운 반응이다. 어떤 사람들은 위협이 없는데도 두려움이나 걱정하며 살고 있다: 사람들과 비난에 대한 두려움, 환경에 대한 두려움, 실패에 대한 두려움. 이런 두려움 때문에 사람들은 부끄러워하고, 움츠러들고, 과민 반응하며, 의심이 많아지고, 불신하며, 위험한 일에 도전하지 못한다. 종종 이런 종류의 두려움과 걱정은 정신적으로 고통스러운 충격에 기인하는데, 심지어는 태중이나 출생시, 신생아 시절의 위험, 불안정하고 학대하는 가정생활까지 거슬러 올라간다.

이 장을 시작하면서 우리는 하나님께 가까이 가는 데 문제가 있는 한 남자를 언급했다. 하나님께 가까이 가면 갈수록 더 두렵고 불안해 졌다. 그는 나에게 하나님과 친밀한 관계를 방해하는 것이 무엇이든 극복할 수 있도록 기도해 달라고 부탁했다. 그와 함께 기도했을 때, 그는 그의 부친이 아이를 갖기 원하지 않았다는 것을 말했다. 그의 어머니가 맨 처음 임신했을 때, 그 아버지는 유산시키기 위해 어머니의 배를 난폭하게 쳤다.

그의 태아 시절을 놓고 기도했을 때, 임신 사실이 드러나는 4개월 무렵, 태아인 그는 극도로 공포와 고통을 느꼈음을 알게 되었다. 성령님은 그의 아버지가 어머니의 자궁 안에 있는 그를 죽이려고 시도한 일까지 드러내셨다. 이것은 그의 어머니와 이야기하면서 확인되었다. 다행히 유산은 되지 않았고, 그의 어머니는 그 때 아버지를 떠나 다시는 만나지 않았다. 그러나 태중의 충격 때문에 이 사람은 아버지에 대한 엄청난 두려움을 갖고 있었다. 이 두려움은 하나님 아버지께 옮겨졌다. 이것이 그가 하나님께로 가까이 가는 노력에 방해가 된 것은 당연하다. 예수님이 그의 태중의 기억으로 들어오셔서 치유하셨다. 결과적으로 치유는 그가 자유하게 되어 하나님과의 친밀감이 깊어지는 시작점이 되었다.

완벽주의, 일 중심주의

어떤 사람들은 "해야 한다"와 "당연하다"에 눌려서 부단히 노력하고, 안달하고, 스트레스를 받고, 쉼 없이 일한다. 그들은 일반적으로 아이들에게 무엇인가 하도록 압력을 주면서 행한 일에 비추어 조건적으로 사랑을 주는 가정에서 자랐다.

많은 그리스도인들이 완벽주의 때문에 고민한다. 자라면서 하는 일에 따라 "잘했다" 또는 "못했다"라는 말을 많이 듣는다. 좋은 성적표를 가져가면 "착한" 아이들이 되고, 형제들과 싸우면 "나쁜" 아이들이 된다. 이런 것이 내재되어 아이들은 자신을 평가하는 유일한 근거를 외적인 일에 둔다. "나는 좋은 일을 하니까 착해." 시간이 지나면서 이런 아이들은 일단 자신들이 일을 완수해야만 사랑받을 것이고 기분이 좋아진다고 믿기 때문에 완벽을 추구한다.

해명되지 않은 강박 행동

강박적인 행동들은 우리 사회에서 큰 문제이다. 거절, 분노, 저주 혹은 강박적인 가정에 기인했을 중독증, 강박증, 성도착이 얼마나 많은 사람들을 괴롭히는지 알려면 (알코올 중독, 섹스 중독, 도박, 과식증, 분노 중독과 같은) 12단계 프로그램의 증가를 점검해 보면 된다.

신디: 가계(家系)에 흐른다고 생각되는 장애는 강박신경장애(obsessive-compulsive disorder: OCD)이다. 나는 병원에서 강박 관념에 시달리는 한 젊은이를 상담했었다. 강박 관념은 그가 매우 외롭고 침울했던 대학 시절에 시작되었다. 맨 처음 나타난 증상은 "확인하는 행동"으로, 문이 잠겼는지 다리미나 커피포트의 전원을 껐는지 등을 확인하는 것이었다. (약 15년이 흘러) 내가 그를 만났을 때, 강

박 관념은 영적인 방향으로 진행했다. 그는 기도나 예배 시간에 집중할 수가 없었다. 그래서 그는 하나님이 자신을 받아 주지 않으시고 사랑하지 않으신다고 믿게 되었다. 그는 대화와 기도 가운데서 외로운 대학 시절에 동성애 관계를 가진 적이 있었다고 시인했다. 그 이후에 그의 강박 관념은 "영적"인 성향을 갖게 되었다. 기도하면서 그는 자신의 죄를 고백했고 주님은 그를 용서하셨다. 여전히 강박 관념으로 힘들어하지만, 그 정도가 낮아졌고 예전처럼 영적인 문제는 없다.

우울과 절망

현재로서는 외면적인 이유가 없는 만성적인 슬픔, 우울증, 절망 또는 자포자기는 유년기에 있었던 버림받음, 상실, 분노, 억눌림, 마음의 상처에 그 원인이 있을 수 있다. 이것은 "침울한" 기분이 들거나 슬프거나 병적인 우울증에 걸린 것과는 다른 문제이다. 만성적이고 이유를 알 수 없는 우울증은 깊은 상실이나 치유되지 않은 어린 시절 상처의 표시일 수 있다.

과민함

우리가 누군가를 "기분 나쁘게" 쳐다본다면, 쉽게 상처받고 거절당했다고 느끼는 사람들을 우리 모두는 주위에서 볼 수 있다. 이들은 아주 과민한 사람들이다. 나는 이것은 환경에 지나치게 자극받거나 압도되는 "감수성이 아주 예민한"(highly sensitive people: HSP)

정도를 넘어선 사람들이라고 믿는다.[2] 아주 과민한 사람들은 괴롭힘이나 수치를 당하거나 심지어 박해를 받는 환경에서 종종 생겨난다. 그들은 적절하게 반응하거나 개인의 영역을 보호할 수가 없었다. 그래서 자기 영역의 필요성이 더 커지고 다른 사람들이 (심지어 정당한 방법으로) 자기 영역에 들어오는 것조차 과민반응하는 것일지도 모른다.

이 모든 행동이나 감정들은 우리의 매일의 생활에 침입해서 기쁨과 평안을 앗아가는 증상이다. 그 결과, 집은 스트레스로 가득하고, 관계는 오염되고 깨지며, 교회는 냉랭해진다. 이것들은 종종 하나님을 전심으로 섬기는 데 조급하게 만드는 방해물이 되기도 한다. 이러한 문제들을 다루는 기도는 일시적으로 희망을 주고 하나님의 사랑을 확신하게 할 수는 있지만, 진정한 치유와 회복을 위해서는 근본적인 원인으로 가야만 한다.

2장에서 우리는 인간의 마음이 얼마나 깊은지, 무의식이 우리 내면에 얼마나 많은 부분을 차지하는지 설명했다. 다음 장에서 우리는 기억이 어떻게 형성되고 우리 안에 저장되는지 살펴볼 것이다. 일단 기억의 본질을 이해한다면, 우리는 내적 상처가 어떻게 생겨나고 치유를 방해하는지 더 잘 이해하게 될 것이다.

그러나 그렇게 하기 전에 이 증상들의 목록을 읽으면서 당신의 삶에 나타나는 몇 가지 증상들을 인정해야 할지도 모른다. 그렇지 않다면 동성애로 고심한 신학생처럼 떨쳐버릴 수 없는 죄로 안간힘을 쓰면서도 평안을 얻지 못할 수 있다. 기도도 헛되고 의지도 소용없어

보인다. 그러나 소망은 있다. 동성애로 고민하던 신학생을 다시 보도록 하자. 그는 어떻게 되었을까?

상처가 있는 곳으로 깊이 들어가라―동성애를 치유받은 남자

브래드: 신학교 마지막 해에, 그의 동성애 고민은 급격히 악화되었다. 한번은 한밤중에 혼란과 절망에 빠진 그가 내 방으로 왔다. 그는 한계선을 넘어 다른 남학생과 성 관계를 가졌다. 나는 그의 고백을 듣고 그를 위해 기도했지만, 어떻게 더 도울 수 있을지 감을 잡을 수가 없었다. 이 일이 있고 나서 그는 상담을 받았지만 큰 진전은 없었다. 그 상담자는 이야기를 잘 들어 주었고, 그의 고민에 매우 동감하면서 동성애 경향이 있음을 인정하라고 권면했다. "그렇게 태어났으니 그렇게 살도록 배워야 됩니다." 그러나 그는 신앙의 확신에 근거하여 이 충고를 물리치고, 자신의 신앙적 관점을 존중해 주지 않는 상담가에게는 더 이상 가지 않았다. 그러나 상담을 하면서 한 가지 의미 있는 일이 생겼다. 기억에도 없는 아버지에 대해 괴로운 꿈들을 꾸기 시작한 것이다.

어느 날 저녁 그는 어느 장로교 교회의 치유 예배에 참석했다. 기도를 받으려고 앞으로 나갔을 때, 성령님의 능력을 입은 한 여자가 그를 껴안아 주고는 말했다. "나는 밤중에 아버지를 부르며 울고 있는 한 소년, 혼란스럽고 아프고 상실감에 빠진 한 작은 소년이 보입니다. 예수님이 당신을 안아 주시고 '너를 영원한 사랑으로 사랑해 주시는 내 아버지께 인도하겠다'고 말씀하십니다." 이 환상은 벌통을

찌른 것과 같았다. 감정이 실린 기억들이 그의 내면부터 찌르기 시작
했다. 그와 어머니를 버린 오랫동안 잊어버렸던 아버지에 대한 기억
이 다시 되살아나기 시작했다.

이어지는 기도 속에, 성경에 나타난 치유 사역의 원리들이 효과를
나타내기 시작했다. 기도 팀은 그 학생의 마음 깊은 곳으로 인도함을
받았고 하나님이 역사하심을 보았다. 그는 다시 성경과 성령님과의
협력 둘 다를 이해하는 기독교 상담가를 찾아가 상담을 받았다. 1년
후, 이 하나님의 사람은 내적 상처가 치유되었고 동성애의 유혹에서
자유하게 되었다. 기쁘게도 이 치유 여정 가운데 그와 함께 했던 여
학생을 사랑하는 능력도 많아지는 것을 발견했다. 지금 그들은 함께
사역하는 목회자 부부이다. 하나님은 그들에게 동성애 유혹으로 괴
로워하는 남자와 여자를 위해 기도하는 사역의 은사를 주셨다. 이
부부를 통해 많은 사람들이 예수 그리스도의 치유 역사를 경험했고,
죄에서 자유하게 되어 예수님을 따를 수 있다.

다음 장에서 우리는 인간의 기억력을 살펴보면서, 사람의 마음
속에 숨어 있는 곳에서 역사하시는 성령님과 더 잘 협력하게 될 것
이다.

복습을 위한 질문

1. 당신의 삶에서 이런 깊은 상처의 증상이나 표시를 경험한 적이
   있는가?

2. 그 상처들이 어디서 시작되었는지 알고 있는가?

3. 치유를 간구하는가? 그렇다면 맨 처음 해야 할 일은 당신의 상처의 뿌리나 근원을 알려 달라고 성령님께 기도하는 것이다. 이 상처를 치유해 달라고 예수님을 모셔들이라.

기억의 힘: 살아 있는 과거

브래드: 치유 모임에서 50대의 한 여자가 기도를 부탁했다. 그녀는 매우 호감이 갔지만, 약간 뚱뚱했고 자신을 가꾸지 않는다는 인상을 주었다.

나는 그녀에게 기도 제목을 물었다. 그녀는 평생 동안 버림받은 기분과 심각한 불안감에 시달려 삶은 비참했고 관계는 힘들었다고 말했다. "나는 결혼을 했는데, 남편은 내가 매달려서 숨통이 조여 온다고 날 떠났어요. 다 큰 아들이 하나 있는데, 그 아이도 내가 자기를 숨막히게 할까봐 내게 가까이 오는 것을 두려워하는 눈치예요. 나는 이러는 나 자신이 정말 싫어요. 하지만 벗어날 수 없을 것만 같아요. 그게 내 인생을 망쳤어요."

나는 버림받은 기분과 불안감을 설명할 수 있을 만한 일이 과거나 현재에 있는지 그녀에게 물었다. "아무 것도 기억이 안 나요!"라고 그녀는 대답했다. "어머니는 내가 열 살 때 이혼했는데, 결혼 생활에 대해 전혀 이야기해 주지 않아서 아버지에 대한 기억이 없어요. 어머니는 결코 재혼하지 않았죠. 어머니는 움츠러들고 증오가 가득한 사람이에요. 그래서 어머니와는 가까이 지내지 않죠." 우리는 어떻게 진행해 나가야할지 난감했다. 그녀의 이야기를 듣고 보니, 어린 시절의 정신적인 충격이 불안감의 근원이기는 한데 그것을 알 수가 없었다.

우리는 성령님께 그녀의 무의식 속으로 더 깊이 들어가셔서 버림받은 기분을 갖게 한 기억을 떠올리게 해 달라고 간구했다. 잠시 후에, 우리는 기억나는 게 있는지 물었다. 그녀는 "아뇨, 하나도 없어요! 하지만 굉장히 두렵고 불안해요. 왜 그런지는 모르겠어요. 뭔가 내 안에 숨어 있는 것이 나오려고 애쓰는 것 같아요"라고 대답했다.

계속 기다리자 어떤 장면 하나가 일순간 내 마음에 들어왔다. 레이스가 달린 예쁜 드레스를 입은 작은 소녀가 큰 저택에서 "엄마!"를 울부짖으며 방마다 뛰어 다니는 것이었다. 나는 그녀에게 이 이야기를 해 주고 물었다. "이것이 당신과 무슨 상관이 있지요? 뭐 생각나는 게 있어요? 아니면 그저 제 상상일까요?"[1]

내가 말했을 때, 그녀는 갑자기 울음을 터뜨렸다. "주님이 방금 나에게 내 인생에서 가장 끔찍했던 날을 보여 주셨어요. 까맣게 잊고 있었는데, 이제 다 기억나네요. 내가 열 살 때, 부모님이 무시무시한 말다툼을 하신 날이에요. 아버지는 엄마를 사정없이 때렸고, 엄마는 비명을 지르며 다른 방으로 뛰어갔어요. 아버지는 집 밖으로 뛰쳐나 갔죠. 나는 울면서 아버지를 따라 갔어요. 아버지는 눈길 한번 주지 않고 집을 나가서 언덕으로 사라지셨어요. 레이스와 파란 꽃이 달린 제일 예쁜 옷을 입고 있었던 게 기억이 나요. 그런데 아버지는 날 돌아보지도 않으셨어요. 난 엄마를 찾으러 갔어요. 엄마가 우는 소리 가 들렸어요. '엄마!'를 부르며 집안을 헤맸죠. 침실에 엄마가 보이지 않자, 난 침대에 쓰러져 울었어요. 그림을 조각조각 찢어버리는 것과 같았어요. 내 모든 세계가 산산조각이 났죠. 난 그 뒤로 아버지를 다 시는 보지 못했어요."

약 45년 동안, 아버지가 떠난 기억은 그녀의 무의식 속에 잠재되 어 있었다. 우리들은 기억이 너무나도 평범한 것이어서 얼마나 놀라 운 일인지를 잊어버린다. 하나의 경험이 누군가의 기억에 그토록 생 생히 붙어 있을 수 있다는 게 놀라워 보인다. 위대한 신학자 어거스 틴(Augustine)는 그의 저서 『참회록』(Confessions)에서 우리의 기 억 속에 담을 수 있는 광범위한 경험에 놀란다.

기억 속에서 모든 것은 그 종류대로 각각 저장된다. 각각의 기억 은 그만의 독특한 입구를 통해 접근 가능하다. 예를 들어, 빛, 색, 모양은 눈을 통해, 온갖 종류의 소리는 귀를 통해, 모든 종류 의 냄새는 코를 통해, 온갖 종류의 맛은 입을 통해, 몸의 모든 부분에 있는 촉각을 통해 우리는 딱딱한 것과 부드러운 것, 뜨거운 것과 차가운 것, 거친 것과 연한 것, 무거운 것과 가벼운 것을 구분할 수 있고, 이것은 인간의 외면뿐만 아니라 인간의 내면에도 적용될 수 있다. 이 모든 감각은 거대한 기억의 창고 안에 저장되어 있다. 말로 표현할 수 없는 방법으로 겹겹이 숨겨져 있다. 필요할 때면 끄집어내어 다시 재생할 수 있다. 하지만 각각의 경험은 그만의 입구를 통해서 기억 속에 들어가고 그 안에 저장된다. 우리가 느끼는 것이 자체가 기억 속에 들어가는 것은 아니지만, 그 이미지는 우리가 기억을 회상할 때 생각 속에 드러날 준비가 되어 있는 채로 기억 속에 있다.[2]

마치 우리의 기억들이 다양한 감각을 통해 또한 우리의 마음과 영혼으로부터 들어오는 모든 것을 기록하는 것과 같다. 어거스틴이 그토록 놀랍게 묘사한 기억의 다양성은 우리의 경험과 당연히 일치한다.

기억의 네 가지 측면

놀랍도록 다양한 기억의 내용들은 네 가지 큰 영역으로 정리할 수 있다

- 개념적/인지적
- 감각적: 시각, 청각, 후각, 미각, 촉각
- 감정적
- 신체와 운동 감각적

그 여자의 아버지가 떠난 그 날의 비극적인 기억에 비추어 경험의
씨실과 날실을 보존하고자 서로 얽혀 있는 기억의 네 가지 측면을
풀어 보자.[3]

1. 개념적/인지적

이것은 그 날 무슨 일이 있었는지에 대한 일련의 정신적인 해석이
다. "아버지가 어머니를 때렸어. 아버지는 나가고 날 쳐다보지 않았
어. 나는 버려졌어. 아버지가 집을 떠나시게 내가 뭔가 큰 잘못을 한
거야. 마침내 아버지는 사라지고 엄마가 상처받은 것은 끝난 거
야..."라는 식의 생각이다.

2. 감각적: 시각, 청각, 후각, 미각, 촉각

또한 기억 속에는 오감(五感)의 정보가 있다. 그 여인은 그 일이
있었던 때처럼 실제로 듣고, 보고, 냄새를 맡을 수 있었다. 햇빛 바랜
분홍색 커튼이 있는 그 침실을 다시 한 번 볼 수 있었고, 이불에서
아버지의 땀냄새가 남아 있는 것을 맡을 수 있었다. 아버지가 문을
쾅 닫고 걸어 나가는 것을 보고 들을 수 있었다. 어머니가 우는 소리
를 들을 수 있었다.

3. 감정적

기억 속에서 개념적이고 감각적인 부분보다 더 나쁜 것은 그녀의

마음속에 여전히 생생하게 새겨진 그 끔찍한 날의 감정들이었다. 그녀는 다시 한 번 엄마가 다쳤을지도 모른다는 두려움을 느낄 수 있었다. 레이스가 달린 제일 예쁜 옷을 입고 있었는데도 아버지가 뒤돌아보지도 않고 떠났을 때, 그녀를 공격했던 거절의 파도에 산산조각이 난 마음을 다시 한 번 경험할 수 있었다. 엄마를 찾을 수 없었을 때 느꼈던 절망과 공포를 다시 한 번 느꼈다. 소중하고 안전한 가족 관계가 깨지는 공포를 느꼈다. 이 모든 일에 조금이나마 자신의 책임이 있지 않을까 하는 죄책감과 더불어 아버지가 사라지고 난 지금 어머니가 더 이상 다치지 않을 거라는 안도감이 들었다.

4. 신체와 운동 감각적

그 여자가 기억을 떠올렸을 때, 다시 한 번 가슴이 답답했고 속이 쓰렸다. 마치 몸의 세포 속에 매일의 움직임과 행동의 자취를 담고 있는 기억 창고가 있는 것 같다.

브래드: 몸의 기억에 관한 또 다른 예가 있다. 내가 열 살에서 열다섯 살 사이였을 때, 노스캐롤라이나의 몬트리트(Montreat)의 산 계곡에서 바위 위를 뛰어다니고 있었다. 크고 평평한 바위로 뛰려고 하다가 미끄러져서 무릎을 땅에 찧고 말았다. 30년이 지난 후에 나는 열 살짜리 아들과 친구들을 데리고 그 계곡에 갔다. 크고 평평한 바위 위로 뛰었을 때, 나는 갑자기 무릎에 심한 통증을 느꼈다. 왜 아픈가 생각하고 있는데, 갑자가 바로 거기서 넘어졌던 일이 생각났다.

또 다른 운동 신경 기억에 관한 예는 자판을 보지 않고, 심지어 무슨 단어인지 의식하지 않은 채 손가락으로 타자기를 칠 수 있다는 것이다. 우리의 몸은 마음이 알지 못하는 것을 기억한다.

어떻게 이것이 내적 상처와 연관되는가

이 네 가지 기억의 요소들로 이루어진 경험은 우리가 그 경험에 의미를 부여하는 해석과 더불어 마음속에 저장된다. 이것은 내적 상처의 본질과 그 치유법에 대해 시사하는 바가 크다.

첫 번째로 우리가 깨달은 것은 그저 어떤 일이 과거에 일어났기 때문에 현재 우리에게 더 이상 영향을 미치지 않는 것이 아니라는 것이다. 반대로, 과거는 우리 안에 살아 있다. 과거의 경험은 기억 속에 살아 있기 때문에, 다시 접근할 수 있고 재생할 수 있다. 성령님은 현재에 예수님의 치유가 우리 마음속에서 일어나도록 일하실 수 있다.

아버지가 떠난 날의 기억을 가진 그 여자에게도 동일한 일이 일어났다. 그 경험을 떠올렸을 때, 그녀는 정말로 그 기억을 되살리기 시작했다. 우리는 그녀에게 떠올린 기억 속에 예수님을 모시도록 권면했다 (2단계). 그녀가 예수님을 모셨을 때, 예수님이 침실로 들어가셔서 그녀를 안아 주시고 말씀하시는 강력한 환상을 보게 되었다. "네 아버지는 너를 돌아보지 않고 너와 네 어머니를 버렸지만, 나는 너에 대한 사랑을 멈춘 적이 없었다."

내적 치유뿐만 아니라, "버림받은 기분"을 주는 악한 영이 드러나기 시작했다. 이것은 용서하지 않는 마음, 외로움, 상처 때문에 마음속에 들어와 있었다. 3단계에서 그녀는 아버지와 어머니를 용서할 수 있었고, 그녀가 용서의 말을 하자 악한 영은 떠났다. 버림받은 기분과 끈질겼던 불안감은 사라졌다. 지난 번에 소식을 들었을 때, 그 여자는 어머니와 아들과 건강한 관계를 다시 갖기 위해 노력하고 있었다. 감사의 편지 속에 그녀는 이렇게 썼다: "내가 어렸을 때 내 안에 상처받고 외로운 곳을 치유하시는 예수님의 사랑과 능력을 알기만 했더라면, 내 인생이 얼마나 달라졌을까요. 버림받았다는 두려움 없이 그리스도의 증인으로 충만한 인생을 삶으로 그 시간을 만회하라고 예수님이 나를 부르셨다는 것을 확신해요."

아픈 기억들을 의식 속에 떠올리고, 그것들을 되살려 하나님의 임재하심 가운데 다른 사람에게 표현하는 것은 심오한 치유이다. 이것은 우리가 하나님의 형상을 따라 지음받았고 "빛 가운데 행하도록" 명령받았기 때문에 치유인 것이다. 에덴동산에서 아담과 하와는 벗었어도 부끄러움을 몰랐고 하나님과 함께 거닐었다. 죄가 없었을 때, 그들은 숨을 일도 없었고 하나님의 임재의 빛을 입었다. 우리는 영혼의 창을 열고 빛 가운데 행하도록 창조되었다. 그렇게 할 때, 죄악된 이 세상에서 우리를 얽어매는 끔찍하고 가슴 아픈 상처일지라도 용서받을 수 있고 치유될 수 있을 것이다.

복습을 위한 질문

1. 당신이 어렸을 때 일어났던 일들을 떠올려 보라. 당신이 떠올린

기억 속에 포함된 기억의 네 가지 측면을 구별할 수 있는가? 그 기억 속으로 들어가 보라.

2. 믿을 만한 친구와 함께 기도하면서 성령님께 당신의 삶에서 치유가 필요한 일들을 알려 달라고 간구하라. 일단 알게 되면, 떠올린 기억 속으로 예수님을 모셔 들이라. 무슨 일이 일어나는가?

과거의 상처를 망각하라

우리 속에는 결코 잊을 수 없는 생생한 기억들이 살아 있다. 만약 그 기억이 아프고 죄지은 일이라면, 우리는 정확하게 무엇을 고백해야 하며 무엇을 치유받아야 할지 알고 있다. 그럴 때는 성령님과 협력하는 3단계가 대체로 부드럽게 진행된다. 그러나 아픔은 있지만 실제 사건을 기억할 수 없다면 문제는 달라진다. 망각 때문에 예수님의 용서와 치유를 향해 마음의 문을 여는 고백의 열쇠를 사용할 수가 없다. 기억이 무의식 속에 있는 한 그 기억을 치유받을 수 있는 하나님의 빛에 드러낼 수 없다. 그렇다면 망각하는 다양한 방법들을 이해하는 것은 꼭 필요하다.

기억은 자연스럽게 무의식 속으로 잠긴다

당신은 어제, 지난 주에, 지난 해에 있었던 일을 기억하는가? 우리가 과거를 돌아보면 몇 가지 일들은 기억하지만 나머지는 잊는다. 마음은 물이 가득한 웅덩이고 최근의 기억들이 가을 낙엽처럼 수면 위에 떠 있다고 상상해 볼 수 있다. 시간이 지나면 낙엽들은 물 속으로 가라앉으면서 시야에서 사라져 서서히 뿌연 심연 속으로 들어간다. 기억도 시간이 지나면 무의식의 심연 속으로 자연스럽게 가라앉고 잊혀진다.

그림 4

네 가지 망각의 방법[1]

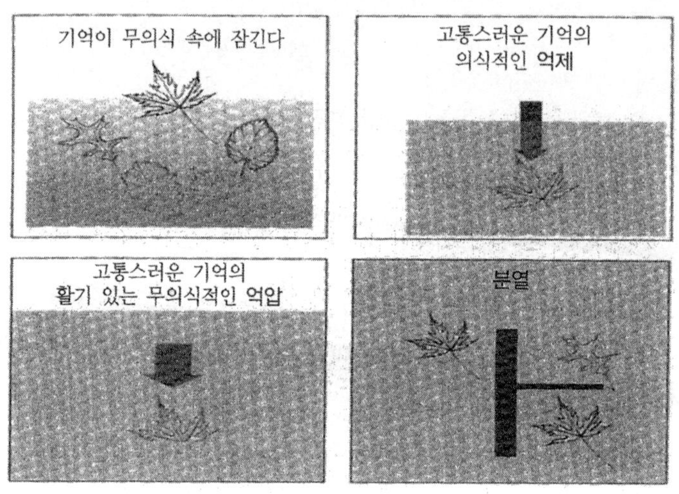

그러나 잊어버린 일들이라도 수첩에 적힌 메모나 연상 작용으로 기억을 떠올릴 수 있는 것을 보면, 기억은 소멸되거나 완벽하게 감추어진 것이 아니다. 종종 우리의 과거의 단편들로부터 와서 모아진 꿈은 우리의 마음속에 잊어버린 것들에 대한 전경(全景)이 있음을 확실히 보여 준다.

기억들이 너무나 아프고 끔찍해서 무해한 낙엽처럼 마음 깊은 곳에 그냥 있지 않는 경우도 있다. 오히려, 그런 기억들은 우리를 물어뜯고 괴롭히는 사자나 뱀과 같아서 자연스럽게 잊혀지지 않을 것이다. 너무나도 많은 에너지와 신경을 소진시켜서 일상생활이 엉망진창이 된다. 정신은 이런 기억들이 일상의 활동들을 방해하지 못하게, 아픈 기억들이 확실히 "잊혀지도록" 매우 효과적인 방어 기제를 고안해 왔다. 능동적으로 망각하는 방법들은 사실 단기간 효과가 있고 소름끼치는 일을 대처하는 유일한 방법일 수 있다. 그러나 잊는다 해도 치유가 되는 것은 아니다. 다음 장에서 살펴보겠지만, 그런 기억들은 "소용돌이 기억"이라는 것을 만들 것이다. 소용돌이 기억은 인격과 현재 일에 대한 반응을 형성하는 능력이 있다.

다음은 인간의 마음이 아픈 기억으로부터 스스로를 보호하는 일반적인 방법들이다.

1. 상처 깊은 경험의 억압된 기억들

능동적인 망각의 첫 번째 형태는 기억을 더 이상 활발하게 그 사람의 의식 세계를 괴롭힐 수 없는 무의식 속에 일부러 밀어 넣어버리

는 정신의 과정이다. 이런 방어기제를 심리 분석적으로 정의해 보면
다음과 같다:

> 억압은 기억이든, 감정이든, 욕망이든, 망상에 가득한 소원이든
> 지간에, 원치 않는 이드(id)의 충동 혹은 그 파생물들을 의식에서
> 밀어내는 자아(ego)의 활동이다. 개인이 의식적으로 생활할 때
> 는 그것들이 존재하지 않는 것 같다. 억압된 기억은 억압이 일어
> 난 사람의 주관적인 관점에서 잊혀진 것이다.[2]

억압된 기억에서 중요한 점은 본인이 억압의 과정에 의식적으로
참여하지 않고 자동적으로 생겨난다는 것이다.

> (억압의) 전체적인 과정은 무의식적으로 진행된다. 억압된 기억
> 만 무의식이 아니다. 억압 상태를 만드는 자아의 활동들이 상당
> 히 무의식적이다. 망각하는 것만큼이나 "억압하는 것"도 인식하
> 지 못한다. 인식할 수 있는 것은 그 결과뿐이다.[3]

억압은 고통스럽거나 아픈 사건들을 다루어야 하는 아이들이 종종
사용하는 방어기제이다. 어른의 사랑과 가르침이 없다면, 아이들은 자
신들의 기억을 분석하거나 고통스러운 감정들을 대처할 능력이 부족
하다. 만약 아이들이 비기독교적이거나 명분만 기독교적인 환경에 있
다면, 어떻게 예수님 안에서 치유를 얻을 수 있는지 알지 못할 것이다.
그 대신 고통스러운 경험의 기억들은 정신이 제대로 기능할 수 있도록
눈앞에서 밀려난다. 마치 비치볼을 물 속으로 밀어 넣고 잡아 두려고

안간힘을 쓰는 것처럼 정신은 기억들을 잡아 두도록 쉴 새 없이 노력해야 한다. 그러므로 억압은 정신 에너지와 창조성을 앗아간다.

억압되는 것은 단지 나쁜 경험과 관련된 생각뿐만이 아니라 감정과 육체적인 감각도 포함된다는 것을 명심하라. 예를 들어, 어떤 아이가 부당하게 벌을 받는다면, 기억 속에 부당함에 대한 개념이 갇힐 뿐만 아니라 실제적인 처벌에 대한 두려움과 고통의 감정이 무의식 속에 남아 있을 것이다.

나쁜 기억의 억압은 사람이 대처할 수 있는 유용한 방어기제일 수는 있으나, 실제로 해결하는 건 아무 것도 없다. 그 기억은 여전히 고통스럽다. 억압 과정의 무의식적인 본성은 "빛 가운데 행하라"는 기초적인 영적 원리에도 어긋난다. 억압된 기억은 치유되지 않는다. 그 기억을 갖고 있는지조차 모르기 때문에 예수님 앞에 그 기억을 가져올 수가 없다. 11장에서, 우리는 "아버지가 떠난 날"의 끔찍한 기억을 가진 여자의 이야기를 했다. 그녀의 세계를 산산이 조각낸 그 경험 전체가 자동적으로 억압되었다. 그녀는 그 일이 있었는지조차 기억해 내지 못했다. 그러나 이 기억의 영향력은 그녀에게 스며들어서, "불합리한" 두려움과 버림받는 기분을 갖게 했다. 결과적으로 그녀는 어머니와 분리되고 아들과 거리를 두게 되었다. 그리고 물론 결혼 생활의 파탄을 가져왔다.

2. 기억의 억제

억제는 고통스러운 기억을 다루는 또 다른 방법이다. 이 방어기제에 대한 심리학적 설명은 다음과 같다.

> 억압과 다소 유사한 의식적인 활동이 있다. 정신 분석에서는 대
> 체로 이 활동을 억제라고 말한다. 어떤 일을 잊고 더 이상 생각하
> 지 않는 것은 흔히 하는 결정이다. 억압과 억제 사이에는 중간
> 단계들이 있을 것이고, 심지어는 둘 사이를 실제적으로 확실하게
> 구분할 수 있는 경계선은 없는 것 같다.[4]

억압이 자동적으로 일어나는 반면, 억제는 의식적인 과정이다. 우
리 모두는 억제를 사용한다. 명화 "바람과 함께 사라지다"(Gone with
the Wind)에서 우리는 억제의 고전적인 예를 발견한다. 레트 버틀러
(Rhett Butler)가 스칼렛 오하라(Scarlett O'Hara))를 떠날 때, 그
녀는 그에게 "난 어떻게 되는 거죠?"라고 묻는다. 너무나 유명해서
비난을 비껴간 그의 대답은 자신이 상관할 바가 아니라는 것이었고,
그는 나가버린다. 스칼렛의 얼굴에는 잠시 절망이 어리지만, 의식적
으로 자신 앞에 놓인 모든 감정과 문제들을 억제하면서 "지금은 이걸
생각할 수 없어. 생각하면 내가 미처버릴 거야. 내일 생각해야지. 어
쨌든 내일은 또 다른 태양이 뜰 거야!"라고 말한다. 억제는 혼란스러
운 기억들을 눈앞에서 몰아낼 수 있다. 어린이나 어른들이나 고통스
러운 일에 대처하는 방어기제로 이것을 사용한다.

3. 분열

고통스러운 경험에 대처하는 또 다른 방어기제는 분열이다. 분열

은 연합의 반대말이다. 분열은 정신이 조각조각 갈라질 때 일어난다. 기억상실증의 벽은 쪼개진 자아 사이에 세워진다. 대개 분열은 정신적인 고통의 충격에 대한 정신의 방어로 생겨난다.

> 분열은 고통에 저항하는 보호책으로, 아이들이 만들어낼 수 있는 것 중에 가장 놀라운 것이다. 더 이상 효과적인 방어기제는 있을 수 없다. 그 아이는 충격적인 그 사건이 다른 사람에게 일어난 척 한다. 그리고 나서 **완전히** 잊어버린다. 사라지는 것이다.[5]

고통스러운 기억을 담고 있는 정신의 한 부분이 분리되면서 나머지는 상처로부터 보호받고 정상적으로 살게 된다.

고통스러운 경험들을 대처하는 방법으로써 분열은 모든 사람들이 어느 정도 경험하는 것이다. 분열 과정은 믿기지 않을 정도로 복잡하고, 기억의 다양한 측면에서, 그리고 정신의 다양한 수준에서 일어난다.

브래드: 한번은 내가 시골 교회 부흥회에 참석했는데, 베트남 참전 용사가 기도를 부탁했다. 그는 기도 팀에게 아무런 감정도 가질 수 없다면서 도움이 필요하다고 말했다.

"이른 아침 안개가 자욱한 산 너머를 바라봅니다. 경외심과 놀라움을 느껴야 한다는 것은 아는데, 전혀 느낌이 없어요. 그것은 아내와 함께 있을 때, 더 심각합니다. 그녀에게 사랑과 기쁨을 느껴야 한다는 것은 아는데, 아무런 느낌이 없습니다. 하나님께도 전혀 감정이 안 생깁니다. 며칠 전에, 나는 운전하며 시골로 갔었는데 큰 개를 치었어요. 그 개는 길가에 누워 경련을 일으키고 피를 흘렸죠. 나는 총을 꺼내서 그 개를 쏘았습니다. 나는 아무런 느낌도 없이 계속 운전을 했죠. 나에게 뭔가 문제가 있는 게 틀림없어요."

나는 전쟁 중에 무슨 일이 있었는지 물었다.

"난 지하 은거지 담당인 우리 중대에서 가장 체구가 작았습니다. 손전등과 큰 칼을 가지고 지하에 내려가 베트콩을 발견하는 대로 혼자서 죽이는 일을 했죠. 그 큰 칼이 죽인 거예요! 베트콩들은 날 자신들의 지하 은거지에 살육하러 온 하얀 귀신인 줄 알았을 겁니다. 종종 그놈들의 피로 범벅이 되어서 지상에 올라 왔죠."

감정이라고는 일절 찾아볼 수 없는 담담한 어조로 피비린내 나는 이야기들을 자세히 들으니 소름이 끼쳤다. 마지막으로 그는 말했다, "뭐가 있을지도 모르면서 제일 먼저 지하 은거지로 내려가는 것은 끔찍한 일이었습니다. 당신이라면 내려가는 게 두렵지 않겠어요? 그 큰 칼로 죽인 사람들에게 미안하지 않겠어요?"

그는 잠시 말을 멈추었다, "다른 대원이 위장 폭탄에 걸려 조각조각 날아갔을 때, 대장은 나더러 내려가 보라고 명령했어요. 난 너무 무서워서 바지를 적셨죠. 하지만 그 후부터는, 내려가는 것이 나 같지가 않았어요. 그 모든 나쁜 짓은 내가 아닌 다른 누군가가 하는 것 같았죠."

그가 여기까지 말했을 때, 나는 그가 분열을 통해 그 일을 할 수밖에 없었던 공포에서 살아남았다는 것을 깨달았다. 관념적인 기억들은 여전히 남아 있어서 아주 세세히 말해 줄 수 있었다. 그러나 다른 형태의 기억들(감정, 감각, 운동신경)은 분리되었다. 그것들은 그 지하 은거지를 내려가야만 했던 다른 사람에게 있었다. 이런 무감각은 그가 최전방에서 공포를 견디어 내기 위하여 감정을 총체적으로 억압해서 생긴 것이 틀림없는데, 이제 와서는 그의 삶과 관계들을 망가뜨리고 있었다.

반복적인 성적 학대 같은 지속적인 정신적 충격이 고도의 지능과 창의력이라는 인격적인 좋은 특질과 잘못 만나면, 분열이 그 사람을 여러 개의 인격으로 나누는 정도까지 깊어지는 경우도 있다. 이렇게 되면, 분열은 단지 기억에만 해당되는 것이 아니라 의식, 무의식, 의지까지 영향을 끼친다. 분열과 교체 인격의 형성 및 치료에 관해 자세히 다루는 것은 이 책의 범위를 벗어나는 것이다. 우리가 알아야 할 중요한 것은 내적 치유 사역 중에 이런 현상과 만날 수도 있다는 것이다.[6]

종종 망각의 과정은 정말 완벽해서 기억 전체가 의식의 세계에서 사라질 수도 있다. 또 부분적으로 잊어버릴 수도 있다. 예를 들어, 사람들은 충격적인 경험들을 떠올리고 이성적으로 설명할 수는 있지만, 기억의 감정적인 부분은 잊어버린다. 이것을 지식화라고 부른다. 그들은 끔찍한 경험을 생생하게 자세히 말하는데도 아무런 느낌이 없다. 이것은 월남 참전 용사에게 있었던 일이다.

하나님의 형상을 따라 지어진 사람의 마음은 에덴에서 타락하기 이전에 아담과 하와가 그랬듯이 사랑의 관계 속에서 건강하게 만들어졌다. 이제 인류가 살아가야만 하는 이 타락한 세상에서 모든 죄악의 표출은 마음에 상처를 준다. 상처로부터 마음을 보호하기 위해서 인간의 마음은 온갖 방어기제들을 고안해 냈고, 그 중에 망각은 하나

의 방법이다.[7] 아래 표는 스스로를 보호하기 위해서 정신이 사용하는 방어기제를 요약한 것이다.[8]

방어기제	작용
부인 (Denial)	고통스러운 생각이나 감정을 대면하기를 거부하다.
전위 (Displacement)	받아들일 수 없는 충격이나 기억들을 상관이 없거나 부적절한 다른 기억에 귀착시켜서 일시적으로 좋지 않게 억제하다.
분열 (Dissociation)	정서적으로 엉켜 있는 생각들을 분리하거나 생각과 그에 해당하는 감정을 단절하다.
투사 (Projection)	자신의 불쾌한 경향이나 바라는 바 또는 충동을 자신의 일부로 인정하는 대신에 비현실적으로 다른 사람에게 돌려 탓하다.
합리화 (Rationalization)	겉보기에 그럴 듯한 말로 행동을 설명하여 밑에 깔린 충동의 본성을 숨기다.
반응 형성 (Reaction Formation)	어떤 감정을 좀더 "수용할 만한" 다른 감정으로 대치하다. 예를 들어, 증오를 사랑으로, 잔인성을 온화함으로 대치한다. 본래 태도는 무의식 속에만 존재한다. 어떤 감정이 수용할 만한지는 개인이 결정한다 (예를 들어, 사랑을 증오 대신 놓을 수 있다).
퇴행 (Regression)	책임을 회피하기 위해 나이에 어울리지 않는 행동을 하거나 자기 탐닉을 위해 다른 사람에게 퇴행적 행동을 요구하다.
억압 (Repression)	감정이나 생각이나 기억들을 완전히 금하다. 억압된 것은 꿈에 나타날 수도 있고 상황에 따라 부적절한 반응으로 표출될 수도 있다.

이렇게 다양한 방어기제를 사용하면 경험으로 인해 황폐화되는 것은 막을 수 있을지 모르겠다. 그러나 거기에는 상처가 치유될 수

없다는 대가가 있다. 창조의 본래의 비전을 회복하시는 예수님의 계획은 우리가 온전히 치유되고 회복되는 것이다. 그러기 위해서 성령님은 이런 방어 작전들을 극복하고 인간의 마음에 숨겨진 상처를 기억할 수 있게 하는 독창적인 방법들을 갖고 계신다.

복습을 위한 질문

1. 당신은 삶에서 어떤 방어기제를 사용하는지 알고 있는가? 언제 그리고 왜 그 방어기제들을 사용했는가?

2. 잊어버리거나 상실한 기억을 되살린 경험이 있는가? 어떻게 되살렸으며, 기억을 되살린 기분이 어떠했는가?

3. 무엇인가 중요하고도 충격적인 일이 과거에 있었는데, 혹시 기억할 수 없는 것이 아닌가 하고 궁금해 한 적은 없었는가? 성령님께 치유가 필요한 과거의 상황을 떠올리게 해 달라고 간구하라. 성령님을 모셔 들이면서 잊어버린 기억을 되살려 달라고 하면서 믿을 만한 그리스도인에게 가서 함께 기도하라.

소용돌이 기억의 형성

연못 바닥을 떠도는 나뭇잎의 모습이나 억압, 억제, 분열을 통해 강압적으로 눌려버린 나뭇잎의 모습은 망각의 과정을 이해하는 정도만 도움이 된다. 만약 치유 사역에서 성령님과 협력해야 한다면, 우리는 내적 상처의 형성에 대해 알아야 할 것이 더 많이 있다.

아픈 기억들은 의도적으로 망각되었지만, 여전히 우리에게 영향을 미친다는 것을 아는 것이 첫 번째 단계이다. 두 번째 단계는 우리의 성격을 긍정적으로 혹은 부정적으로 형성하는 이러한 기억들의 실제적인 본질을 이해하는 것이다.

우리는 인간의 마음속에 형성될 수 있는 독특한 특질을 가진 기억을 묘사하는 데 "소용돌이 기억"이라는 용어를 사용할 것이다. 소용돌이는 "빙빙 돌아가는 덩어리"로, 특히 주변의 모든 것을 중심으로 빨아들이는 물이나 공기가 대표적이다.[1] 소용돌이 *기억*은 물이나 공기에서 보듯이 사람의 정신에 동일한 효과를 가져올 것이다. 다른 기억들을 빨아들여 성격을 형성할 것이다. 이러한 기억들은 의식적일 수도 무의식적일 수도 있다. 소용돌이 기억의 특질을 이해함으로 우리는 어떻게 과거의 사건이 현재에도 계속 살 수 있는지 이해할 수 있다.

소용돌이 기억의 원인은 무엇인가?

브래드: 나는 내 경험에서 거대한 힘을 가진 어떤 기억들을 찾아냈다. 대부분은 내가 어렸을 때의 일이다. 그 일들은 잊어버리고 있었는데, 다시 떠올렸을 때 보니 섬세하게 수공된 보석처럼 여전히 광채가 빛났다. 한번은 내가 열 살인지 열한 살이었을 때, 더운 여름날 아침 9시쯤에 강가로 놀러갔다. 나는 집 근처 강가와 숲을 아주 잘 알고 있었는데, 그 날은 예상치 않게 본 적도 없었던 조그만 습지에 발을 디디었다. 그 곳은 양치류 식물과 야생화로 가득했다. 머리 위에는 녹색 성당인 양 큰 나뭇가지가 아치 모양으로 있었다. 나는 양치류 식물을 발견하고 놀라서 그 가운데 앉았다. 그 곳에는 야생의 매력과 형언할 수 없는 아름다움이 있었다. 그 습지는 부드러운 빛이

깃들여 있고, 모든 양치류 식물은 아침 이슬을 머금고 있었다. 나무들은 마치 마술에 걸린 것처럼 금방 춤이라도 출 듯이 생기 있어 보였다. 나는 요정들의 세상을 우연히 발견했다고 상상했다.

시간이 지나면서 나는 혼자가 아니라는 것을 알았다. 놀랍고 멋진 자생의 초자연적인 존재가 그 곳에 충만했다. 집으로 돌아가야 할 것 같은 두려움이 가득했지만, 꼼짝할 수 없는 경외심이 있었다. 갑자기 날이 저무는 걸 알았다. 저녁이었고, 어둠이 내리고 있었다. 시간 가는 줄 모르고 비밀의 장소를 찾은 기쁨에 감격해 있던 것을 당황해 하면서 집으로 달렸다. 그 날 밤 나는 침대에 누워 그 마술 같은 장소를 말없이 그리워했다. 그 다음 날 그리고 그 이후 많은 날들을 그 마술 같은 장소를 찾아 숲을 헤맸지만 허사였다. 그 습지에서의 경험은 내 안에 거대한 힘을 가진 소용돌이 기억을 형성해 주었다.

다른 소용돌이 기억들은 그다지 좋은 경험을 바탕으로 하지 않는다. 한번은 낙심하고 하나님께 버림받았다고 느끼는 연로한 개신교 목사를 위해 기도했다. 그는 평생 동안 이 교회 저 교회에서 사역하였는데, 열매가 거의 없어서 사역에 실패했다고 생각하였다. 우리는 그 문제의 뿌리에 접근할 수가 없었고 심지어 어떻게 기도해야 할지도 몰랐다.

주님의 인도하심을 기다리고 있는데, 갑자기 내 마음속에 넓은 강둑에 낚싯대를 잡고 앉아 있는 한 소년이 보였다. 그 옆에는 또 다른 낚싯대가 바닥에 놓여 있었다. 그 소년의 얼굴은 슬픔으로 그늘이 졌고, 눈은 외롭고 멍해 보였다.

이것을 이야기하자 그는 놀라서 나를 쳐다보았다. 그리고 나서 몸을 떨며 울기 시작했다. 마침내 그를 진정시켰을 때, 그는 "그 소년이 바로 납니다! 그 외로운 소년이 바로 나예요!"라고 말했다. 기도 팀 전체를 눈물짓게 만든 슬픈 이야기가 터져 나왔다.

"아버지는 매우 인기 있었던 개신교 목사님이셨죠. 아버지와 단 둘이 있을 수 있었던 유일한 시간은 월요일 방과 후에 강가로 낚시하러 갈 때뿐이었죠. 내가 열세 살 때, 아버지는 주일예배 설교 중에 심장마비로 돌아가셨어요. 어머니는 정신이 나가셨죠. 지역 사회 전체는 슬픔에 잠겼고, 사후의 일들을 처리하느라 정신없이 바빴죠. 모든 장로들이 우리 집에 왔고 여신도들은 음식을 가져와서 어머니를 도우려고 했지만, 아무도 내 누이와 나에게는 신경을 쓰지 않았어요. 갑자기 아버지를 잃은 두 아이에게 무슨 말을 해야 할지 몰랐겠지요. 난 상황들이 너무나 혼란스럽고 괴로워서 어쩔 줄을 몰랐어요. 월요일 아침에 난 아버지의 낚시 도구를 들고 강으로 갔지요. 미친 짓인 건 알았지만, 어쩌면 아버지가 거기 계실지도 모르고, 그러면 모든 게 다시 다 잘 될 거라고 생각했죠. 물론 우리가 가장 좋아하던 곳에 갔을 때, 아버지는 안 계셨어요. 난 강가에 혼자 앉아서 울었죠."

이 경우와 나의 습지 경험 사이에 공통점은 격렬한 감정이다. 감정은 하나님의 형상으로 창조된 우리의 독특한 본성을 격려하기도 하고 본성에 대립되기도 하는 구체화된 위대한 선이나 거대한 악에서 나온다. 이 근본적인 체계와 대립하거나 근본적인 체계를 파괴하는 경험은 대개 우리에게 상처로 가득한 소용돌이 기억을 남긴다. 결혼 생활에서 배우자와 가정을 꾸리며 사랑받고 나누는 경험, 하나님과 우연히 만나는 경험들은 우리의 본성을 만족시키고 긍정적인 소용돌이 기억을 만든다.

  예를 들어, 나의 숲 속 신비의 경험은 하나님과의 관계를 구하는 우리 인간의 본성과 일치하고 본성에 도움을 주기 때문에 정서적으로 힘이 있다. 아버지를 잃고 아무런 위로와 사랑을 받지 못한 채 방치된 경험은 교제를 위해 지어진 우리의 존재와 대립된다. 죽음이 끔찍한 이유는 우리가 건강과 활력과 영원을 위해 지음받았다는 가장 심원한 지식과 어울리지 않기 때문이다. 또한 죽음은 이 소년에게 하나님과의 관계에 대한 공격이었다. 왜 하나님은 선하고 신실한 목사님을 설교 중에 죽게 그냥 두셨는가? 왜 하나님은 외로운 소년과 함께 낚시하도록 아버지를 돌려보내지 않으셨는가? 불행히도 우리는 타락하고 죄악이 가득한 세상에 살고 있고, 그로 인해 하나님의 본래의 비전과 반대되는 경험들이 인간사에는 너무나도 흔하다. 그 결과, 대부분의 인간들은 긍정적인 것보다는 부정적인 소용돌이들을 마음속에 갖게 되는 것이다.

  경험의 성격뿐만 아니라 개인의 성격 유형도 그 기억이 소용돌이가 될 것인지를 결정하는 데 일조한다. 대학 시절 역사 시간에 우리는 유태인 학살 장면을 보았다. 그것은 말을 잃게 하는 참상이었다: 아기들이 산 채로 타오르는 화염에 던져지고, 비명을 지르는 아이들과 노인들은 총에 맞았고, 가스실과 발가벗겨진 시체들의 산더미들. 수업이 끝난 후, 친구들의 반응은 참으로 다양했다. 너무 충격을 받아서 혼란에 빠진 친구들도 있었고, 전혀 감정의 변화가 없는 친구들도 있었다. 그 차이는 그런 참상에 더 혹은 덜 민감하게 반응하게 하는 타고난 성격 차이에 달려 있다. 사람들은 다르게 지음받았고

민감성의 수준도 다르다. 쉽게 상처받는 사람이 있는가 하면 거의 상처받지 않는 사람도 있다. 어떤 사람에게는 중대한 내적 상처가 될 끔찍한 충격도 둔감한 사람에게는 거의 영향력이 없을 수도 있다.

이렇게 타고난 성격 이외에도 환경적인 요소 또한 소용돌이 기억을 형성하는 데 한 몫을 한다. 건강하고 사랑이 넘치는 기독교적인 분위기는 충격적인 경험도 이해될 수 있고 치유될 수 있는 환경을 제공할 수 있다. 그런 환경은 충격적인 경험을 긍정적인 소용돌이 기억으로 전환시키거나 아니면 그저 잊을 수 있는 정도로 감정의 강도를 낮춘다.

예를 들어, 타이완에서 살았던 부유한 미국인 사업가 집에서 자란 열두 살짜리 소녀는 중국인 정원사에게 성추행을 당했다. 그 집은 깊은 사랑과 신뢰가 있고, 부모와 아이들 사이에 대화가 열려 있는 기독교 가정이었다. 그 소녀는 성추행을 당하고 집에 와서 곧장 자기 방으로 갔다. 딸아이가 저녁을 먹으러 나오지 않자 아버지는 걱정이 되어 무슨 일인지 알아보러 방으로 갔다. 딸이 울고 있는 것을 보았다. 그는 딸을 안아 주었고, 소녀는 아버지에게 꼭 안겨 있었지만 울기만 했다. 그는 뭔가 크게 잘못 되었음을 알았다. 그 다음 날 어머니가 부드럽지만 끈질기게 물어본 결과, 그 사실을 알게 되었다. 부모들은 딸을 위해 기도하고 예수님의 사랑과 자비하심을 확신시켜 주었다. 그들은 넘치는 사랑을 보여 주며 딸이 치료를 받게 했다. 부모들은 치유 기도를 위해 기도 팀에게 딸을 데려왔다. 그 결과 그 기억은 눌려지지 않았고 치유되었다.

이 상황에서 부모가 적절하게 대처함으로써, 그 소녀는 부모의 사랑과 보호를 기억하게 하는 긍정적인 소용돌이 기억을 갖게 되었다. 한편, 아버지가 죽은 그 소년은 이렇게 돌봐 주는 사람들이 주위에 없었다. 어머니는 슬픔에 넋이 나가 자신도 주체할 수 없어서 아이들에게 필요한 정서적인 지원을 주지 못했다. 그 지역 사회를 심하게 비난하지 않으려면 대부분 제2차 세계대전 직후에 유럽에서 이주해 온 사람들이라는 사실을 아는 것이 도움이 될지도 모르겠다. 그들은 전쟁에서 받은 충격들을 극복해나가야 했고, 자신들의 배우자나 자녀들에게 사랑을 표현하는 것도 서툴렀다. 그들이 상실과 어려움을 다루는 방법은 자신들의 기억을 누르고 고된 일을 하면서 삶을 재건하는 것이었다. 상황이 이러했기 때문에 그 소년은 그저 끔찍한 상실은 잊고 그 대신 열심히 일하는 수밖에 없었다.

소용돌이는 기억의 네 가지 요소들을 포함한다

소용돌이 기억이 무의식 속에 묻혀 있든지 아니면 의식 세계 속에 생생하든지 간에, 기억의 네 가지 측면을 담고 있다. 이것은 그 기억 속에 다시 들어가서 원래 경험을 있는 그대로 되살릴 수 있다는 뜻이다. 나는 별로 힘들이지 않고도 우연히 하나님을 만났던 숲 속, 그 장소에 돌아가 그 기억을 되살릴 수 있다. 신디는 손쉽게 자신의 결혼식 날로 돌아가 세세한 것까지 기억할 수 있다. 그 목사님은 성령님이 아버지를 잃고 혼자 낚시하러 간 기억을 되돌리시자마자 그 경험 속으로 들어갔다. 나중에 우리는 소용돌이 기억 속으로 다시 들어가 되살리는 능력이 소용돌이 기억을 치유하는 데 관건임을 보게 될 것이다.

소용돌이는 진실 또는 거짓이 포함된다

소용돌이 기억의 네 가지 요소 안에는 종종 경험을 해석하고, 조직하고, 의미를 부여하는 거짓 또는 진실이 포함되어 있다.[2] 이러한 거짓이나 진실들이 거기에 있는 것은 인간 마음의 본성 때문이다. 인간은 감각적인 자료들을 수동적으로 받아들이지 않는다. 오히려, 인간의 마음은 경험에 의미를 부여하는 틀을 씌운다. 더 나아가 적극적으로 경험을 해석하고, 더 큰 구조 속에 그 경험을 놓기를 원하며, 이것은 한 개인의 성격이나 세계관이 된다. 우리는 이 과정을 "의미 추구 욕구"라고 부를 수 있는데, 이 과정은 우리가 창조자이자 질서와 의미의 하나님을 따라 창조되었기에 우리 안에 있는 것이다.[3] 내적 치유를 위한 사역에서 이러한 해석의 과정에 대해 다음 세 가지를 이해하는 것이 중요하다:

1. 경험을 해석하고 조직하는 과정은 사람의 내면에서 자기도 모르게 일어난다. 내적으로 영향을 미치는 것은 개인사, 성격 유형, 신념 등이 있다. 외적으로 해석에 영향을 미치는 것은 문화, 다른 사람들(특히 가족), 그리고 성령님 아니면 악한 영일 수 있다.

2. 이 "해석"들이 성령님이나 진리를 말하는 사람에게서 오면 진리이다. 반대로, 악한 영이나 속이는 사람에게서 온 것은 ·일 수 있다. 마음은 경험의 해석이 진실인지 거짓인지 스스로 판단할 수도 있다. 성경은 속죄받지 못한 우리의 마음을 그대로 둔다면 속임수로 가득해서 스스로 거짓을 만들어내고 진실되지 않은 다른 사람의 마음을 스스럼없이 받아들일 것이라고 말한다 (렘 17:

9; 엡 4:22-25 참조).

3. 이런 거짓과 진실은 경험의 기억 속에 깊이 파고들어 소용돌이의
   한 부분이 된다. 아마도 기억의 관념적인 부분에 연관될 가능성
   이 가장 높지만, 그 곳에만 한정되는 것은 아니다. 거짓이나 진실
   은 일반적으로 감정적인 측면도 있다.

그림 5

소용돌이 기억의 내용

브래드: 마음속에 뿌리 내리는 진실이나 거짓의 발전을 증명하기 위해, 이 장에서 맨 처음 언급한 두 가지 예로 돌아가 보자. 신비했던 나의 습지 경험은 내게 무슨 일이 있었는가 이해하려고 안간힘을 쓸 때 내 생각을 지배했다. 그 경험이 내게 개인적으로 의미가 있음을 알았다. 또한 열 살짜리 소년의 말로는 표현할 수 없었지만, 그 습지에서 어떤 신적인 존재를 만났음을 알았다.

그 무렵, 어머니는 C. S. 루이스의 나니아(Narnia) 책들을 읽어 주고 있었다. 어느 날, 어머니가 예수 그리스도를 상징하는 아슬란이 나타났을 때, 모든 숲이 어떻게 빛과 더불어 살아나면서 기쁨의 춤을 추었는지 묘사하는 부분을 읽었다. 성령이 충만하고, 예수 그리스도를 향한 믿음이 신실하였으며, 자연을 사랑하였던 어머니가 읽어 준 그 내용은 내게 큰 감동을 주었다. 갑자기 나는 내게 있었던 일을 이해했다. 하나님이 그 숲에 걸어오셔서 그분의 생명과 영광으로 생기를 주신 것이었다. 그 기억의 소용돌이 속에 깊이 박힌 진실은 다음과 같다.

1. 하나님은 실재이시다.
2. 하나님은 창조자이시며 모든 자연은 그의 영광을 반영한다.
3. 하나님은 나를 너무 사랑하셔서 그분의 영광을 보여 주셨다.
4. 하나님은 내가 계속 그분을 찾기를 원하신다.

성령님은 어머니가 읽어 준 C. S. 루이스의 책을 사용하여 내 안에서 역사하시어 내 마음에 진실을 말씀하셨다. 이 경험이 너무나 감동적이고, 낯설고, 비밀스러워서 나는 수년 동안 이것을 아무에게도 말하지 않았다. 이러한 진리를 담고 있는 소용돌이 기억은 내 성격에 심오한 영향을 끼쳤다. 성령님은 내 안에 하나님을 향한 갈망과 하나님을 구하는 담대함을 주시려고 이 경험을 사용하셨는데, 그 갈망과 담대함은 우리가 하나님과의 관계를 위해 지음받았다는 사실을 기반으로 한다.

다른 사례에서 소용돌이 기억의 정중앙에는 거짓이 자리하고 있었다. 아버지를 잃은 소년이 강가에 혼자 앉아 상실감에 잠겨 있을 때, 거짓은 기억의 네 가지 측면 속에 엮여서 잘못된 해석을 주었다.

그 목사는 경험을 되살리면서 울었다. "나는 '하나님은 계시지 않아. 우리 아버지가 정말 날 사랑했다면 나와 함께 낚시하러 오셨을 거야. 하나님은 날 사랑하지 않으시거나 내겐 아무 소용없는 분이신 게 틀림없어. 그렇지 않다면 주일날 예배 시간에 아버지를 데려가시진 않았겠지. 대체 어떤 하나님이길래 설교 중간에 신실한 목사님을 죽인단 말이야?'라는 끔찍한 생각을 했습니다."

나중에 그 소년은 아버지처럼 (물론 어머니를 기쁘게 하기 위해서) 목사가 되었지만, 우리가 그를 위해 기도할 때, 그는 하나님은 계시지 않는다든가 하나님은 자신을 사랑하지 않으신다는 거짓말이 평생의 삶과 사역 위에 먹구름처럼 걸려 있었다고 고백했다.

이렇게 교활한 거짓은 사탄으로부터 왔을 것이다. 사탄은 약해진 순간을 노린다. 아니면 그가 아버지를 잃은 끔찍한 상실에 의미를 부여하려고 애쓸 때, 자신의 마음속에서 그런 생각이 나올 수도 있다. 그런 경우에 그 거짓은 교회 사람들이나 아버지를 금방 잃은 어린 남매를 돌아보지 못한 어머니의 행동에서 오거나 적어도 자극을 받았을 것이다.

누군가 잠시 그들을 안아 주기만 했다면, 아마도 아이들은 그렇게 철저히 버림받았다는 기분을 느끼지 않았을 것이다. 장로들 중에 한 사람이라도 아버지의 낚시 도구를 들고 가는 소년을 눈여겨보고 그와 함께 강가로 나갔다면, 이해할 수 없는 상실 속에서도 하나님의 사랑의 진리를 뼈아픈 거짓 대신에 심어 주었을지도 모른다.

거짓은 사탄에게서 오고, 진리는 예수님에게서 온다

위의 이야기에서 보듯이, 진리와 거짓은 우리에게 다양한 방법으로 전달될 수 있다. 그러나 거짓의 근본적인 원천은 사탄이다. 예수님은 사탄이 거짓을 말할 때 "제 것으로 말하나니, 이는 저가 거짓말쟁이요, 거짓의 아비가 되었음이니라"고 말씀하셨다 (요 8:44). 불행하게도, 모든 인간의 마음을 더럽힌 죄악 때문에, 사탄의 거짓은 손쉽게 경험을 해석하는 방법 중에 하나가 되어버렸다. 예수님은 "마음에서 나오는 것은 악한 생각과 살인과 간음과 음란과 도적질과 거짓 증거와 훼방이니"(마 15:19)라고 말씀하셨다. 우리 안에 있는 이런 성향 때문에 우리는 사탄의 거짓에 너무도 쉽게 넘어간다.[4]

두 사례에서, 거짓이나 진리는 우리의 경험에 일관성과 의미를 부여하고자 하는 내적인 과정과 연관이 있다. 거짓이나 진리가 기억 자체 내에서 해석의 틀을 제공하여 소용돌이의 일부가 된다. 우리 안에 있는 거짓이나 진리는 그저 *관념*이 아니라 개별적인 영적 존재(예수님이나 사탄)로부터 흘러나오기 때문에, 다른 기억들을 소용돌이 속에 몰아넣으며 동일한 해석을 하여 능동적으로 성격을 형성한다.

브래드: 소용돌이 속에 깊이 박힌 거짓과 진리의 결과가 한층 더 발전하면, 그 사람이 거짓이나 진리를 확인할 수 있는 경험들을 갖게 하는 경향이 있다. 예를 들어, 내 경우에 습지에서 하나님과의 우연한 만남을 통해 듣게 된 진리 덕분에 나는 하나님을 더 깊이 경험하게 되었다. 하나님과 아주 개인적인 만남의 길이 예비되었고, 11년이 지난 뒤에 예수님은 나를 만나 주시고 제자로 부르셨다.

한편 아버지를 잃은 그 소년에게 들려진 거짓은 내면에서 활동하면서 하나님을 경험하지 못하게 하고, 일생 동안 지속된 사역을 실패하게 만들었으며, 이 모든 것이 하나님이 계시지 않거나 설령 계신다 해도 냉담하시다는 생각을 더욱 확고하게 만들었다.

우리 내면에서 거짓과 진리의 역할을 이해하는 것은 내적 치유 과정에 있어 중요하다. 성령님은 우리의 기억 속에 갇힌 감정들을 표현하게 하실 뿐만 아니라 경험을 해석하는 새로운 틀을 주셔서 거짓을 진리로 바꾸실 것이다.

그 목사의 치유 과정도 그러했다. 성령님이 은사를 주시면서, 소용돌이 기억을 드러나게 하시고 치유의 문을 여셨다. 그 목사는 일생 동안 하나님의 존재에 대해 의심하며 고민했다는 말을 하면서 또 다시 울었지만, 우리는 기쁨과 감사의 눈물을 흘렸다. 그는 말했다, "하지만 나는 하나님이 계신 것과 처음 보는 당신에게 50년 동안 내 안에 가라앉아 있었던 그 날의 강가에서의 기억을 생생하게 보여 주셨기 때문에 하나님이 날 사랑하심을 압니다."

　　소용돌이 기억을 표출하여 성령님과 협력하는 치유 사역의 3단계
는 성경의 모델을 따라 진행되었다. 그 목사는 아버지와 하나님을
향한 모든 상처와 분노를 고백할 수 있었다. 이 세상의 아버지와 하
나님 아버지 모두를 용서할 수 있었다. 용서했을 때, 그는 예수님을
따라 사역하라는 비전을 받았다. 이로써 우울증이 치료되고 사역할
수 있는 능력이 회복되었다. 또한 치유의 경험을 통해 성령님의 능력
과 은사를 받았다. 그 결과는 어떠했을까? 마지막 몇 년 동안의 사역
은 이전의 모든 사역보다 풍성하고 아름다운 열매를 맺었다. 하나님
은 잃어버린 시간을 회복하실 수 있는데도, 그 목사가 성령님을 통한
예수 그리스도의 치유 능력을 알지도 못하고 기꺼이 받아들이지도
않는 교회에 있었기 때문에 그 오랜 시간 동안 상처를 안고 살았다는
것이 가슴 아픈 일이다.

　　정원사에게 성추행을 당한 소녀의 경우는 거짓이 그녀의 마음속
에 다음과 같은 잠재적인 거짓말의 씨를 뿌렸다: "너는 그저 쾌락의
대상이야." "너는 더럽고 가치 없어. 이런 일을 당해도 싸지." "이건
다 네가 자초한 거야." "남자들은 다 동물이고 이런 일에만 관심이
있지. 그들은 항상 널 이용하고 놀려먹을 거야." 만약 이런 거짓말들
이 자리를 잡았다면, 그 일을 해석하는 틀이 되었을 것이고, 그녀의
일생에 말할 수 없는 타격을 주었을 것이다. 뒷부분에서 우리는 이런
거짓 때문에 악한 영들이 사람의 마음속에 눌러앉도록 문을 열어 주
는 무시무시한 결과도 올 수 있다는 것을 살펴볼 것이다. 다행히도,
이 경우에 잠재적인 거짓말이 뿌리내리기 전에 예수님의 진리로 다
뽑혔다.

1. 당신 안에 "소용돌이"를 만들 만큼 강렬했던 경험을 기억할 수 있는가?

2. 이런 기억들이 어떻게 당신에게 영향을 미치고 인격 형성에 영향을 주었는가?

3. 누군가와 기도하면서 그 사람이 소용돌이 기억에 다시 들어가 기억을 되살린 적이 있는가? 어떤 일이 있었는가? 어떻게 그 기억을 되살렸는가?

성인아이를 치유하라

브래드: 주부이자 어머니인 서른일곱 살의 쟈넷(Janet; 가명)은 그녀의 남편과 목사가 기도를 부탁하여 내게 오게 되었다. 그녀의 남편, 목사 그리고 내 친구 리차드의 아내 포샤(Portia)가 처음 기도 모임에 함께 했다.

쟈넷이 기도실에 들어왔을 때, 그녀는 거의 말을 할 수 없었고, 커다란 곰 인형을 안고 있었다. 우리가 성령님이 일하실 수 있는 환경을 위해 간구하는 1단계에서, 그녀는 극도로 불안해 했다. 쟈넷은 겨우 몇 마디 말을 중얼거릴 뿐이었고, 한쪽 팔로 곰 인형을 바짝 끌어안고 있었다. 포샤는 옆에 앉아 한 손으로 그녀를 안고 조용히 기도했다. 내가 어떻게 그녀와 함께 기도할 것인지 알기 위해 몇 가지 질문을 했을 때, 쟈넷은 나를 두려워하는 듯 했다. 남편이 거의 대부분 말할 수밖에 없었는데, 12년 동안 치료를 받았지만 많은 정서적인 문제에 별 차도가 없었다고 했다.

분명히 그녀는 성적 학대에 대한 괴로운 기억들로 시달려 왔었다. 만약 그 기억들을 되찾는다면 완전히 미쳐버릴 거라고 그녀는 겁에 질려 있었다. 그러나 홍수를 만난 댐이 무너지듯이 자신의 방어벽은 무너질 것이고, 결국에는 일생 동안 부인해 왔던 끔찍한 일과 맞서야만 한다는 것을 그녀는 알았다.

잠시 쉬는 동안, 포샤가 내게 말했다, "느꼈어요? 마치 우리가 겁에 질린 아이와 얘기해 보려고 하는 것 같았어요. 그 인형은 말할 것도 없고, 그녀가 말하는 것과 감정 표현은 딱 여덟 살짜리 애죠."

다시 이야기를 시작하면서 이것을 남편에게 말하자, 남편은 결혼 생활 동안 때때로 나타났던 나이에 어울리지 않는 그녀의 행동들을 이야기해 주었다. 최근에 그녀는 성적 학대라는 불안한 기억들을 꿈 속에서 먼저 만나다가 실제로 인식하게 되자, 그런 행동들을 더 확연히 보였다 .

쟈넷이 더욱 더 움츠러들고 어린 아이처럼 굴수록 대화가 안 되는 건 당연했다. 그래서 우리는 바로 기도하기 시작했고, 예수님께 그녀를 사랑으로 감싸 달라고 간구했다. 내가 그녀에게 손을 얹어도 되겠냐고 물었을 때, 그녀는 겁에 질려서 펄쩍 뛰었다. 그녀는 남편도 자신에게 손대는 것을 원치 않았다. 그래서 포샤가 그녀를 안았다. 우리 모두가 성령님께 그녀의 마음 깊은 곳, 가려진 곳에 예수님의 사랑이 나타날 수 있도록 역사해 달라고 기도했을 때, 여덟 살 때 기억이 의식 속에서 터져 나왔다. 십대 소년들이 그녀를 숲으로 끌고 가서 나무에 묶고 옷을 찢은 후에 강간했다. 그것도 무서운데, 그들은 토끼를 총으로 쏘고 사냥칼로 토끼를 두 쪽으로 가른 다음, 그녀에게 만약 어느 누구에게라도 이 일을 말한다면 이 토끼처럼 될 줄 알라고 말했다.

쟈넷은 그 일의 네 가지 측면을 온전히 되살리기 시작했다. 우리 앞에는 여전히 나무에 묶여 보이지 않는 노끈과 씨름하면서 성 폭행의 충격으로 괴로워하는 한 소녀가 있었다. 예수님이 오셔서 그 상처를 치유해 달라고 기도했을 때, 갑자기 감정의 표현들이 또 한번 달라졌다. 더 이상 공포에 질린 작은 소녀의 감정이 아니었고 무언가 사악한 것이었다. 쟈넷이 자신과는 다른 목소리로 "이 소녀는 내 거야. 너는 그녀를 가질 수 없어"라고 말했다. 그녀의 눈에는 뭔가 이질적이고 악한 것이 비쳤다. 잔인한 증오의 눈초리로 우리를 쳐다보았다. 우리가 계속 기도로 압박하자, 쟈넷은 바닥에 내동댕이쳐졌다. 내면에서부터 누가 괴롭히는 듯이 그녀는 고통으로 몸부림쳤다. 그리고 나서 그녀는 태아처럼 움츠러들었고 흐느껴 울었다.

이런 일이 처음이었던 포샤는 "항상 이렇게 태아처럼 웅크리나요? 우리에게 말하던 것은 누구였지요? 다중 인격인가요?"라고 물었다. 남편과 목사는 전에는 이렇게 행동하는 걸 전혀 본 일이 없다고 말했다.

쟈넷의 내면에는 두 사람이 있는 것처럼 보였다: 어린 아이 쟈넷, 그리고 예수님과 우리를 회피하는 이질적이고 악한 존재. 우리는 15장에서 악한 영의 특질을 살펴볼 것이다. 이 장에서는 포샤가 직감적으로 감지했던 그 아이와 그 남편이 경험한 나이에 어울리지 않는 행동으로 그들의 결혼 생활을 망가뜨리던 아이가 동일 인물임을 이해해야만 한다.

내적 치유를 위한 기도 모임을 여러 차례 갖고, 악한 영을 쫓아내며, 계속적인 치료를 한 결과 지금 쟈넷은 더 이상 곰 인형이 필요없다. 그리고 그녀처럼 정서적인 상처를 받은 다른 사람들을 위해 애정과 치유와 놀라운 은사를 받은 건강한 그리스도인이 되었다.

쟈넷은 기쁘면서도 수줍게 첫 번째 기도 모임을 내면에서부터 묘사한다, "난 마치 잔인한 아버지 앞에 끌려간 어린 소녀 같았어요. 내 마음은 닫혔고, 속은 꽉 막혔죠. 그저 도망가서 울고 싶었어요. 포샤가 어머니처럼 내 손을 잡아 주지 않았다면 난 완전히 분해되었을 거예요. 설명할 수는 없지만, 내 안에 나 대신 여덟 살짜리 애가 있는 것 같았어요. 그리고 내가 아닌 다른 뭔가가 있었죠."

이 "성인아이"를 이해하는 것이 쟈넷의 내적 치유에 관건이었다. 실제로 느껴지고 파악할 수 있는 이 성인아이는 누구인가? 혹은 무엇인가? 이 질문에 대답하기 위해 우리는 소용돌이 기억이 어떻게 중력처럼 다른 기억들을 자신에게로 끌어들이고 한 덩어리로 섞는지 이해해야만 한다. 소용돌이 기억이 의식이든 무의식이든, 이 기억 덩어리는 우리의 성격, 감정, 행동에 영향을 준다.

기억 덩어리의 형성

기억들은 다음에 나오는 정립된 심리학적 원리에 따라 소용돌이 기억에 연결이 되어서 덩어리를 형성할 것이다.

1. 유사

비슷한 기억들은 함께 연결될 수 있다. 예를 들어, 쟈넷은 성 폭행을 당했기 때문에 이 소용돌이 기억과 연관되는 다른 기억들 역시 성과 학대라는 주제를 갖고 있었다. 아버지가 오지 않을까 기대하며 혼자 낚시를 하러간 소년에게 다른 기억들은 버림받음, 거부, 외로움이라는 공통적인 맥락을 갖고 있었다.

2. 연상

기억들 그 자체는 아무런 공통점이 없는 경우들도 있다. 비슷한 것이라고는 그 경험이 있었던 배경의 일부뿐이다. 연상 작용으로 공통점이 생긴다. 예를 들어, 어느 날 아내와 나는 사우스캐롤라이나 조각 공원을 산책하고 있었다. 하얀 꽃침대를 지날 때, 열대 향기가 공기를 타고 전해졌다. 갑자기 우리 둘 다 1980년 대만에서 향기로운 밤에 공원을 함께 걸었던 것이 기억났다. 자세히 보니 하얀 꽃도 우리가 대만에서 자주 보고 냄새를 맡았던 것과 같은 것이었다. 그 향기가 대만에서 있었던 첫 번째 선교 모임의 기억의 덩어리 한 자락을 건드렸다. 함께 산책했던 기억과 낯선 나라에 막 도착했을 때 기분과 꽃의 향기 자체는 사실 유사한 점이 없지만, 이 모든 것이 같은 배경에서 있었기 때문에 기억 속에 같이 엮여 있었다.

3. 동일한 거짓 혹은 진리

서로 다른 기억들 속에 깊이 박혀 있는 동일한 거짓 혹은 진리는 기억들을 의미의 틀 안에서 조직하여 묶어버릴 수 있다. 예를 들어, "당신은 하나님의 사랑을 받고 있다"라는 진리는 동일한 진리를 포함하고 있는 서로 다른 기억들의 연결 고리가 될 것이다. 한편, 사탄이 약속한 거짓은 동일한 거짓을 지닌 서로 다른 기억들의 연결 고리가 될 것이다. 쟈넷의 인생에서도 그랬다. 자신은 가치 없고 성은 더럽고 고통스럽다는 거짓이 그녀에게 뿌리박혀 있었다. 이 거짓은 그 무렵 일어났던 다른 학대의 경험들과 연결되었고, 아버지가 종종 집을 비우고, 어린 딸이 심히 불안해하는 걸 알아차리지 못했다는 현실과 연결되었다. 그녀가 지니고 살았던 거짓은 남편까지 포함해서 모든 남자는 위험하다는 것이었다.

4. 의미 추구 욕구

인간의 마음속에는 기억들을 일관성 있는 순서대로 의미 있는 구조 속에 배치해 넣으려는 역동적인 과정이 이루어진다. 그 결과 우리는 이 세상에서 효과적으로 역할을 감당할 수 있다. 이러한 내적 과정은 기억들을 덩어리로 묶어서 다양한 덩어리들과 연결시키거나 합친다. "의미 추구"는 그저 사건들을 조직화하는 경향을 뛰어넘는다.

이것은 우리가 질서와 의미의 하나님의 형상을 따라 지어진 데 뿌리를 둔다. 활발한 이 과정은 사건이 아니라 사건의 발생 이유를 이해하기 위함이다. 예를 들어, 내가 습지에서 경험했던 신비한 만남의 기억은 예수님을 열정적으로 믿었던 어머니에 대한 다른 기억들과도 연관되어 있다.

5. 귀신에 매임 또는 성령님께 매임

성령님과 악한 영들은 모두 마음 안에서 활발하게 기억들을 함께 연계시키면서 정반대의 목적을 이루려고 할 것이다. 성령님은 우리가 하나님의 자녀로 온전케 되는 깊은 목적으로 기억들을 모으는 일을 활발히 하신다. 반대로, 악한 영들은 사람들을 하나님으로부터 멀리 떼어놓고 자신들이 살 수 있는 곳을 사람들 안에 마련하려고 기억들을 연결시킨다.

강력한 소용돌이 주위로 기억들을 연결시키는 이 다섯 가지 규칙을 바탕으로 한 덩어리의 기억이 형성된다. 무의식 연구의 선구자인 칼 융(Carl Jung)은 이러한 덩어리들(혹은 무의식의 성운)을 "콤플렉스"라고 불렀다. 융은 단어 조합 테스트를 통해 이러한 심리적 존재를 밝혀냈다. 그는 일련의 단어들을 읽어 주고 피시험자에게 머리 속에 떠오르는 첫 번째 단어를 반복하라고 말했다. 때로 피시험자는 그 단어가 감정이 담긴 기억으로 가득 찬 콤플렉스를 자극하기 때문에 빨리 반응할 수 없었다. 콤플렉스에 관한 융의 연구는 "콤플렉스들이 전 인격 내에 분리된 조그만 개별 인격체와 같음을 보여 주었

다. 콤플렉스들은 자주적이고, 자체만의 추진력을 갖고 있으며, 생각
과 행동을 통제하는 데 매우 강력한 힘을 발휘할 수 있다.”[1]

성격에 더 큰 영향을 미치기 위해, 콤플렉스 또는 우리가 “기억
덩어리”라고 부르는 것은 기억들이 소용돌이에 달라붙는 다섯 가지
동일한 원칙을 바탕으로 다른 기억 덩어리들과 연결된다. 기억들과
기억 덩어리들을 연결하는 다섯 가지 규칙은 성령님이 내적 치유 사
역을 하실 때 기억 덩어리들을 하나씩 거쳐 가시면서 사용할 수도
있는 유용한 다리이다.

그림 6

기억 덩어리들은 다섯 가지 연결 원칙에 의해 서로 연결될 수 있다

더 큰 이러한 덩어리들은 성격을 형성한다

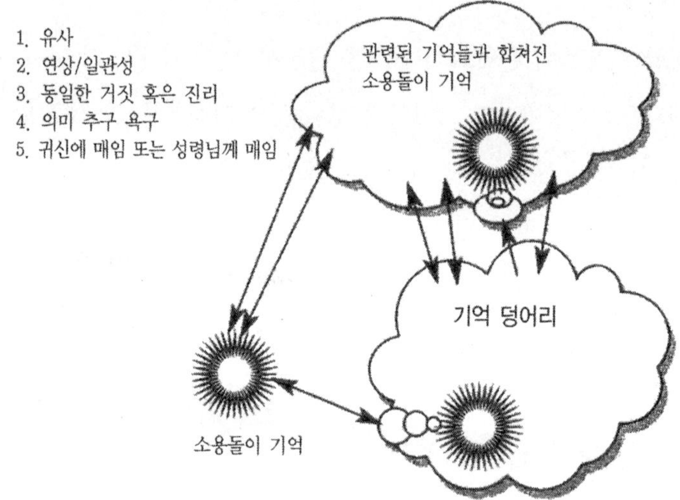

성인아이는 어떻게 형성되는가

이제 우리는 쟈넷이 사무실에서 곰 인형을 껴안고 겁에 질린 소녀처럼 행동했던 그 날 그녀에게 무슨 일이 있었는지 이해할 수 있다. 무의식 속에서 고통스러운 소용돌이 기억들이 미치는 영향력을 묘사할 때, 시적인 표현으로 종종 도움이 되는 방법은 그것을 "성인아이"[2]라고 명명(命名)한 것이다. 만약 어떤 사람이 특정한 나이에 심각한 상처를 받고 그 충격이 치유되지 않았다면, 그 경험은 충격을 받았던 나이에 어울리는 감정과 행동 반응을 담고 있는 네 가지 유형의 기억으로 소용돌이와 기억 덩어리를 형성할 것이다. 그러므로 그 경험이 아이가 열 살 때 있었다면, 기억의 네 가지 유형은 열 살짜리 경험의 성격을 가질 것이다.

또 다르게 표현하면, 소용돌이와 기억의 덩어리에 깊이 박힌 인격의 일부가 그 사건이 일어났던 나이에 고정된다고 말할 수 있다. 충격적인 경험의 덩어리를 건드리지 않는 한 그 사람은 자신의 현재 나이에 알맞게 행동하고 생각할 것이다. 뭔가 자극을 받으면 그 사람의 생각, 감정, 반응은 그 일이 있었던 나이로 돌아갈 것이다. 이것이 쟈넷이 내면에서 경험한 것이고 우리가 외부에서 관찰한 바이다. 자극을 받은 소용돌이 기억이 여덟 살 때 있었던 성적 학대였기 때문에 그녀는 마치 여덟 살짜리 소녀처럼 행동했다.

치유되지 않은 상태에서 아이의 내면에 있는 고통스러운 소용돌이 기억은 그 사람의 성격에 부정적인 결과를 가져올 수도 있지만, 성인아이가 항상 부정적인 것만은 아니다. 행복하고 온전한 성인아이가 우리 안에 거할 수도 있다. 나이를 먹었어도 때때로 어린 시절의 웃음과 기쁨과 경이로움이 여전히 우리 안에 살아 있는 것을 경험하지 않는가?

한번은 수년 동안 외국에 있다가 아이들을 할머니 댁에 데리고 갔다. 그 곳에서 역시 외국에 있었던 부모님을 만났다. 어머니는 어린 시절 성탄절 장식이 들어 있는 상자를 갖고 왔다. 그 상자를 열었을 때, 성탄절 향기가 온 방에 퍼졌다. 아이들이 그 장식을 보고 흥분하는 것을 보니까 내 안에 어린 소년이 깨어났다. 부모의 사랑이 가득한 성탄절의 흥분과 경이로움을 느꼈다. 나는 천진난만한 기쁨에 깊이 사로잡혀서 웃다가 그만 울어버렸다.

어머니는 왜 내가 웃는지 모르면서도 웃었다. 내 안에 깨어난 어린 아이는 어머니의 마음에 감동을 주었고, 마치 내가 다섯 살인 것처럼 어머니는 날 안아 주고 뽀뽀해 주었다. 나는 잠시 어머니에게 꼭 붙어 있으면서 어린 아이처럼 어머니의 사랑과 행복한 성탄절의 기분을 느꼈다. 그리고 나서 나는 다시 어른으로 돌아왔다. 그러나 어린 아이로 돌아갔을 때, 나는 어머니의 얼굴을 보았다. 잠시 동안 어머니는 다시 젊어지고, 성탄절의 기쁨에 들뜬 어린 아들인 나를 보는 어머니의 얼굴은 사랑과 놀라움으로 빛났다. 그리고 나서 나는 다시 마흔 살이 되었다.

"성인아이"는 내적 치유 사역에서 유용한 개념이다. 종종 성령님이 숨겨진 소용돌이 기억들을 관통하여 치유의 광선으로 이끌어 내실 때, 충격적인 일이 있었던 때의 아이의 모습을 보여 주시며 치유하신다. 이런 모습이 기도자에게 올 수도 있고, 기도받는 사람에게 올 수도 있다. 아이의 모습을 듣고 기억이 되살아날 때 치유는 일어난다. 다음의 그림은 성인아이라는 개념과 내적 치유에서 성인아이의 역할을 요약한 그림이다.

그림 7

성인아이

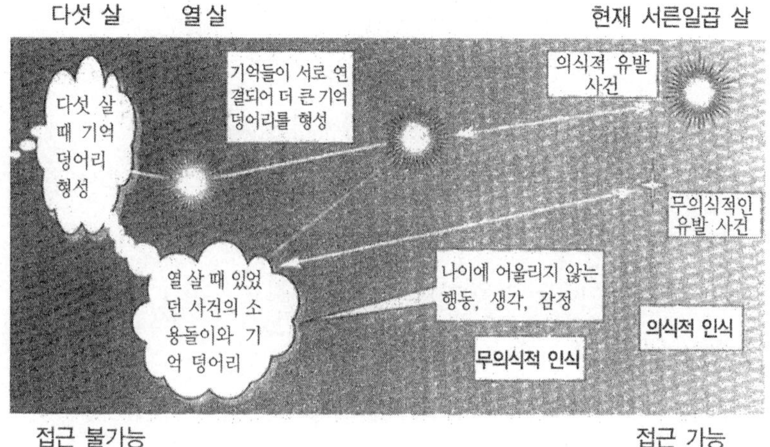

이런 기억들은 실제 있었던 사건인가?

더 깊이 들어가기 전에 우리는 이러한 기억들이나 이미지가 실제 사건을 반영하는가라는 질문을 다루어야 한다. 쟈넷의 경우로 돌아가 보자. 그녀는 나무에 묶인 어린 소녀인 자신을 보았다. 게다가 그녀는 끔찍한 상황에 처한 여덟 살짜리 소녀와 연관된 모든 감정을 경험했다. 마치 그 아이가 그녀 안에 정말로 있는 것 같았다. 이것은 실제 일어난 것인가? 나무에 묶인 그 소녀의 모습은 실제로 객관적으로 증명할 수 있는 사건의 장면인가? 아니면 그저 그녀의 상상인가? 이 질문은 중요한 많은 사안들에 영향을 미친다.

브래드: 이러한 영상들과 그들 안에 있는 어린 아이의 실체에 대한 문제에 집중하는 데 도움을 줄 또 다른 사례가 있다. 한번은 한 사업가가 기도를 받으러 왔다. 겉으로 보기에 그는 매우 성공한 사람이었다. 그러나 그는 자신의 삶 끝자락에 숨어 있는 절망을 보며 괴로워했다. 아무리 성공하고 아무리 노력한다 해도 만족을 느끼지 못했다. 그는 무자비하게 자신을 몰아쳐서 일을 해냈고, 자신에 대해 비현실적인 기대를 갖고 있었다. 사업상 동료들, 특히 그의 가족들은 그의 완벽한 이상에 도저히 맞추어 살 수가 없기 때문에 그가 함께 살기 힘든 사람이라는 것을 알았다. 아들이 학교 생활을 제대로 하지 못하자 결국 그는 기도를 받으러 왔다.

나는 그의 상황을 듣고 나서 아버지와의 관계를 말해 달라고 부탁했다. 그는 잠시 생각하더니 이렇게 말했다, "좋았습니다. 하지만 아버지는 하라는 게 아주 많으셨죠. 우리 모두가 뛰어나길 기대하셨어요. 난 아무리 해도 아버지의 사랑과 인정을 얻을 만큼 잘할 수 없을 것 같았죠."

그는 아무런 감정 없이 무덤덤한 어조로 말했다. 그것을 보니 기도가 아직 그의 내면까지 미치지 못했다는 걸 알았다. 나는 "성령님께 당신의 마음 깊은 곳에 오셔서 아버지와의 관계를 간략하게 말해줄 기억을 회복시켜 달라고 간구합시다"라고 말했다. 우리는 종종 이런 방법이 근원적인 상처를 담고 있는 소용돌이나 기억의 덩어리로 직행하는 길임을 알고 있었다.

뭔가 일어나길 기다리면서 우리 모두는 조용히 방언으로 기도했다. 이것은 종종 성령님이 무의식에서 기억을 건져내시는 효과적인 방법이다. 또한 기도 사역자에게 방언의 영적 은사는 소용돌이를 드러내시거나 소용돌이 기억으로 가는 연결 고리를 밝혀내시는 성령님으로부터 지식의 말씀을 받는 데 효과적인 방법이다.

이 경우에, 나는 아무런 인도하심도 받지 않았는데, 그 사람이 갑자기 '신문'이라는 단어가 계속 생각난다고 했다.

나는 "그게 어떤 의미가 있나요?"라고 물었다.

"그래요! 아버지는 항상 신문을 읽고 계셨죠. 아버지는 주식 중개인이셨고, 금융란에 파묻혀 사셨어요."

그리고 나서 그는 입을 다물었다. 나는 물었다, "무슨 일이 있었나요?"

"네!" 그는 대답했다. "지금까지 이걸 기억하다니, 믿을 수가 없어요. 중학교 때 로켓을 만드는 과학 숙제가 있었어요. 나는 학교 실험실에서 로켓을 만들어서 아버지께 보여 드리려고 자랑스럽게 집에 가져왔습니다. 아버지는 신문을 읽고 계셨죠. 나는 '아빠, 이것 좀 보세요. 제가 과학 숙제로 이걸 만들었어요'라고 말했습니다. 아버지는 신문에서 눈도 떼지 않으시고, '왜 날지도 못할 걸 만드느라 시간을 낭비하고 그러냐?'고 말씀하셨죠." 그 순간, 그는 평정을 잃고 감정이 격해졌다. 그는 "그 한 마디가 내 모든 노력에 대한 아버지의 태도를 보여 주는 거죠. 내가 아무리 노력해도 아버지를 만족시켜 드릴 수도 없고 시간낭비만 한 겁니다." 우리는 그가 아버지를 용서하고 예수 그리스도의 무조건적인 사랑을 받아들이도록 내적 치유 기도를 드렸다.

기억이 실제 사건을 반영하느냐는 질문으로 돌아가 보자. 이 경우에, 기억은 거의 사실이었다. 그러나 여기서 이 기억은 아버지와의 관계 전체를 한눈에 보게 해 주는 상징적인 중요성을 갖고 있다. 아버지가 신문으로 얼굴을 가린 채 아들을 판단한 한 순간이 그 관계의 전체 분위기를 함축했다. "신문"이라는 단어는 우리를 소용돌이로 이끄는 기억의 다리였고, 결과적으로는 아버지의 기대에 도저히 맞출 수 없었던 열두 살 소년이 살았던 기억 덩어리의 핵심이었다.

"거짓" 기억은 어떠한가?

성인아이에 대한 몇몇 그림들은 실제로 있었던 한 사건이라기보다는 실제적인 관계나 상황을 상징하는 것일 수도 있다. 그 차이를 알고 사실과 상징을 혼동하지 않기 위해 조심스럽게 분별해야만 한다. 기억의 상징적인 성질을 오해한 비극적인 사례로, 한 군인이 기도를 받으러 왔다. 그는 망연자실해 있었다. 스물여덟 살 난 아버지한테 성적 학대를 받았다고 주장하면서 그를 고소했다.

이혼 과정 중인 그 딸은 상담을 받으러 갔었다. 그 결혼은 딸이 성적 친밀감을 유지할 능력이 없었기 때문에 끝난 것이었다. 신혼여행이 끝나자마자, 역시 군인이었던 남편은 한 달 동안 임무 수행 차 긴급 파병을 가야 했다. 남편이 임무를 마치고 돌아와서 잠자리를 같이 하려고 할 때마다 그녀는 두려움이 가득했고 아무 감정이 생기지 않았다. 상담을 받으며 이 두려움의 원인을 찾던 중에 아버지의 사랑과 애정이 부족했던 기억들이 떠오르기 시작했다. 성적 학대라는 문제를 끄집어낸 상담자가 끈질기게 질문을 하면서 이러한 기억들을 떠올리도록 자극했다. 상담자 자신이 친아버지로부터 성적 학대를 받아 치유받으려고 애썼던 경험이 있었다. 상담자는 그녀에게서 비슷한 증상을 많이 발견했다.

몇 차례 상담을 한 후에 딸은 아버지가 밤에 침실로 와서 자신과 언니를 성 폭행 했다는 것을 기억하기 시작했다. 이 기억은 성에 대한 두려움뿐만 아니라 어렸을 때부터 느꼈던 아버지와의 어색한 관계를 설명하는 데도 일리가 있었다. 또한 그녀는 같은 고통을 겪었던 상담자에게서 이해와 우정을 느꼈다. 그 후에, 딸은 상담자의 도움을 받아 아버지를 고소하기로 결심했다.

내가 잘 알고 있었던 그 아버지는 혼란스럽고 망연자실하고 화가 났다. 그는 이렇게 말했다, "애들이 자랄 때, 내가 좋은 아버지가 아니었다는 건 압니다. 파병 근무도 자주 갔죠. 게다가 딸들을 어떻게 사랑해야 하는지 잘 몰랐습니다. 특히 사춘기 때 말이죠. 제 나름대로 애들을 존중한다는 것이 그저 놔두는 거였습니다. 이제 와서야 그 애들한테 사랑이 제일 필요할 때 사랑과 애정을 주지 않았으니 끔찍한 일을 했다는 걸 알았습니다. 또 졸업 파티나 피아노 연주회나 첫 번째 데이트나 첫 번째 실연 같은 중요한 일들도 대부분 같이 있어 주지 못했죠. 하지만 하나님 앞에서 맹세하건데, 절대로 부도덕한 일 같은 건 없었습니다." 나는 그가 진실을 말한다고 믿었다. 하지만 둘째 딸의 기억이 너무나 분명해서 혼란스러웠다.

정식으로 고소가 되자 조사가 이어졌다. 그러나 고소를 뒷받침할 만한 사실은 입증되지 않았다. 성적 학대가 있었다고 생각되는 기간에 그 아버지는 해외에서 근무 중이었다. 결정적으로 고소를 날려버렸던 것은 언니의 증언이었다. 그녀는 아버지가 멀리 떨어져 있었고 학대받은 적이 전혀 없었다고 증언했다. 아버지는 아동 학대 혐의에 대해 무죄가 밝혀졌다. 그 기억들은 사실과 무관했다.

실상은 이러했을 것이다: 두 딸 모두 아버지가 사랑과 애정을 주지 않았다는 기억이 있었다. 아버지의 품과 격려가 필요할 때마다 아버지는 집을 비웠다. 그래서 둘 다 실제로 마음이 상했고, 어떻게 남자한테 사랑을 주고받아야 하는지 몰랐다. 둘째 딸은 결혼이 실패하자, 내면의 모든 고통과 사랑을 주는 일에 무능력한 것의 의미를 찾아야만 했다. (하나님의 형상으로 지어진 우리 모두는 의미를 찾고자 한다는 것을 명심하라.) 그녀는 아버지가 자신을 방치한 기억 속에서 이미 준비된 상징을 찾았고, 그 기억들은 실제로 학대를 받았던 상담자에 의해 자극을 받았다.

두 자매를 성적으로 학대하는 아버지에 대한 기억은 거짓이었다. 그런 일은 없었다. 그러나 마치 그녀가 아버지의 사랑과 돌봄의 부재로 인해 실제로 "학대"받았던 것처럼 그녀가 겪었던 고통과 부합하는 상징이라는 면에서 그 기억들은 상징적으로 진실이었다. 큰딸은 집을 비우는 일이 없는 남자와 결혼했다. 그 남편은 파병 근무 중인 아버지의 오랜 부재로 그녀의 마음속에 뿌리 내린 버림받았다는 기분을 극복하도록 그녀에게 아낌없는 관심을 보이며 변함없이 사랑했다. 그러나 불행하게도 둘째 딸은 집을 떠날 때가 많은 남자와 결혼했고, 그는 아버지처럼 사랑을 표현하는 데도 서툴렀다.

어떤 기억이 실제 경험을 대변하는지 아니면 실제 관계를 상징하는 것인지 확실히 알기가 어려운 경우가 많다. 실제로 쟈넷은 그 숲에 끌려가서 나무에 묶였을까? 정말 잘려진 조그만 토끼가 있었을까? 증명할 길이 없으므로 확실히 알 수는 없을 것이다. 그러나 우리가 확신하는 것은 그녀의 성격과 관계에 심각하게 영향을 주었던 성적 학대로 인해 깊은 상처를 받은 소용돌이 기억이 있다는 것이다. 종종 실제 사실을 분별하는 것은 치유가 일어날 수 있는 인간의 마음 속으로 들어가는 열린 문으로 다시 떠올린 기억들을 보는 것보다 덜 중요하다.

기도 사역자를 위한 경고

기도 사역자들은 기도받는 사람의 내적 고통을 해석하기 위해 자신의 틀을 대입하지 않도록 매우 조심해야만 한다. 신뢰가 있는 기도 모임에서 기도 사역자들은 무의식적으로 접근할 수 있고, 기도받는 사람이 자신의 고통의 의미를 찾으려 안간힘을 쓰며, 마치 그 기억들이 실제 경험인양 기억 덩어리를 붙잡고 구체화하려고 할 때 해석적인 상징들을 제공해 줄 수 있다.

또 다른 위험은 기도 사역자가 지식의 말씀을 받을 때 일어날 수 있다. 종종 지식의 말씀은 실제 사건을 드러내거나 관계의 분위기를 함축하거나 고통을 설명해 주는 강력한 영상들로 온다. 기도 사역자들은 성령님의 인도함인지 확인해야 한다. 또한 기도받는 사람에게 그 이미지가 실제로 그의 상황과 부합하는지 또한 성령님으로로부터 온 것인지 분별하기 위한 여지를 주고 동의를 얻어야만 한다.

분별의 여지를 두려면 당신이 받은 것을 시험 삼아 말해 보는 것이 좋다. 예를 들어, "내 머리 속에 이런 상황이 보입니다. 하나님으로부터 온 것일 수도 있고, 내 상상일 수도 있습니다. 함께 얘기해 보죠"라든가 "이런 게 보이는데, 당신과 상관이 있습니까?"라고 말해 보라. 그리고 나서 보인 것을 이야기하고, 그 사람에게 무슨 연관이 있는지 물어보고, 다음 상황을 보라. 대개는 만약 그것이 하나님으로부터 온 것이면 소용돌이 기억을 건드려 즉각적이고 명백한 정서적인 반응을 보이기 때문에 곧바로 알 수 있을 것이다.

충격적인 경험에서 오는 극단적이고 질긴 고통인 경우에, 여러 기억 덩어리들이 연관된 소용돌이 기억은 사실 그 자체가 교체 인격을 형성할 수도 있다. 우리는 이미 이 경우에 작용하는 심리적 기제인 분열을 살펴보았다. 일련의 고통스러운 기억들을 분리시키고 그것이 전체 인격에 영향을 주지 못하게 막는 방어기제이다. 인격은 마치 여러 개의 다른 하드 드라이브를 가진 컴퓨터와 같이 기능하는데, 각각의 하드 드라이브는 그만의 운영 체계와 프로그램과 저장된 파일들을 갖고 있다. 극단적인 경우에는 의지적으로 교체 인격 사이에 건망증의 벽을 세워서 주로 일반적인 기능을 담당하는 인격은 다른 교체 인격들의 존재를 알지 못할 것이다.

교체 인격으로 나누어진 사람을 다루는 내적 치유 사역의 원리는 몇 가지 특별한 기술과 은사를 필요로 하고 또 이 책이 다루는 범위를 넘어선다. 그러나 기도 사역자는 지금은 분열성정체장애(dissociative identity disorder: DID)라고 불리는 다중인격장애(multiple personality disorder: MPD)를 상처받은 사람들을 위한 기도 모임에서 만날 수도 있다는 걸 아는 것은 중요하다. 분열성정체장애는 성인아이의 형성에서 이미 관찰된 과정 중 극단적인 사례이다. 예수님의 치유 사역이 분열성정체장애에서 일어나는 원리는 기본적으로 콤플렉스가 많은 한 인격인 경우와 동일하다. 또한 그런 상처는 종종 오랜 시간에 걸쳐 극단적으로 되고, 의도적이고, 완고해진다. 그런 마음의 상처는 매우 깊다. 치유 기도와 구원뿐만 아니라 종종 심리 치료도 필요하다. 이것은 선한 의도를 가진 아마추어의 분야는 분명히 아니다. 만약 분열성정체장애의 경우라고 생각되면 이 분야에서 사역한 경험자를 찾으라.

성인아이의 이미지가 치유 기도에서 어떤 역할을 하는가

성인아이가 나타나면 그것이 기억이든지 아니면 나이에 어울리지 않는 행동이든지 간에 기도의 문을 열 수 있다. 도움이 될 만한 방법들을 소개하겠다.

1. 아이를 위해 기도하라

브래드: 쟈넷과 사업가의 경우에 우리들은 어른들보다는 그 아이들을 위해 기도했다. 기도를 받은 것은 어른들이었지만, 예수님의 고치시는 사랑은 어른의 사고 방식과 방어기제들을 뚫고 그들 내면에

있는 상처받은 아이에게로 갔다. 그들의 내면의 아이들은 상처가 쌓여 있는 소용돌이 기억의 길을 인도했다.

우리는 쟈넷을 위해 겁에 질린 소녀를 안아 주시고 예수님의 사랑과 용납을 보여 달라고 예수님께 기도했다. 포샤는 엄마처럼 그녀를 안아 주었다. 기도의 3단계에서 우리는 쟈넷에게 예수님이 여덟 살 소녀에게 어떤 일을 하라고 말씀하셨는지 물었다. 그녀는 대답했다, "네, 나에게 상처를 준 그 소년들을 용서하고, 그들이 죽인 가여운 토끼를 놓아 주라고 말씀하셨어요. 그러나 난 못해요." 그녀에게 다른 말씀도 하셨는지 물었다. "네, 예수님이 그들을 용서하셨고, 그들을 심판하는 것은 하나님의 일이라고 말씀하셔요. 또한 그 어린 토끼를 돌보시겠다고, 하지만 이 세상의 모든 토끼보다 나를 더 사랑하신다고 말씀하시네요."

로켓을 만든 열두 살 난 아들의 업적을 무시했었던 아버지로부터 상처를 받은 성공한 사업가를 위해서 치유해 달라고 우리는 기도했다. 기도했을 때, 그의 내면에 있던 어린 소년은 아버지에게 자신이 얼마나 많은 상처를 받았는지, 또 절대 아버지의 기대에 부응하여 살 수는 없을 것 같다는 말을 할 수 있었다. 두 사람 다 성인아이를 어루만져서 소용돌이 기억 속에 감정들을 진정시키고 치유받게 되었다.

2. 치유 과정에서 상징적인 이미지의 능력

성인아이는 소용돌이 기억 속에 담긴 상처를 표현하는 상징이다.

치유 과정에서, 성령님은 의미를 찾고자 하는 그 사람의 욕구와 협력하여 치유를 일으키는 이미지로 사역하실 수 있다.

쟈넷의 치유 과정에서, 여덟 살 소녀가 성적 학대를 당하는 기억을 떠올려 되살린 후에, 우리는 그 기억이 전체 기억 덩어리 속으로 들어가는 진입구임을 알았다. 기억 덩어리는 "너는 가치 없어," "너는 성적으로 유린당해도 마땅해"와 같은 거짓이 뒤섞인 성적 학대와 유기(遺棄)라는 공통된 끈으로 함께 묶여 있었다. 쟈넷은 울면서 일생 동안 얼마나 불결한 기분으로 살았는지 말했다. 불결한 기분이 너무나 깊숙이 스며들어 있어서 우리는 다 이해할 수도 없었다.

여기서 다시 한 번 성인아이의 상징이 매우 유용하다는 것이 입증되었다. 우리는 기도하면서, 성령님께 성과 상처의 모든 기억 속에 들어오셔서 정결함을 달라고 구했다. 곧 포샤는 더럽고 찢어진 흰 드레스를 입은 작은 소녀를 보았다. 이것은 그 상황을 설명하는 성령님으로부터 받은 지식의 은사일 수도 있었고, 아니면 포샤가 그 상황에서 직관으로 받은 인상을 함축한 조합된 이미지일 수도 있었다. 어느 쪽이든 쟈넷의 현실과 관련이 있었다. 쟈넷은 "그래요, 그게 나예요! 예수님, 제발 저의 마음속을 깨끗하게 해 주세요!"라고 말했다. 우리 모두는 그녀와 함께 정결함을 구하는 기도를 드렸다.

그리고 나서 포샤는 또 다른 이미지를 보았다. "정말 이상해요. 예수님이 흰눈 같은 예복을 입고 계셔서 눈이 부셔요. 예수님은 수정 같이 맑고 빛나는 물이 깊고 급하게 흐르는 강가에 서 계셔요. 현란한 각양각색의 나비들이 사방을 날아다녀요. 찢어지고 더러운 옷을 입고 나무 뒤에 숨어 있는 꼬마인 당신이 보이네요. 예수님이 당신을 보고 걸어오셔서 물에 들어가라고 부르십니다."3)

포샤가 꿈과도 같은 이미지를 나누자, 포샤에게 이것을 보여 주신 성령님이 쟈넷에게도 역사하셨다. 그녀는 물가로 들어오라는 예수님의 모습을 보고 경험하기 시작했다. 그녀는 울기 시작했다. "그분께 가까이 갈 수 없어요. 나는 너무 더러워요. 무서워요."

우리 모두는 그녀를 둘러싸고 기도했다. 그 때 남편이 무릎을 꿇고, 그녀를 안으며 말했다, "이 모든 일이 실제로 일어났다고 해도 난 당신을 사랑해. 난 당신을 사랑하고, 예수님이 당신을 사랑하신다는 것과 당신을 깨끗하게 하시길 원하시는 것도 알아. 하지만 결정은 당신이 해야 돼. 일어나서 그분께 가. 제발 그분께 나아가. 우리 모두 당신과 함께 걸을게. 제발 한 발만 내딛어 줘."

우리 모두는 쟈넷을 붙잡고 기도했다. 그녀는 마음속에서 일어나는 일을 말했다, "지금 나는 예수님께 걸어가고 있어요." 얼굴 가득히 기쁨이 넘치면서 그녀는 말했다, "정말 놀라워요. 맨 처음에는 나가려고 애를 썼는데, 지금은 저절로 가고 있어요. 예수님이 오셔서 안아 주시고 사랑해 주시고 말씀하세요. '영원한 사랑으로 널 사랑한다. 너를 위해 죽었고, 너에게 있었던 그 모든 끔찍한 일들을 위해 내가 죽었다.' 이제 날 물 속으로 넣으셨어요. 더러운 옷을 입은 나 자신이 보여요. 오, 정말 굉장해요! 성령님이 깨끗한 강물처럼 저를 관통하시는 게 느껴져요." 이 일이 있고 나서 쟈넷은 불결한 기분이 사라지는 걸 알았다. 그녀는 습관적으로 불결하다는 생각을 가지고 남편과 자신에게 계속 반응했다. 그러나 1년쯤 지나면서 습관도 고치고, 지속적인 치료를 받자 소용돌이 기억에서 상처의 근원이 치유되었다.

이것이 실제 일인가? 정말 예수님이 포샤와 쟈넷의 상상 속에 오셨는가? 여기에 대해 의견들이 분분할 수 있지만, 예수님을 포함하여 영적 세계의 위대한 개척자들은 영적인 실제로 들어가는 무의식의 입구로 상상을 사용해 왔다. 우리는 상상과 상징을 능동적으로 사용해서 진입구를 만들 수 있다. 그것이 성령님께 영감을 받은 것이고, 성경에 쓰여진 대로 기독교 믿음의 교리에 일치한다면, 성령님은 그 이미지와 상징을 통해 우리의 내면으로 걸어 들어오시고, 예수 그리스도의 실제적인 임재를 맛보게 하실 것이며, 예수님은 우리 안에서 적극적으로 역사하실 것이다.

우리가 그런 일을 만들어낼 수는 없다! 실제로 우리는 이미지를 통해 하나님을 이용하지 않도록 매우 조심해야만 한다. 그러나 만일 성령님이 우리에게 이미지를 주신다면, 위험을 무릅쓰고 이미지를 통해 예수님을 소용돌이 기억으로 모셔 들이라. 쟈넷의 경우에, 그녀에게 일어난 변화들, 불결한 기분이 사라진 것을 볼 때, 예수님이 실제로 오셔서 그녀를 정결케 하신 것이라 믿는다. 그러므로 그 이미지들은 사실적이고 객관적이고 영적인 실제의 표현이었고, 그녀의 삶에 객관적이고 입증할 수 있는 결과들을 낳았다.

이미지와 상징은 영적인 세계로 들어가는 입구이다. 예수 그리스도께 열리는 것이다. 그러나 또한 악한 영들에게도 개방될 수 있다. 위의 경우에, 우리는 성령님의 인도하심을 받으며 예수 그리스도의 이름으로 치유를 간구하였기 때문에 예수님이 상상의 문으로 들어오셨다. 그러나 만일 우리가 다른 신의 이름을 부르짖거나 이미지를 그저 심리적 실제를 이용하는 방책으로 사용한다면, 악한 영이 들어올 기회일 가능성이 매우 높다. 그러므로 예수님의 이름의 보호함, 성령님의 인도함, 영 분별의 은사가 있는 그리스도의 공동체가 없이 이미지를 따라 가는 것은 지극히 위험하다.

이러한 위험들 때문에 기도 모임에서 상상력을 사용하는 것을 비난하거나 피하는 그리스도인들이 있다. 그러나 그것은 성령님이 소용돌이 기억에 들어오셔서 치유하시는 가장 강력한 도구를 제거하는 것이다.

인간의 마음을 꿰뚫으시는 하나님의 말씀으로서의 이미지

이미지는 영적 세계로 들어가는 문일 수 있다. 또한 성경에 쓰여진 대로 성령님이 하나님의 말씀을 취하여 소용돌이 기억 속에 말씀하셔서 말씀의 의도가 성취되는 능력이 일어나는 방법 중 하나이다. 이렇게 질문하는 사람이 있을 것이다: 왜 이미지와 장면을 사용하는가? 성경에 쓰여진 말씀으로는 부족한가?

이런 주장에 대한 대답을 위해 성경에 쓰여진 말씀을 주의 깊게 보라. 예수님이 종종 비유로 말씀하지 않으셨는가? 성경이 생생한 이미지와 장면들로 가득하지 않은가? 예수님은 인간의 마음을 이해하셨기 때문에 비유로 말씀하셨다. 논리적인 말씀은 그저 겉면에 부딪치지만, 이미지는 마음을 어루만진다. 이미지와 상징은 무의식의 언어이다. 이것을 종종 이상한 이미지로 가득한 꿈속에서 알게 된다. 예수님이 "어떤 농부가 씨를 뿌리러 나갔는데…"나 "탕자가 너무 배

 마음의 숨겨진 상처를 치유하시는 예수님 성령님과 치유 사역

고파서 돼지를 치며 살았다"고 말씀하셨을 때, 갑자기 우리는 산만한 이성이 아니라 마음 전체에게 말씀하시는 이미지를 갖게 된다. 그래서 성령님도 성경에서 *로고스*(logos) 말씀을 취하여 "살았고 운동력이 있어, 좌우에 날 선 어떤 검보다도 예리하여…"(히 4:12)라고 생생한 이미지로 우리 마음에 말씀하신다.

쟈넷의 경우로 돌아가 보자. 그녀는 그리스도인이었다. 예수님이 용서하셨고 죄에서 깨끗함을 주신 것을 성경 말씀을 통해 알고 있었다. 그렇지만 죄책감으로 가득한 어린 소녀의 소용돌이 기억은 그것을 알지 못했다. 성경의 이 말씀은 숨은 상처까지 들어가지 못했다. 성령님이 예수님이 그녀를 강가로 인도하는 이미지를 주었을 때, 성경의 말씀은 무의식의 언어로 바뀌어 소용돌이 기억 속까지 들어갔다. 그 곳에서 "너는 죄사함을 받았다"라는 성경의 말씀이 능력과 힘을 발휘하여 실제로 용서함을 얻게 했다.

예수님의 모든 비유가 그렇듯이 성경 말씀이 이미지 형태로 나타날 때, 그 사람에게 어떤 행동을 요구하신다. 쟈넷의 경우에는 "예수님께 가라"였다. 의지적인 행동을 요구했다. 나무 뒤에 숨어 있던 그녀가 나와서 예수님께 가는 이미지는 그녀가 실제 의지적으로 행동하는 것의 상징적인 표현이다. 이러한 복종은 성령님께서 그녀의 삶 속에서 역사하실 수 있는 문을 열었다. 마치 그녀가 교회에서 제단의 부르심을 받고 실제로 일어나 제단 앞에 순종의 무릎을 꿇은 것처럼 말이다.

이 장에서 우리는 소용돌이 기억이나 기억의 덩어리를 치유하는 과정을 단계별로 설명했다. 어린 시절에 상처를 받고, 그것을 무의식 속에 단단히 숨겨 놓은 채, 그 당시 나이에 해당하는 반응을 보이는 경우가 많다. 성인아이를 위해 기도하고 예수님을 상처의 자리로 모셔 들이는 것이 성인아이를 치유하는 것이다.

<h2 style="text-align:center">복습을 위한 질문</h2>

1. 성인아이를 위해 기도하는 개념이 이해가 되는가? 성인아이를 치유하는 기도 사역을 보거나 동참한 적이 있는가?

2. 이 과정은 어떻게 작용하는가? 원래 기억이 되살아났을 때 예수님이 임재하셨는가?

3. 다른 사람에게 거짓 기억이 뿌리 내리지 않도록 어떻게 인도할 수 있는가? 이것이 왜 중요한가?

치유 과정을 방해하는
악한 영들을 대적하라

브래드: 쟈넷을 위한 기도 모임으로 돌아가 보겠다. 그 때 이상한 일이 일어나기 시작했다. 쟈넷은 마치 내면의 다른 뭔가가 그녀를 사로잡으려고 몸부림치는 기분이었다고 말했다. "그건 내가 아니었어요!" 악한 영이 눈에 비쳤던 쟈넷의 말은 인간과 자연의 세계를 넘어서 초자연의 세계를 가리켰다. 우리는 귀신들이 정말 존재할지도

모른다는 생각에 움찔했지만, 누군가 우리를 보고 있었다. 나는 혐오감에 몸이 떨렸지만 또한 악을 물리치시는 예수 그리스도의 능력과 사랑을 경험할 전투가 임박했다는 생각에 흥분했었다.

만약 당신이 악한 영과 얼굴을 직면해 본 적이 없다면, 악한 영이 실제로 존재한다는 것을 믿기 어려울지도 모른다. 그러나 때때로 예수님의 이름으로 내적 치유를 위해 기도할 때, 기도의 대상이 그 사람으로부터 이질적이고 악한 영적 존재에게 옮겨가는 것을 인식할 것이다. 그런 움직임이 미세할 때도 있고, 상당히 극적일 때도 있다.

영적 전쟁과 축귀 사역이라는 주제는 광범위하고 복잡하다.[1] 이 책의 목적은 이 주제에 대해 확정된 원리를 말하려는 것이 아니다. 오히려 축귀 사역에서 성령님과 함께 역동적으로 일하는 것을 소개하려는 것이다. 그분은 이 모든 것을 알고 계시고 일을 행하시는 유일한 분이시다. 그러므로 만약 당신이 어떻게 성령님을 따르는지 배운다면, 사역해 나가면서 상세히 알게 될 것이다. 그렇지만 성령님의 인도함을 따라 내적 치유 사역에 동참하는 사람은 누구나 악한 영과 마주칠 만반의 준비를 갖추어야 한다.[2] 예수님이 육신으로 이 땅에 계실 때 귀신을 쫓아내셨던 것처럼, 지금도 성령님을 통해 우리 안에서 역사하실 때 귀신을 쫓아내실 것이다.

왜 우리는 귀신들과 싸워야 하는가?

우리는 하나님의 창조 비전으로 이 책의 서두를 시작했다. 하나님의 형상을 따라 지음받은 첫 번째 남자와 여자가 에덴동산에서 하나님과 자연과 서로 조화를 이루며 사는 비전이었다. 그러나 첫 번째 조상이 하나님을 거역하는 유혹에 빠진 후에 맨 처음 지음받은 상태가 달라졌다. 그들의 죄는 창조자와 창조물의 관계 체계에 역전 현상을 가져왔고 다른 실존 영역에 존재하던 악한 영이 이 세상에 비집고 들어올 근거를 주었다.[3] 그들의 침투는 구약에서부터 기록되어 있고, 요한이 환상으로 본 요한계시록 12장 7-9절에 기록된 하늘의 전쟁에 압축되어 있다.

성경 기록뿐만 아니라, 전 세대와 모든 문화에 걸친 인간의 경험은 인간 존재가 이 지구상에 홀로 있지 않음을 분명히 보여 준다. 우리는 지적이고 선한 생명의 원기와 더불어 악한 영의 원기와 같이 있다. 우리는 서구의 과학적 세계관이 천사나 귀신들이라는 생각과 어울리지 않는다는 것은 인정한다.[4] 그러나 그런 세계관은 성경에 나온 계시를 부정하는 것일 뿐만 아니라 인간이 아닌 영적 존재와 마주쳤다는 것을 포함해서 여러 세기를 거친 인간의 근원적인 경험 또한 부정하는 것이다.

위대한 미국의 심리학자 윌리엄 제임스(William James)는 그의 독창적인 저서 『다양한 종교적 경험』(Varieties of Religious Experience)에서 천사와 악한 영과의 수많은 만남을 그리고 있다. 다음은 악한 영과의 만남을 설명한 글이다:

1884년 9월 무렵, 나는 첫 번째 경험을 했다. 그 전날 밤에 나는 대학 기숙사 침대에 누워 있었는데, 누군가 내 팔을 잡는 감촉이 너무도 생생해서 자리에서 일어나 누가 방에 들어왔나 찾았다.

그러나 무언가 존재를 감지했다고 말할 수 있는 건 그 다음 날 밤이었다. 침대에 누워 촛불을 끄고 전날 밤에 있었던 일을 생각하느라 깨어 있었다. 그 때 갑자기 뭔가 방안으로 들어와 침대 가까이 서 있는 것을 느꼈다. 1-2초면 내게 닿을 듯 했다. 그 무언가를 일상적인 감각으로는 감지하지 못했지만, 그 존재와 연관된 무시무시하게 불쾌한 "기운"이 있었다. 그것은 그 어떤 일상적인 인식보다 더 크게 내 존재의 뿌리를 뒤흔들었다. 가슴 위를 넓게 흩뿌리면서도 기관 속속들이 헤치고 지나면서 쥐어뜯는 생생한 고통을 주는 뭔가가 있는 느낌이었다. 그러나 그 기분은 고통이라기보다는 혐오였다. 그리고 나서 뭔가 내 앞에 나타났고, 나는 그 어떤 육체를 가진 창조물보다도 더 확실히 그 존재감을 알았다. 그것이 들어올 때처럼 나가는 것도 감지했다. 한순간에 문을 잽싸게 통과하더니, 그 "끔찍한 기운"은 사라졌다.[5]

이 책에서 한밤중에 악한 영적 존재와 만났을 때는 중간 역할을 하는 사람이 없다. 대개 치유 사역에서 악한 영은 우리가 쟈넷의 경우에서 보았듯이, 사람을 통해 자신의 존재를 표현한다. 제임스가 말한 것처럼 중간 역할 없는 직접적인 경험은 악한 영이 인간의 인격의 일부일 수도 있다는 가능성을 낮춘다. 우리는 둘 다 악한 영이 객관적인 실체라는 것이 의심할 바 없다는 것을 확신시켜 준 윌리엄 제임스의 이야기와 비슷한 경험들을 수없이 해오고 있다.

브래드: 수많은 경험 중에 한 가지 예만 들어도 악한 영들이 객관적으로 실제이고 단지 인격의 일부가 아니라는 우리의 확신의 경험적 근거가 증명될 것이다.[6] 한번은 귀신들린 여자가 우리 집에 찾아와 마약을 할 때마다 자신을 두렵게 하는 악한 존재와 마주치는 이유

 마음의 숨겨진 상처를 치유하시는 예수님 성령님과 치유 사역

를 질문했다. 나는 그녀에게 성경에는 금지되어 있는 주술 행위(신 18:10-12; 대상 10:13)가 귀신에게 문을 열어 주었다고 말했다. 이러한 행위들을 회개하고 귀신들로부터 유일하게 보호하실 분인 예수 그리스도께 무릎을 꿇으라고 강권했다. 그러나 그 조언은 거절당했다.

그 여자가 가고 나서, 나는 집 안에 더러운 존재가 돌아다니는 느낌이 있었지만, 시간을 내어 각 방을 다니며 기도하지 않았다. 밤 11시에, 두 살배기 아들 스티브가 아기 침대에서 뒹굴면서 숨이 막히는 소리를 들었다. 나는 정신없이 아이에게 갔고, 아내에게 긴급구조대에 전화하라고 소리쳤다. 그 때 갑자기 나는 그 방에서 사악한 기운을 느꼈고, 귀신이 내 아들 뒤에 있는 게 아닌가 생각했다. 예수 그리스도의 이름으로 귀신에게 나가라고 명령하자 귀신은 떠났다. 그 즉시 아이는 정상적으로 호흡하기 시작했다. 안정을 찾고 다시 잠이 들었다.

아내 로라와 나는 스티브 때문에 정신이 없어서 영적 전쟁의 일반적인 절차를 다 잊어버렸다. 귀신이 다른 사람들을 해하지 못하게 묶지 못했고, 귀신을 무저갱에 넣으실 예수님께 가라고 명령하는 것도 잊었다. 굉장히 실제적으로 활동하는 귀신은 분명히 다른 대상을 찾아갔다. 그 다음 날 아침, 아래층에 사는 은퇴한 선교사들이 문을 두드리더니, 밤사이에 이상한 것을 느꼈냐고 물었다. 11시 5분에 그 남편이 막 잠이 들려고 했는데, 악한 존재가 가슴을 짓눌러서 숨이 막혔다고 했다. 처음에 그는 몸부림을 치다가 가까스로 예수님께 도움을 구했다. 그 영은 잠시 머뭇거리다가 그 방을 떠났다.

이런 경험들뿐만 아니라 성경에 나온 명백한 증거들은 귀신들이 인간의 인격의 일부가 아니라 객관적으로 실재하는 이질적인 영적 존재라는 것을 증명해 준다. 게다가, 경험을 살펴보면 그들이 치유 과정을 활발히 방해하는 것도 일관되게 알 수 있다. 왜 그럴까?

치유의 방해물을 제거하라고 요청받은 예수님의 사명

이 책의 서두에서 우리는 예수 그리스도가 창조에 대한 하나님의 본래적 비전을 회복하는 사명을 가지고 이 땅에 오셨다는 성경적인 관점을 제시했다. 예수님은 십자가 위에서 이 비전을 완수했고, 하나님의 나라를 세웠으며, 인간의 내면과 인간 관계 속에 지옥의 식민지를 만들었던 영적 침입자들을 물리치셨다.

이 땅에서 하나님의 나라와 사탄의 나라 사이의 자리다툼은 인간의 마음과 인간의 사회 체계 속에서 계속된다. 이 충돌은 세례 요한이 예수님께 세례를 베풀어 성령님이 내려오신 이후에 강력해졌다. 성령님의 힘을 입은 예수님의 사역이 시작되어, 복음을 전하고, 사람들의 죄를 사하며, 병자를 고치고, 사람들을 제자로 삼으셨다. 성령님의 인도함을 받은 이런 활동들은 적극적으로 하나님의 나라를 전파하며, 악한 영으로부터 자유하게 하시고, 회복하시는 하나님의 계획에 강력하게 저항하는 외부 침입자들의 반격을 유도했다. 예수님이 귀신을 쫓아내신 이야기뿐만 아니라, 말씀 전파와 치유와 병행한 축귀 사역도 예수님의 사역의 핵심임을 알게 하는 요약된 말들이 많이 있다 (눅 4:40-41; 마 8:16-17; 막 1:32-34 참조).

예수님은 능력의 원천을 의심받을 때, 귀신들을 쫓아내는 사역의 전략적 중요성을 밝히셨다. 예수님은 그가 그저 약한 귀신들을 쫓아내는 강한 귀신이라는 잘못된 생각을 물리치셨다. "그러나 내가 하나님의 성령을 힘입어 귀신을 쫓아내는 것이면 하나님의 나라가 이미 너희에게 임하였느니라" (마 12:28). 이렇게 귀신을 쫓아내심은 억눌린 개인들을 자유하게 하시는 것 이상의 더 많은 것을 의미한다. 사탄에게 굴복한 영역을 회복하는 하나님의 나라의 최전선인 것이다. 이러한 싸움에서, 예수 그리스도의 삶, 죽음, 부활은 하나님의 나라의 승리를 보증한다. "정사와 권세를 벗어버려 밝히 드러내시고 십자가로 승리하셨느니라" (골 2:15).

싸움은 계속된다

영적 침입자들은 무장이 해제되고 패배했지만, 여전히 인간의 죄를 통해 자신들에게 굴복된 곳이면 어디든지 필사적으로 매달린다. 죄는 공동 책임일 수도 있고, 우리 자신의 죄일 수도 있고, 성적 학대처럼 남에게 피해를 당한 죄일 수도 있다. 사람이 거듭나 하나님의 백성이 되고 하나님의 원래 비전을 따라 회복시키시는 예수님을 경험하기 시작할 때, 귀신들은 이 지상에서 자리를 잃는다. 이것은 귀신들에게 천재지변이다! 예수님이 귀신들의 군대에게 무덤 사이의 사람에게서 떠나라고 명령하셨을 때, 그들은 무저갱으로는 보내지 말아 달라고 애걸복걸했다. 그들은 궁지에 몰린 전사들처럼, 원래 있던 곳으로 가는 것을 두려워하며, 이 지상에서 자신들에게 속한 땅한 자락이라도 차지하려고 독하게 싸우는 것 같았다 (마 8:28 이하; 막 5:1 이하; 눅 8:26 이하).

귀신들은 자신들의 점유권을 소멸하는 죄의 용서와 치유가 있는 하나님의 나라의 전파를 막기 위해 할 수 있는 한 무엇이든 할 것이다.

악한 영들이 인간을 공격하는 방법들

악한 영들은 인간의 죄와 불순종을 통해 얻게 된 기반을 지키기 위해, 복음의 전파를 막으려고 다양한 전략들을 구사한다. 인간들을 곤란에 빠지게 하고, 괴롭히고, 노예로 삼기 위한 광범위한 방법들이 있다. 서로 다른 형태의 공격을 묘사하는 데 사용되는 다양한 헬라어 단어들을 보면 알 수 있다. 가장 흔히 쓰이는 것은 *다이모니조마이*(daimonizomai)인데, "귀신이 되다" 혹은 "귀신처럼 되다"라는 뜻이다 (마 8:16, 28, 9:32, 12:22; 막 1:32, 34, 5:15; 눅 8: 36).

*다이모니조마이*는 주로 "귀신에게 사로잡히다"라는 뜻으로 번역되지만, 사실은 잘못된 것이다. 영어에서 사로잡힘은 소유를 의미하지만, 신약에 나타나는 것은 악한 영들에게 시달리는 다양한 방법들이다. *에코*(echo)라는 단어는 성경에 단 두 번 사용되었는데 (행 8:7; 16:16), 그것은 소유권을 의미한다. 바울을 계속 따라와 소리질렀던 여종은 점하는 귀신이 "들린" 자였다 (행 16:16-18). 이것은 귀신이 실제로 그 사람의 의지를 대신 사용하고 통제했기 때문에 "소유"의 의미에 더 가까운 것 같다.

오크레온마이(ochleonmai)도 두 번 사용된 단어이다. "에워쌈을

당하다, 시달림을 받다"라는 뜻으로, 귀신에게 "괴롭힘을 당하다" 혹은 "고난받다"로 번역된다. 이것은 누가복음 6장 18절에 나오는데, 문제를 일으키는 귀신과 상호 작용은 하지만, 사로잡히거나 소유되는 것은 아닌 것 같다. 엔(en)이라는 말은 "안에, 사이에서, 의해서, 함께"라는 의미이다. 이것은 마가복음 5장 2절에 군대 귀신이 들어가 심하게 귀신들린 경우에 사용되었다. "더러운 귀신들려" 있다는 것은 바울이 "그리스도 안에" 있다와 같은 단어를 사용한 것과 의미가 비슷하다. 이것은 귀신의 "영향 아래에" 혹은 "영역 안에서"라는 의미가 틀림없다. 위의 용어 중에서 훨씬 덜 심각한 용어는 "화전(火戰) 공격"이다. 이것은 "모든 것 위에 믿음의 방패를 가지고 이로써 능히 악한 자의 모든 화전을 소멸하고"(엡 6:16)라는 바울의 권고에 나온다. 이것들은 사람의 외부에서 오는 유혹들이다.

이렇게 다양한 용어들은 귀신들 때문에 경험했던 다양한 공격 방법들과 일맥상통한다. 고통의 범위는 "화전"의 형태로 그 사람의 외부에서 오는 공격부터 그 사람의 내면에서 완전히 사로잡는 것까지 있다. 외부의 화전에서 내면의 사로잡힘, 이 두 극단 사이에 의식 세계를 뺏고자 하는 전투가 있고, 마음은 악한 영들이 우리의 양심과 타협하여 죄로 빠지게 유혹하는 곳이다. 우리가 이러한 공격들을 막아내면 이 전쟁은 우리 바깥에 머물 것이고, 만약 죄에 빠져 예수 그리스도의 죄사함을 경험하지 못하면 이 전쟁은 외부에서 내면으로 들어와 악한 영들이 자리잡게 될 것이다. 다음의 그림은 연속적인 공격을 나타낸 것이다.

그림 8

인간을 공격하는 귀신의 방법들

화전에서 사로잡힘까지

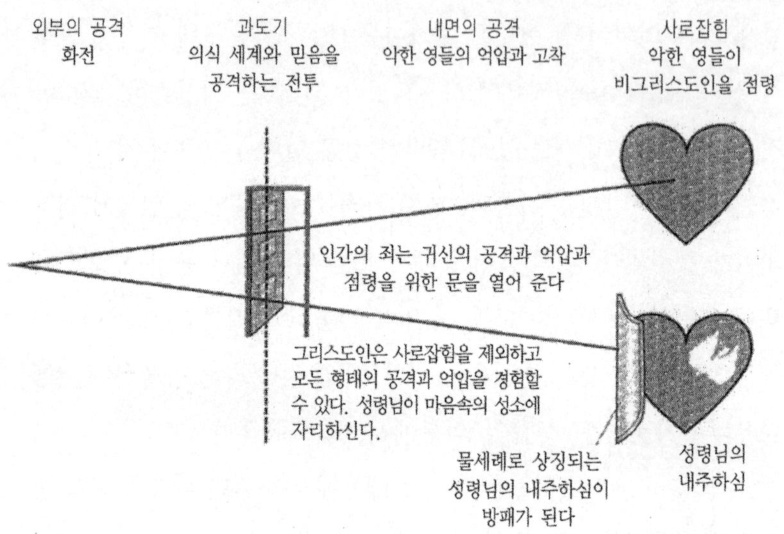

이 그림에서 외부로부터의 공격이 내면에 고착될 때, 자백하지 않고 용서받지 못한 인간의 죄의 가장 보편적인 특징은 다양한 형태의 모든 공격을 가능하게 한다는 것이다. 톰 화이트(Tom White)는 이렇게 말한다: "내가 늘 살펴본 바로는 악한 영들이 있는 곳에는 이유가 있다. 그 연결 고리를 파헤쳐 보면 특정한 이유나 들어오는 시점이나 도덕적인 결함이 나온다."[7] 모든 죄가 사탄에게 기회를 주지만, 성경에서 명백하게 금지하고 있는 마술이나 주술 행위 같은 죄들은 특히 귀신의 억압을 받기 쉽다.

여기서 박테리아나 바이러스에 비유해서 귀신들을 생각해 보는 것도 도움이 될 것이다. 이 미생물체는 어디에나 있지만, 몸의 면역 체계가 무너졌을 때만 침입해서 병을 유발한다. 마찬가지로, 악한 영들은 존재할 수 있다. 그러나 우리의 영적 방어 체계가 고백하지 않은 죄나 용서받지 못하는 죄를 통해 무너졌을 때만 들어온다.

유감스럽게도 귀신들이 정정당당하지 않다는 사실은 내적 치유와 직접적으로 관련이 있다. 그들은 손이 닿는 곳은 어디든지 찾는다. 첫 번째, 망각 속에 빠진 소용돌이 기억과 엮여진 과거의 죄일 수도 있다. 예를 들어, 어떤 사람이 아버지에 대한 증오로 가득한 소용돌이 기억을 갖고 있다면 그 증오는 아버지가 곁에 없었거나 학대했다는 등의 그럴 만한 이유를 갖고 있을 것이다. 그렇지만 증오는 죄이고, 그 죄를 고백하지 않고 용서받지 않았다면 악한 영들은 소용돌이 속으로 들어가기 위한 합법적인 권리를 갖기 위해 그 죄를 붙잡을 것이다.

악한 영들의 두 번째 사악한 관행은 누군가 남의 죄로 피해를 당하고 내적 상처가 치유되지 않은 채로 있을 때 들어온다는 것이다. 이것은 주로 아이들의 성적 학대에서 일어난다. 여기서 귀신이 달라붙는 데는 이중의 이유가 있다. 첫 번째는 아이를 성적으로 학대한 사람이 귀신들렸을 때, 그 귀신들이 학대자를 통해 아이에게 이동할 수 있다. 실제로 성 행위가 있을 때 가능성은 높아진다. 인간은 하나님의 형상으로 만들어졌기 때문에 성 행위는 단순한 육체적 행위가 아니다. 영혼을 건드리고 악한 영이 침입할 시점을 제공한다. 귀신을 의도적으로 가해자와 피해자에게 불러들이는 주술적인 상황에서 성적 학대가 일어난다면, 귀신들린 것은 뿌리 깊고 심각할 수 있다.

귀신이 달라붙는 두 번째 이유는 아이들이 정신적 충격을 처리할 수 있는 방법이 학대를 무의식 속으로 억압하거나 억제하는 것뿐이기 때문이다. 가해자를 용서하지 못하는 태도를 포함해서 학대와 연관된 모든 감정들이 소용돌이 기억 속에 갇혀 있다. 이것은 정말 공정하지 않다! 그러나 가해자를 용서하지 않는 이상, 이것은 귀신에게 붙잡혀서 괴롭힘을 당하게 되는 적법한 근거를 준다. 사실, 귀신들은 소용돌이 기억과 방어기제들을 활용해서 모든 것들을 숨기려고 한다. 빛에서 비껴나 고백되지 않고 용서받지 못하는 죄를 품고 있는 소용돌이 기억은 악한 영들에게 편안한 안식처를 제공한다.

내적 치유 기도에서 성령님은 망각된 소용돌이 기억 속으로 들어가셔서, 깨닫게 하시고, 고백과 용서로 이끄신다. 이로써 방해하는 악한 영들이 달라붙어 있는 자리가 제거된다. 그러면 악한 영들은 순순히 떠나거나 혹은 만약 머뭇거린다면 예수 그리스도의 권세로 쫓긴다.

이러한 귀신의 존재들이 사라지면서 예수님의 치유 사역은 계속될 것이다.

귀신들이 정말로 그리스도인들을 공격하는가?

큰 논란이 되고 있는 주제 중에 하나는 그리스도인들이 악한 영들의 공격을 받는가이다. 우리의 내적 치유 사역의 경험으로 볼 때, 그리스도인들이 실제로 사로잡히는 것을 제외하고는 악한 영들의 모든 괴롭힘을 당할 수도 있다는 것이 결론이다. 그리스도인은 성령님이 마음의 성소에 자리하시고, 그로 인해 악한 영들이 자리 잡을 수 없기 때문에 악한 영에게 사로잡힐 수는 없다. 물세례는 예수 그리스도를 통해 구원받음과 성령님의 내주하심을 의미하는 것으로, 귀신의 공격과 우리 존재의 가장 심원한 곳에 귀신이 고착하는 것을 막아주는 방패가 된다. 그러나 성령님이 내주하시는 마음의 성소와 나머지 부분, 즉 사탄의 기반이 될 수 있는 영역 사이에는 여유가 많다. 고백되지 않고 용서받지 못하는 죄를 포함하고 있는 무의식 속에 감추어진 소용돌이 기억이 있을 수 있다. 그러므로 그리스도인은 악한 영에게 억눌릴 수도 있고, 심지어 악한 영이 달라붙을 수도 있지만, *사로잡히지*는 않는다.

다음의 세 장에서는 악한 영이 내적 상처를 이용해서 사람들을 괴롭히고 내적 치유 과정을 방해하는 가장 흔한 두 가지 방법을 살펴보겠다. 바로 화전과 악한 영의 실제적인 고착이다.

복습을 위한 질문

1. 귀신의 실체를 확신할 만한 경험이 있는가? 어떤 일이었는가?

2. 윌리엄 제임스가 말한 것과 비슷하게 밤에 귀신을 만난 적이 있는 사람을 아는가?

3. 귀신의 실체와 서구 사회의 과학적 세계관을 어떻게 조화시켜 이
   해하는가?

4. 당신의 삶에서 악한 영들이 들어올 수 있는 가능성은 무엇인가?

16

화전과 내적 상처

브래드: 한국에서 예수회수도원(Jesus Abbey)에 있을 때, 우리가 피터(Peter)라고 칭할 동료 선교사가 함께 기도해 달라고 부탁했다. 비밀이 보장되는 산에 올라갔을 때, 그는 나에게 돌아서서 말했다. "나 좀 도와 줘! 죽을 것 같아! 심각한 고민이 있는데, 정말 창피하고 누가 알까봐 무서워 죽겠어!" 나는 무슨 일인가 어리둥절했다. 왜냐하면 사람들은 그가 헌신된 그리스도인이었고, 능력 있는 사역을 위해 기름부음을 받은 귀감이 되는 선교사라고 알고 있었기 때문

이다. 그는 한국에서 자랐기 때문에 한국어로 설교하는 특별한 은사를 받았다. 아내와 나는 행복한 그의 가족과 가까이 지냈다.

나는 "예수님께 말할 수 있겠나? 그러면 나는 들을 것이고, 아니면 나에게 먼저 말하고 싶은가?"라고 말했다.

그는 대답했다. "글쎄…나는 정말 창피해. 하지만 먼저 이야기를 하는 게 좋겠어. 왜 내가 이런 걸로 고민해야 하는지 도통 모르겠어. 나는 날 사랑하는 멋진 여자와 결혼했고, 나도 그녀를 사랑해. 하지만 수년 동안 포르노, 그것도 아시아 여자들의 포르노와 비밀스러운 전쟁을 하고 있었어. 대개 그런 유혹은 부흥회 전이나 끝난 후에 호텔에 혼자 있을 때 오지. 마치 내가 안절부절 못하는 탐욕적인 수컷 동물인 것 같고, 그저 내 머리 속에는 더러운 장면들을 찾는 생각뿐이야. 기도도 하고 유혹에 대항도 했지만, 그 유혹은 점점 커져만 가고 있어. 대개는 굴복하고 텔레비전에서 성인용 영화를 보거나 나가서 잡지들을 사지. 방에 혼자 앉아서 거기에 빠지는 거야. 마치 미쳐서 비틀거리는 것 같아. 자위를 하고 나서는 더럽고 추한 죄책감이 가득하지. 강단에서 나를 본 사람들이 내 마음에 이 더러운 것을 본다면 어떨까? 예수님께 망신거리만 되겠지."

"정말 두려운 건 이런 공격들이 점점 심각해지는 것 같아. 처음엔 그저 포르노만 봤는데, 이제는 실제로 해보고 싶은 욕망에 시달려. 지금까지는 적어도 아내에 대한 정절을 지키고 다른 여자와는 관계하지 않았지. 하지만 추잡한 생각 속에서는 수많은 여자들과 죄를 범했어. 한 달 전에, 어느 도시에 갔었는데, 저녁 예배에 설교를 하러 가던 중에 한 매춘부를 지나쳤어. 내게 추파의 말을 던지더군. 한순간 망설이다가 그녀를 보았어. 곧바로 난 그녀에 대한 욕정으로 불타올랐지. 포르노 장면들이 머리 속에 떠올랐고, 그 모든 것을 실행해 볼 기회라는 걸 알았어. 무서운 기운과 함께 이런 말이 들렸어. '한국 말로 해! 오늘 자정에 네 호텔 방으로 오라고.' 몸을 돌려서 걸어가는데 내 모든 의지와 화급한 기도를 다 동원해야 했어. 그것만으로도 난 눈으로 그녀를 범한 죄를 지었다는 걸 알아. 그 때는 유혹에 넘어가진 않았지만, 지금은 그 도시에서 그 여자를 우연히 만나는 걸 자꾸만 생각하고 있어. 내 상상 속에서는 그냥 지나치지 않아. 그녀를 데리고 가서 난폭하게 즐기는 거야. 정말 난 어쩌면 좋지! 다음에 또 그런 공격이 온다면 뿌리칠 수나 있을지 모르겠어. 난 결혼 생활과 사역 모두 망칠 것 같아."

그 때 우리는 멋진 산 계곡이 멀리 굽어보이는 커다란 바위에 앉아 있었지만, 피터의 죄는 모든 것을 더럽히는 것 같았다. 나는 기도하겠냐고 물었다. 하지만 그는 "아니, 난 못해! 제발 날 위해 기도해 줘"라고 말했다. 나는 그에게 손을 얹고 하나님의 도움을 구했다. 아무 일도 일어나지 않았다. 그는 깔고 앉았던 바위처럼 그냥 있었다. 그 때 성령님의 음성을 들은 나는 말했다, "너는 나에게 포르노를 멀리 하려는 노력과 도시에서 만난 여자 이야기를 했어. 그 모든 걸 예수님께 말할 수 있겠어? 난 그냥 듣고 있을게" 그는 주저하면서 말하기 시작했고, 속도가 붙더니, 마침내 수년 동안 계속되어온 더러운 욕정의 공격들을 세세한 부분까지 쏟아냈다. 그 대화는 우리 사이의 이야기에서 주님께 드리는 고백이 되었다.

고백의 시간이 끝나자, 나는 그의 어깨에 팔을 얹고 말했다, "그래, 너는 정말로 죄를 지었어. 실제로 아내 외에 다른 여자와 잠자리를 같이 해서 간음죄를 저지른 것은 아니지만, 욕정의 눈을 통해 마음속에서 수없이 간음죄를 지었지. 그렇지만 예수님은 너를 사랑하시고 용서해 주셔. 그리고 너의 은밀한 싸움을 알게 되었지만, 난 너를 존중하고 친구로 생각하는 걸 알아 주었으면 좋겠어." 그 때 성령님이 그에게 임하셨고, 그는 자제심을 잃고 참회와 슬픔으로 흐느껴 울었다. 나는 바위에 앉은 그를 붙들고 방언으로 기도하면서, 이제는 깨끗하고 순수한 아름다움을 다시 얻은 듯 산 너머를 바라보았다. 마침내 그는 실컷 울고 눈물을 닦았다.

"정말 고마워!" 그는 말했다. "내 비밀을 너에게 말한 것만으로도 얼마나 마음이 놓이는지 넌 모를 거야. 예수님이 날 용서하신다는 것은 알고 있었어. 하지만 이걸 어떻게 극복할까? 왜 나는 이런 유혹을 강하게 받는 걸까?"

영적 억압의 징후와 증상

그의 이야기를 듣는 내내 나도 그것이 궁금했었다! 왜 이 하나님의 사람은 성령님이 진작에 인격을 변화시켜서 고치셔야 했던 이런 죄악된 욕망에 이토록 쉽게 무너졌는가? 포르노 중독, 강렬한 성적 욕망, 잘 되고 있는 그의 전도 사역을 무너뜨릴 가능성이 분명한 것, 이 모두가 귀신이 어떻게든 개입하고 있음을 암시한다. 그러나 어떻게 하는 것일까?

우리는 잠시 이 이야기를 접어 두고 악한 영들의 공격을 나타내는 증상들을 보도록 하자. 누군가의 일생을 살펴보고 내적 치유를 위해 기도할 때 주의해야 할 것들이다. 이것은 축귀 사역 분야에서 우리의 스승이었던 톰 화이트 목사가 악한 영들에게 괴롭힘을 당한 사람들을 수없이 기도해 준 경험에서 나온 것이다.[1]

**어떤 사람의 삶에 악한 영이 개입될 때
나타나는 징후와 증상**

1. 통제 불능, 강렬한 충동, 태도 혹은 행동―분노, 증오, 욕정, 악담, 신랄한 말투가 전형적이다. (가족 중에 비슷한 충동으로 애쓰고 있는 사람들이 있으면 주목하라.)
2. 폭력적인 충동―특히 자살이나 살인으로 몰고 가는 경향.
3. 정신적인 음담, 불경한 말―악담이나 불결한 말을 생각 속에서 퍼붓는 것, 욕을 하거나 음란한 말을 하고 싶은 충동.
4. 무섭고 기괴한 꿈이나 잠자리의 경험들―성적 변태나 주술적인 상징주의나 폭력과 관련된 꿈들; 악한 영이 출몰하거나 악마의 형상이 나타나는 것.
5. 정신의 능력, 초감각적 예지(ESP), 예감―이러한 능력들은 흔한 영들의 포착하기 어려운 영향일 수 있다.
6. 유달리 강하고 끈질긴 두려움과 의심들―일반적인 두려움이나 "신경을 거스르는" 평범한 의심들을 넘어서는 것, 하나님의 진리에 대한 확신과 하나님의 존재의 확신에서 멀어지게 하는 것.

7. 계속해서 오는 물리칠 수 없는 죄책감 혹은 낮은 자존감의 구름—비난, 낙심, 주님의 용서를 얻지 못하는 무기력. 성령님은 분명하게 죄를 지적하시고 죄책감에서 벗어나 회개와 평안으로 인도하신다.

8. 어떤 특정인이나 특정 장소를 접할 때 생기는 우울, 의심, 두려움, 죄의 충동—이런 증상들은 마귀의 에너지가 "거쳐간" 흔적을 찾을 수 있다. 접촉성 영향력이 나타날 수 있고, 기도하면서 자기 잘못은 덮어놓고 남을 탓하게 될 수도 있다.

9. 혼란, 불안, 동요—특히 성경을 읽거나 설교를 듣거나 기독교 모임에 참석했을 때 나타난다. 부정적으로 생각하는 강박 증세가 반복적으로 생길 수 있다.

10. 극심하면서도 의학적으로 규명이 안 되는 피곤과 기력 소진—휴식이나 운동, 식이요법 같은 일반적인 치료로 달라지지 않는 신체적 정서적인 무기력감.

11. 분별력이 있는 성령 충만한 신자의 주변에 있을 때 나타나는 신경과민이나 질병—이것은 억압과 관련된 주제들을 이야기하거나 들을 때도 일어날 수 있다.

12. 영적 권위에 대한 비합리적인 반항—목사나 설교자, 기독교 상담가나 지도자에 대한 적대적인 반응.

이러한 증상들은 정서적, 심리적, 생리적인 원인이 있을 수도 있다는 것을 유념하는 것이 중요하다. 그저 이런 증상들이 있다고 해서 악한 영이 존재한다고 확신할 수는 없다. 도리어, 이런 증상들은 인

 마음의 숨겨진 상처를 치유하시는 예수님 성령님과 치유 사역

간의 고통의 뿌리를 분별하기 위해 더 깊이 들어갈 필요성을 지적하는 단서들이다.

화전

브래드: 욕정으로 괴로워하던 피터 이야기로 돌아가 보겠다. 그는 이러한 증상들 중에 몇 가지가 나타났다. 그래서 나는 더 밀어 붙여서 그 근원을 찾아야 한다는 것을 알았다. 그에게 질문했다, "과거 경험 중에 특별히 아시아계 여자들의 포르노에 쉽게 넘어가도록 만드는 것이 있나? 예를 들면, 언제 처음으로 그런 것들을 보았어?" 우리는 성령님께 도움이 될 만한 기억들을 떠올리게 해 달라고 기도했다.

그는 잠시 생각하더니 이렇게 말했다, "그래, 기억이 분명히 나. 내가 열세 살 때였어. 군인 거주 지역에 살던 교회 친구 한 명과 같이 밤을 보냈지. 그 날 밤, 나보다 한 살 많았던 그 친구가 '내 섹스 예술 모음집을 볼래?'라고 물어보는 거야. 난 그게 뭔지도 모르면서 좋다고 했지. 그 날 밤 내 영혼은 미국 군인, 한국 남자, 한국 여자들이 온갖 성 행위를 하는 노골적인 사진들 수백 장에 마비되어 버렸어."[2]

그가 말하면서 갑작스럽게 흥분하자 나는 어마어마하게 축적된 생생한 소용돌이 기억을 건드렸다는 것을 알게 되었다. "그리고 나서 뭘 했는데?"라고 나는 물었다.

"이런 말 난생 처음 하는 거야! 난 그저 머리 속에서 그 생각들을 몰아내려고 했는데, 그러면 그럴수록 그 사진들이 더 보고 싶어 죽겠는 거야. 그 이후로 쉽게 유혹에 굴복했지."

성적 죄에 해당하는 이 소용돌이 기억은 고백도 하지 않았고 용서
도 받지 못했다. 그래서 그의 인격 형성에 힘을 발휘했다. 그러나 그
것만이 아니었다! 의식하고 있든지 아니면 망각의 심연 속에 파묻힌
소용돌이 기억 속에 갇혀 있든지 간에 고백하지 않은 죄는 항상 악한
영들이 우리를 공격할 수 있는 기반을 제공한다. 바울은 이렇게 강력
한 유혹을 "화전"이라고 불렀다 (엡 6:16). 이러한 유혹들은 외부에서
오지만 내면의 약점, 충동, 욕망과 동조한다. 존 칼빈(John Calvin)
은 사탄의 화살이 "날카로워 꿰뚫을 뿐만 아니라 더 위험한 것은 우
리가 화염에 휩싸인다는 것이다"[3]라고 말했다. 화전들이 우리의 타
락한 본성에 불을 붙이면 우리의 본성은 무섭게 타버린다. 유혹의
본질은 외부의 환경뿐만 아니라 표적이 된 그 사람의 본성에도 달려
있다. 그것은 외부에서 우리의 의식 세계에 침범하는 것 같이 언뜻
일어난 생각처럼 올 수 있는데, 우리를 붙잡고 예수 그리스도 안에서
성장하고 일하는 것을 방해하는 행동과 태도를 충동질한다. 교회로
가는 길에 선교사에게 이런 일이 일어났던 것이다. 또한 호텔 방에
혼자 앉아 있을 때 포르노를 보라는 유혹에 굴복하게 하는 압도적인
충동도 이것에 해당된다.

우리들 대부분은 살아가면서 때로 이렇게 강렬한 본질을 가진 유
혹을 경험한다. 인격의 약점이 어디인가에 따라 화, 분노, 걷잡을 수
없는 의심, 말도 안 되는 질투심, 두려움, 시기, 낙심, 비난, 온갖
종류의 충동들이 터져 나올 것이다. 그저 인간이기 때문에 우리 모두
는 이 모든 공격에 넘어가기 쉽다. 우리는 이 모든 유혹이 전적으로
귀신으로부터 온다고 무조건 못 박지 않도록 조심해야만 한다. 그저

우리가 죄를 지을 수 있는 가능성을 부채질하는 외부의 환경에서 오는 것일 수도 있다. 우리가 죄를 지을 가능성은 그리스도 안에서 구속받은 이후에도 타다 남은 깜부기불처럼 우리 안에 끈질기게 남아 있다. 사탄이 우리의 죄성을 이용하려고 항상 벼르고 있다는 것은 의심의 여지가 없다. 그러나 이러한 유혹이 우리의 삶과 관계 그리고 사역을 망가뜨리고, 아무리 노력해도 멈추지 않는다면, 사탄이 공격할 기회를 제공하는 치유되지 않은 상처나 고백되지 않은 죄가 있다는 결론을 내릴 수 있다.

피터가 끈질기고도 계속 커지는 포르노의 유혹과 싸웠을 때, 나는 다른 이유가 있다고 생각할 수밖에 없었다. 악한 영들이 외부에서 공격하는 것이 아닐지 모른다. 내면으로 슬금슬금 기어 들어와 있을 수도 있다. 실제로는 열세 살 때, 포르노를 처음 접한 경험을 둘러싸고 형성된 기억의 덩어리 안에 뒤범벅되어 있을 수도 있었다. 악한 영들이 그의 내면에 있을 가능성을 보이는 증상 중에는 계속해서 하나님께 울며 도움을 구했지만 그 중독에서 벗어날 수 없었다는 사실도 있다. 또한 그가 이 문제를 솔직히 말해 준 사람이 내가 처음이었다. 악한 영은 은밀히 활동하면서 종종 문제를 드러내거나 도움을 구하지 못하도록 교묘한 거짓을 꾸며내게 한다. 귀신들이 기억 덩어리 안에 섞여 있을 때는 분별의 과정이나 능력을 만나 드러날 때까지 숨어 지낼 것이다.

분별의 과정은 주로 초자연적인 은사와 합리적인 관찰이 함께 작용하는 역동적인 과정이다. 기도 사역자뿐만 아니라 기도받는 사람의 능동적인 참여도 중요하다. 다음의 단계들은 함께 뒤섞여서 주로

동시에 일어난다:

1. 억압의 증상이나 징후가 있는지 그 사람의 삶을 분석한다.
2. 귀신의 공격의 열려진 진입구나 고백하지 못한 죄와 치유받지 못한 상처로 인한 귀신의 근거지가 있는지 분석한다.
3. 지식의 말처럼 악한 영의 존재를 밝히는 영적 분별의 초자연적인 은사.
4. 그 사람과 악한 영의 분리를 강하게 밀어붙이는 능력과 부딪쳐서 악한 영들의 존재를 직접적으로 시험해 본다. 이로써 악한 영은 존재를 드러낼 것이다.

나는 피터에게서 급작스러운 욕정의 공격의 증상들을 보고, 고백하지 않은 성적 범죄의 열린 통로를 듣기 시작했다. 귀신이 실제로 그의 내면에 들어가서 충동의 원인이 되었을 가능성이 농후함을 보았다. 그러나 그 사람으로부터 사악한 영이 분리되는 것을 보고 그 존재를 객관적으로 확인하기 전에는 실제로 귀신의 존재가 있다고 결론 내리지 않도록 주의해야만 하기 때문에 나는 좀더 직접적으로 다가갔다.

나는 그의 내면에 실제로 어떤 귀신들이 붙어 있는가 보려고 영적 시험을 하겠다고 설명했다. 그에게 내면에 어떤 일이 일어나는지 자세히 말해 달라고 했다. 그리고 나서 누군가 "똑똑. 거기 누구 있어요?"라고 재미있게 이름 붙였던 앞에서 언급한 과정을 실행했다. 먼저, 예수님의 이름으로 지켜 달라고 기도했다. 그리고 나서 성령님을 통해 예수님이 그의 모든 부분에 들어가셔서 숨어 있는 악한 영들은 어느 것이나 드러나게 해 달라고 간구했다. 성령님 안에서 그를 위해 기도하고 나서, 나는 "이제 눈을 뜨고 나를 봐"라고 말했다.

그의 눈을 들여다보면서 나는 "예수 그리스도의 이름으로 명하노니, 하나님의 자녀 안에 있는 악한 영은 어느 것이나 피터의 마음과 감정과 육체를 통해 드러날지어다. 넌 숨을 수 없다!" 라고 말했다. 그의 죄와 공격들의 성격을 생각해 볼 때 나는 성적 욕망의 귀신을 대면할지도 모른다는 생각이 들어서, 좀더 구체적으로 명령했다. "예수 그리스도의 권세로 명하노니, 성적 욕망을 불러일으킨 악한 영은 들으라. 네 결박을 깨뜨린다. 모든 거짓을 묶노라. 너는 빛 가운데 나오라. 명하노니, 피터의 마음속에 분명하고 정확하게 나타나라." 나는 성과 관련된 온갖 영들의 이름을 부르며 수없이 반복했다.

영적 존재를 직접적으로 대면하는 이런 종류의 시험은 악한 영을 그 사람의 인격으로부터 분리시키도록 잘 만들어진 방법이다. 예수님이 회당에 나타나시자 소리 지르기 시작한 사람을 통해 귀신이 드러날 수밖에 없었을 때 이런 일이 일어난 것이다 (막 1:23-27). 우리는 이렇게 악한 영을 직접 시험하는 일에 대한 참고 자료를 1634년에 거슬러 올라가 찾았다. 그 해 축사 안내서에는 이렇게 나와 있다:

축사자는 귀신들린 사람의 눈을 똑바로 바라보고, 머리 위에 손을 얹은 자세에서 악한 영에게 마음 깊이 우러나오는 명령을 내리는데, 악한 영 자체가 악의 시조(始祖)이므로, 귀신들린 사람을 공개적으로 강하게 압박하는 일정한 신호를 보낸다. "그리스도와

교회의 사도인 나 (이름)는 예수 그리스도의 이름으로 명하노니,
더러운 귀신아, 하나님이 창조하신 이 사람의 몸 안에 숨어 있다
면, 아니면 어떤 방법으로든 그를 괴롭히고 있다면, 즉시 그 사람
을 사로잡고 있는 너의 존재를 드러내라....지금까지는 내가 없
어서 네가 하던 대로 네 일을 할 수 있었던 것이다."[4]

만약 예수 그리스도 안에서 회개하고 믿음과 성령이 충만한 기도
사역자가 일정한 준비를 갖추고 이 일을 행한다면, 악한 영들은 숨을
수가 없다. 그들은 자신들의 존재를 드러낼 것이다. *"그렇다"*라는 명
확하고 강력한 느낌을 얻거나 직접적으로 당신이나 예수님을 향한
증오의 명백한 표현, 욕설, 신체적 표출 혹은 다른 종류의 기분 (예를
들어, 분노, 살인, 마술) 등이 나타날 것이다. 그 표출이 그 사람의
내면에서 나오는 증오에 가득한 목소리, 얼굴 표정, 질식이나 현기증
같은 신체적 흥분, 그들 안에 또 다른 사람을 감지하는 것 등일 때도
있다. 기도 사역자가 그 사람의 눈에서 악한 영의 존재를 볼 때도
있다.

무언가 나타나게 하려고 피터를 위해 반복해서 기도할 때, 나는
아무 것도 보지 못했고 느끼지 못했다. 또한 귀신이 실제로 있다는
어떤 지식의 말도 받지 못했다. 마침내 나는 물었다, "내면에 무슨
일이 있었나?"

그는 나를 보며 말했다. "글쎄, 약간 긴장하긴 했지만, 네가 내
눈을 그렇게 뚫어져라 쳐다보면서 보고자 했던 게 도대체 뭐야? 아
무 것도 없었어! 내 안은 평안해. 여긴 너와 나뿐이야!" 우리는 안심

하면서 웃었다.

"내면에 아무런 변화가 없다면 공격은 내면보다는 외부에서 오는 것 같은데. 하지만 네가 열세 살 때 보았던 더러운 사진의 소용돌이 기억 속에 있는 고백하지 않은 죄 때문에 열린 진입구들을 처리해야만 해."

우리는 내적 치유를 위한 기도로 돌아가 치유의 2단계로 돌입해서 성령님의 인도하심을 구했다. 성령님의 인도하심을 기다리며 나는 물었다, "예수님이 너에게 원하시는 게 있어?"

그는 열정적으로 대답했다, "그 날 밤의 일을 고백하길 원하셔. 너에게가 아니라 예수님께 말이야."

나는 대답했다, "그렇게 해!"

그래서 그는 친구 집에서 그 사진들을 보았던 일을 전부 다시 말했다. 다시 소용돌이 기억 속으로 들어가 되살려 냈다. 잠시 후, 이 때다 싶은 때에 나는 예수 그리스도의 이름으로 죄사함을 구하라고 권했다. 성인이 된 그가 아니라 노골적이고 비인간화하는 포르노에 영혼이 오염된 열세 살짜리 소년에게 말이다. 또한 나는 죄책감뿐만 아니라 수년 동안 그 기억의 네 가지 요소 속에 담겨 있었던 쾌락을 씻어 달라고 기도했다.

그리고 나서 나는 물었다, "예수님이 또 다른 것을 말씀하시나?"

그는 주저하면서 마지못해 대답했다, "그래"

"그게 뭔데?"

"그 사진들을 내려놓고, 일어서서 그 방을 나가고, 방문을 잠근 후에 그 열쇠를 예수님께 드리라고 하시네."

"그게 무슨 뜻이라고 생각해?"

"그야 분명하지! 예수님이 내 마음에서 그 문을 닫기 원하시는 거야. 포르노를 통해 성적 만족을 얻으려는 권리를 포기하라고 말씀하시지. 하지만 내 마음 깊은 곳에서는 그러고 싶지 않아. 나는 섹스가 좋아. 무서운 일인 줄은 알지만, 하나님이 주신 내 아내만으로 충분하다고는 생각이 안 들어. 알다시피 진짜 문제는 성적 쾌락이 아니야. 이건 내 자유란 말이야! 아내와의 잠자리는 사랑과 서로 배려하는 게 있어야 돼. 나의 자유는 제한되지. 포르노를 보면서는 내 맘대로 즐겨. 예수님이 이러한 자유를 포기하길 원하신다는 것도 알아. 하지만 지금 당장 내가 포기할 수 있을지 모르겠어." 나는 그에게 산꼭대기에 올라가 예수님의 도움으로 해결할 것을 제안했다.

그 날 밤 저녁을 먹고 나서, 그는 말했다, "나는 산꼭대기에서 지금까지 살면서 나의 성적 필요를 예수님께 진정으로 굴복해 본 적이 없다는 것을 깨달았어. 거기서 오랫동안 예수님과 싸웠지. 결국 뭔가 내 안에 들어왔고 난 상징적으로 그 방의 열쇠를 예수님께 드릴 수 있었어." 우리는 함께 기뻐하고 예수님께 굴복한 것을 감사드렸다.

그런 다음에 우리는 치유와 용서에서 제자로 예수님을 따르는 3단계로 나아갔다. 인도하심을 구하고 나서, 우리는 둘 다 함께 약속으로 인도되는 것을 느꼈다. 나는 그가 예수님께 충성된 삶을 살아가도록 책임지고 그를 돌보아 줄 것이다. 만약 그가 욕정의 공격을 경험하기 시작한다면 어느 때든지 나를 부르도록 했고, 그는 전도 여행을 다녀 올 때마다 내가 그에게 질문할 수 있도록 허락했다. 나는 그가 가족들과 떨어져 있는 동안 포르노에 노출되어 있었는지, 누군가에게 욕정을 품었는지 물어보기로 했다.

바위 위에서 멀리 산 계곡을 바라보며 드린 기도 시간과 산꼭대기에서 그만의 기도 시간은 전환점이 되었지만, 힘겨운 싸움의 끝은 아니었다. 약 1년 동안, 한밤중에 수없이 전화가 울렸고, 나는 유혹의 맹공격을 받고 있는 그의 고백을 들어야 했다. 지속적으로 대적의 공격에 저항하면서 삶의 경건함을 키워나가자 점차 이러한 공격들은 줄어들었다. 7년이 흐른 지금, 공격은 거의 멈추었다.

만약 그 선교사가 너무나 자존심이 강해서 기도를 부탁하지 못했다면 어떤 일이 일어났을까? 만약 그가 성적 환상에 의존해 행동했다면 무슨 일이 일어났을까? 죄의 가장 큰 기만은 그 결과를 수습할 수 있다는 거짓이다. 결과는 수습되지 않는다. 죄는 항상 끔찍한 결말로 참담하다. 아마도 그의 결혼은 유능한 전도 사역과 함께 무너져 내렸을 것이다. 게다가 악한 영들은 그의 내면에 자리를 잡고 그를 더욱 더 지독하게 옭아맸을 것이다. 고백하지 않은 죄, 용서받지 못하는 죄는 항상 악한 영들에게 그 사람을 공격할 수 있는 합법적인 권리를 준다. 특히 그 죄가 오랫동안 소용돌이 기억 속에 숨어 있거나 잊혀졌을 때 이것은 확실히 정당하지 않다.

통제를 유지하라

신디: 어떻게 내면의 상처가 외부에서 오는 공격의 근거지를 제공할 수 있는지에 관한 논의를 마무리하기 전에 화전은 약점과 과거의 상처를 기반으로 해서 다양한 형태로 올 수 있다는 것을 아는 것이

중요하다. 이 장에서 이야기한 선교사는 욕정과 싸웠다. 많은 사람들이 그의 이야기가 그의 영적 싸움과 연관이 있는지 알기 어렵고 판단 기준이 애매하다는 생각을 할 수도 있다. 나는 "욕정"의 공격을 받은 적이 없다. 내가 경험했던 화전은 내면의 취약 부분 및 상처와 관련이 있다. 예를 들어, 나는 설교나 말씀을 가르치기 시작할 때마다 거의 매번 의기소침해지고 자기 회의에 빠지는 공격을 받는다. 대개는 설교하러 교회에 차를 몰고 갈 때나 말씀을 가르치기 전 15-20분 사이에 온다. 내 머리 속에 소리가 들린다. "넌 할 말이 없어. 네 설교는 바보 같아. 사람들은 너한테 배울 게 없을 거야!" 그런 생각들이 너무나 강렬해서 차를 돌려 집으로 돌아오고 싶은 때도 있었다! 나는 이런 공격들에 대항해서 기도하는 법을 배웠고, 대개 강단에 올라가기 전에 그리스도인 형제나 자매에게 기도를 부탁할 것이다. 내가 겸손하게 다른 사람에게 기도를 부탁하면 공격은 즉시 사라진다.

이것이 나의 염려와 불안이 아니라 화전이라는 것을 어떻게 알 수 있는가? 그 시간대와 격해지는 감정을 보면 악한 영의 공격이라고 생각하게 된다. 예를 들어, 슬픔이나 삶의 의지에 대해 말하려고 할 때는 이렇게 강렬한 감정이나 생각이 들지 않는다. 막 설교를 하려고 하거나 확실히 기독교적인 환경에서 가르치려고 할 때만 생긴다. 마지막 테스트는 감정과 생각들이 기도에 어떻게 반응하는가를 보는 것이다. 기도할 때 공격은 떠난다. 걱정은 이렇게 해서 조절되지 않는다는 것을 안다.

인간과 귀신 사이의 상호연관성은 복잡하고 미묘하다. 어느 정도의 분노, 의심, 열등감, 욕정이 마귀에게서 오는 것인지 아니면 우리 자신에게서 오는 것인지 결코 모를 수도 있다. 그러나 소용돌이 기억의 치유를 위해 기도함으로 우리는 두 가지 중요한 일을 수행한다: 소용돌이 기억이 우리의 성격을 부정적으로 형성하지 못하게 하고, 악한 영들이 우리의 약점으로 활동하는 기반과 우리의 타고난 죄악성을 강화시키는 기반을 제거한다.

귀신이 화전과 같은 외부의 공격에서 실제로 인간의 내부에 고착하는 방향으로 이동하는 상황들이 있다. 이 차원으로 들어가 보면 용서받지 못하는 죄와 치유되지 못한 상처간의 관계가 더욱 분명해진다: 둘 다 인간의 마음으로 들어가는 진입구가 되며, 귀신들이 머무는 자리가 된다. 내면의 고착은 외부에서 화전의 공격을 다루는 것보다 훨씬 더 어렵다. 그러나 기쁜 소식도 있다. 예수 그리스도가 우리를 사랑하시고 자유와 치유를 주신다.

복습을 위한 질문

1. 화전을 경험한 적이 있는가? 그것이 내면이 아닌 외부에서 온 것인지 어떻게 알았는가?

2. 과거를 돌아볼 때, 무엇 때문에 그 공격에 취약했는가?

3. 그 공격을 어떻게 처리했는가? 무엇이 효과적이었는가?

4. 이 장에서 언급된 선교사는 빛 가운데 행하기 위해 그를 책임지고
   돌보아 줄 영적 친구가 필요했다. 당신은 주위에 그런 사람이 있
   는가?

영적 전쟁을 대비하라

예수님은 "끝없는 사랑이시고 측량할 수 없는 은혜이시다."[1] 예수님은 어두움의 세력에 대항하여 전쟁을 하러 오셨다. "하나님의 아들이 나타나신 것은 마귀의 일을 멸하려 하심이니라" (요일 3:8). 우리는 예수님이 이 땅에 오셨을 때, 악한 영들을 저주하시고 쫓아내심으로 우리를 대신하여 싸우신 것을 본다.

그는 성령님을 통하여 그의 제자로 부르심을 받은 사람들과 동역하시며 자유와 회복의 전쟁에서 계속 역사하신다. 인간에게 달라붙어 있는 귀신들의 이야기는 끔찍하고 합리적인 우리의 세계관에 모순된다. 그러나 우리가 예수님을 믿는다면, 그를 따라 영적 전쟁의 영역에 들어갈 준비를 해야만 한다. 피터의 경우에 귀신들은 그의 내면에 붙지 않고도 외부에서 공격할 기반을 찾았다. 쟈넷의 경우에 악령은 실제로 내면의 상처를 담고 있는 소용돌이 기억 안에 영적 낙하산처럼 붙어 있었다. 거기서 사탄 혹은 *그 무리들*은 적극적으로 치유 과정을 방해했다. 하나님의 주권 아래 예수님이 귀신들을 제거하실 시간이 왔고, 그래서 쟈넷의 치유와 회복은 계속 될 수 있었다.

기도 사역자들: 전쟁에 대비하라

전쟁에 뛰어들기 전에, 기도하는 사람들은 몇 가지 준비가 필요하다. 케네스 리치(Kenneth Leach)는 우리가 사명을 받을 기도자의 유형에 대해 매우 훌륭한 정의를 제공한다.:

중보기도는 하나님의 마음을 움직이기 위한 기술이 아니다. 오히려 우리 자신을 하나님과 함께 일하는 관계에 두어 하나님의 능력이 흘러나오게 하는 것이다. 이것은 하나의 행동이다. 기도와 행동이 서로 반대되지 않아야 한다. 왜냐하면 기도가 행동이기 때문이다. 중보는 문자 그대로 사이에 서서 전쟁에 발을 내딛는 것이다.[2]

내적 치유를 위한 기도 중에 귀신의 방해를 만나게 되면, 예수님이 중보기도로 영적 전쟁에 들어가라고 말씀하실지도 모른다. 당신은 스스로 귀신을 쫓아내라는 부르심을 받은 것이 아니다. 예수님이 그것을 하신다. 그러나 당신의 기도와 믿음의 순종은 예수님의 사랑과 능력과 권세와 임재가 갈등 가운데 관여하게 할 것이다.

영적 전쟁에서 당신은 중보자로서 예수님과 함께 사탄과 직접 대면하는 단계로 들어갈 것이다. 당신은 하나님과 창조물에 대한 사탄의 악독한 증오와 분노의 대상이 될지도 모른다. 그런 전쟁에 들어갈 수 있는 유일한 길은 하나님의 전신갑주를 입어서 이미 십자가에서 모든 지옥의 진노를 견디어 내신 예수 그리스도와 살아 있고 친밀한 관계에 들어가는 것이다 (엡 6:10-17). 예수님과의 관계가 바위처럼 견고해져야 한다. 또한 빛 가운데 행해야만 한다. 그것은 고백되지 않은 죄와 용서받지 못하는 죄가 없다는 것을 의미한다. 대개 우리는 축귀 사역에 들어가기 전에 영적 동행을 간구하며 성령님이 마음에 떠오르게 하는 모든 것을 고백한다. 이런 고백 없이는 귀신들이 우리에게 분노하기 시작할 때에 사탄의 비난에 넘어가기 쉽다.

브래드: 축귀 사역을 위한 준비로 빛 가운데 행하는 것이 필요하다는 것을 중국두나미스프로젝트(Chinese Dunamis Project) 준비 과정에서 생생하고도 지독하게 실감했다. 예배 중간에 사교(邪敎)에 몸담았던 한 사람이 비명을 지르며 바닥에 쓰러졌다. 굉장히 혼란스러워진 우리는 즉시 그런 행동의 원인을 알아내기 위해 조치를 취해야만 했다. 수많은 참가자들은 작은 팀으로 나누어 기도하기 시작했다. 나는 기도를 인도하면서 귀신들과 전쟁을 시작했다. 귀신에게 나가라고 명령했을 때, 귀신은 냉랭한 목소리로 그 사람을 통해 말했다, "널 알고 있어! 너도 죄인이야! 날 몰아내는 건 네가 상관할 바가

아니지!"

나는 대답했다, "그래, 나는 죄인이다. 하지만 예수 그리스도의 피로 구원받고 죄사함을 받았다!" 내가 예수님의 피를 말하자 귀신은 그 사람에게 구역질과 발작을 일으켰다. 나는 예수님의 이름으로 그 사람을 해하는 것을 중단하고 나가라고 명령했다. 사악한 영적 기운이 생각의 촉수처럼 내 마음에 뻗치는 것을 느꼈다. 윌리엄 제임스가 묘사했던 혐오스러운 기분이 드는 뭔가가 내 안을 더럽히고 휘젓는 기분이었다. 나는 기도를 요청했고 모인 모든 사람들은 성령 안에서 기도하며 예수님의 피를 찬양했다.

그리고 나서 나는 예수님이 십자가에서 사탄을 물리치신 성경 말씀을 읽었다. 그 귀신이 또 말하기 시작했는데, 이번에는 비웃는 목소리였다, "난 네 죄를 알지!" 그러자 정말 당황스럽게도 그녀는 생전 처음 보는 사람이었는데, 귀신이 모든 사람들 앞에서 나의 가장 힘들었던 순간과 실패들을 뱉어내기 시작했다.

과거의 죄가 나올 때마다, 내가 할 수 있는 일이라고는 "그래, 네 말이 맞아, 내가 그랬지. 그러나 예수님이 나를 용서하셨고 그의 피로 나는 정결하게 됐어"라고 말하는 것이었다. 나와 내가 죄를 고백한 사람을 제외하고는 아무도 모르는 비밀을 귀신이 말하기 시작했다. 내가 이미 용서받았다고 말할 때마다 귀신은 소리를 높이면서 점점 더 흥분하는 것 같았다. 다행스럽게도, 매번 나는 솔직히 말할 수 있었다, "나는 이미 고백했고, 예수님께 죄사함을 받았으며, 예수님의 피로 깨끗하게 되었어."

갑자가 귀신은 저주를 퍼부으며 말했다, "이 사람은 예수님께 속한 자요 빛 가운데 행하는 자이다. 내가 포기한다.” 그 즉시 날카로운 비명을 지르고 경련이 일어나면서 귀신은 떠났고, 전쟁은 끝났다. 나는 이 행사에 오기 전에 좋은 친구와 고백의 시간을 충분히 가진 것이 매우 감사하다는 생각이 제일 먼저 들었다. 그리고 나서 *이런! 모든 사람들이 내 죄를 알고 있잖아!*라는 생각이 들었다. 그러나 기도 팀에 있는 사람 모두가 귀신이 자신의 죄도 들추어낼 거라 생각하고 겁에 질려 있어서 내 죄는 생각도 못하는 것 같았다. 만약 내가 용서받은 죄인이 아니었다면 사탄이 날 공격한 근거를 찾았을 것은 너무나 당연하다. 이런 끔찍한 일을 겪고 나서, 악한 영들이 우리를 공격할 근거를 제거하는 제일의 길은 고백을 통해 빛 가운데 행하고, 믿음으로 예수님의 죄사함을 받는 것이라는 결론에 이르렀다.

성령님의 은사

우리는 악한 영들과 싸움에 들어가기 전에 성령님으로부터 능력을 받고, 성령님의 은사들을 받아 사용하는 훈련이 잘 되어 있어야 한다. 고린도전서 12장과 14장에 열거된 은사들과 예수 그리스도 이름의 권세와 기도 사역은 그리스도인들이 꼭 갖추어야 할 무기라고 바울은 말한다, “우리의 싸우는 병기는 육체에 속한 것이 아니요, 오직 하나님 앞에서 견고한 진을 파하는 강력이라” (고후 10:4). 위대한 개혁자 존 칼빈은 사탄을 물리치는 데 하나 되게 하는 성령님의 통일된 비전과 이러한 성령의 은사들을 통합한다.

하나님께서 우리에게 필요한 것이 무엇인지 아시는 한, 우리는 원래 부족했던 성령님의 은사들을 공급받는다. 이 은사들을 받고 우리는 하나님의 완전한 축복 안에 진정으로 합류했다는 것을 인식하게 될 것이다. 그리고 나서 그 성령님의 능력을 의지하여 마귀와 이 세상과 모든 해로운 것들을 항상 이길 것을 의심하지 않게 된다.[3]

귀신들로부터 자유하게 하는 사역에 필요한 능력의 도구인 성령님의 은사들을 요약한 것이다[4]:

성령님의 은사	사역
하나님의 눈	
영들 분별함 (자연이든 초자연이든 악한 영을 간파함)	악한 영들의 활동을 분별, 죄와 거짓 가르침을 분별.
믿음 (하나님께서 말씀하신 대로 역사하시리라 신뢰함)	치유나 자유함을 위해 기도하고 기대함, 하나님이 한 사람의 인생에 기사와 이적을 행하실 문을 여는 것.
하나님의 정신	
지식의 말씀 (하나님의 마음으로부터 필요한 정보를 받음)	악한 영들이나 숨은 상처나 육체적 고통을 드러냄.
지혜의 말씀 (하나님의 마음으로부터 받은 위로를 사람과 상황에 알맞게 적용)	복음 집회나 귀신을 쫓아낸 후 제자화 과정이나 상담 중에 문제 해결.
하나님의 마음	
병 고치는 은사 (영적, 정서적, 육체적 건강의 회복)	정서적, 심리적 상처를 치유하시는 성령님의 능력을 얻고 인도하심을 받는 믿음과 기도.

 마음의 숨겨진 상처를 치유하시는 예수님 성령님과 치유 사역

안위 (영적 공감, 짐을 지는 능력)	귀신의 억압으로 인한 정서적 고통을 "느끼고" 인지하는 능력, 전화 상담을 하거나 축귀 사역에 도움을 줌.
하나님의 음성	
방언 (성령님의 인도하심을 따라 알지 못하는 언어로 기도함)	영적 전쟁의 중보 기도자, 치유와 자유함을 위해 기도하고, 기도로 축귀 사역을 도움.
권면 (사람들이 은혜와 믿음이 성장하도록 격려하고 충고함)	귀신을 쫓아낸 후의 제자화: 말씀을 먹고 성령님 안에서 행하도록 격려함.
가르치심 (잘 짜여져서 이해하기 쉽게 진리를 표현함)	영적 전쟁과 정서적 치유에 대해 가르침, 목회자이자 교사; 소규모 그룹을 돌봄, 악한 영을 쫓아내고 제자화함.
예언 (하나님의 말씀을 특정한 상황에서 말함)	상황에 대한 하나님의 판단을 선포함. 성령님이 기사와 이적을 행하시는 카이로스의 시간에 사용하실 레마(rhema)의 말씀을 전함.
하나님의 손	
능력 행함 (하나님의 임재와 능력의 표현)	악한 영들을 쫓아내는 행위 자체가 하나님의 능력의 표현임.

예수 그리스도의 권세 가운데서 성장하라

우리는 그리스도 안에서 지위상의 권세를 갖는다. 이것은 십자가의 보혈을 통한 하나님과의 화해를 기반으로 한다 (엡 2:4-6). 영적 전쟁에서 권세는 그리스도 안에서 우리가 누구인지 아는 것과 하나님의 나라에서 우리의 위치를 아는 것에서 비롯된다. 하나님의 자녀로서 우리는 성령님의 지도 아래 이 권세를 사용하는 법을 배우는 특권을 갖는다. 톰 화이트는 이것을 실제적으로 말해 준다.

> 그리스도 안에서 당신의 위치를 깨달으라. 구원자와 함께 앉는 당신의 진정한 정체성을 생각하라 (엡 2:6). 실제로 당신은 천사들을 내려다 본다. 이 진리를 심사숙고하고 주님의 권세로부터 확신을 받으라. 이것은 긍정적인 생각이 아니라 부활하신 주님과 동일시되는 권세이다.[5]

주님의 권세에 대한 확신은 귀신이 실제로 예수님의 이름에 굴복하는 것을 보는 경험을 통해 더 확실해진다. 이것은 예수님이 제자들에게 하신 일이다. 귀신들을 제압하는 권세를 포함한 권한을 주었다 (눅 10:18-19). 이 동일한 권세가 예수 그리스도를 따르도록 부름받은 우리 모두에게 주어진다.

제자들은 사역을 나가서 실제로 사용함으로 예수님이 약속하신 권세와 위임받은 권한을 시험했다. 놀랍게도 효과가 있었다! 그들은 우쭐대며 돌아와서 이렇게 말한다, "주여, 주의 이름으로 귀신들도 우리에게 항복하더이다" (눅 10:17). 예수님은 재빨리 그들에게 이 권세가 귀신들을 물리치는 데 중요하긴 했지만, 핵심은 그들의 이름이 생명책에 기록되어 있는 것임을 다시 한 번 일깨워 주셨다. 우리도 구원의 반석에 굳건히 서고 귀신들이 쫓기는 것을 직접 경험하게 되면, 예수님의 권세에 대해 더 큰 믿음을 갖게 될 것이다. 한 가지 명심할 것은 귀신을 물리치는 데 자기 확신이 커지는 것은 위험하다! 오히려 하늘과 땅의 모든 권세를 받으신 예수 그리스도를 믿는 믿음

 마음의 숨겨진 상처를 치유하시는 예수님 성령님과 치유 사역

이 더 확고해져야 한다.

팀과 함께 일하라

마지막으로, 그리스도의 사랑으로 하나 되고 서로 깊이 신뢰하는 사람들과 한 팀으로 일하는 것이 필요하다. 팀원들은 은사를 받은 서로의 영역뿐만 아니라 약점도 알아야 한다. 서로를 위해 기도하면서 성령님 안에서 함께 행해야만 한다. 이런 사랑과 신뢰의 결속이 없다면 귀신은 팀 안에 분열과 다툼을 일으키는 공격을 당연히 할 것이고, 성공할 것이다.

팀은 다양한 은사와 좀더 복잡한 영적 무기고를 제공할 것이다. 축귀를 위한 기도도 내적 치유를 위한 기도처럼 종종 복잡한 과정이고, 여러 가지 영적 은사와 인간의 재능을 요구할 것이다. 예를 들어, 어떤 팀원은 자신의 내적 상처 때문에 묶여 있는 사람에게 깊은 동정심을 줄 수 있을 것이다. 다른 사람은 중보 기도자의 역할을 감당해서 엄호하는 기도를 해 줄 수도 있다. 지식의 말을 하거나 기도의 방향을 안내해 줄 분별의 은사가 있는 사람도 있다. 또 방언으로 기도하거나 성령님이 기도하시고 일하실 수 있는 통로가 되도록 믿음의 은사를 갖고 있는 사람도 있다. 악한 영들을 괴롭히고 쫓아내는 권세로 성경을 읽도록 특별히 기름부음을 받은 사람도 있다. 내적 치유에 은사를 받아서 악한 영들이 고착되어 있는 기반을 제거하는 사람도 있다.

이런 팀의 인도자는 성령님이시고, 팀원 모두는 성령 충만을 받고 성령님의 인도하심을 받을 수 있어야 한다. 그러나 종종 어떤 사람이 인도자나 "중심 인물"로 기름부음을 받을 것이다. 이 사람을 통해 예수님이 직접 악한 영들과 전쟁을 치루실 것이다. 핵심 인물은 팀원 전체의 지원을 받아 예수님의 권세를 힘입고 귀신들과 직접 싸우는 전장에 들어설 것이다. 주로 악한 영들을 떠나게 하는 예수님의 명령을 소리 내어 말하는 능력을 입을 것이다.

귀신들을 쫓아내면서 상처를 입을 수도 있는가?

어두움의 권세와 전투를 벌이려고 준비할 때에 종종 기도 팀을 혼란에 빠뜨리는 의문이 있다. "중심 인물이나 팀원들이 이런 사역을 하면서 상처를 입을 수도 있을까?" 우리의 경험으로 미루어 볼 때 그렇다. 실제로 부상을 당할 가능성이 있는 진짜 전쟁이다. 그러나 치유 사역에서는 상대적으로 위험도가 낮은 악한 영들을 다루게 된다. 어떤 사람이 당신에게 기도를 부탁했다는 것은 악한 영들의 세력에게 귀신들리는 정도까지는 아니라는 것이 분명하다. 이런 영들은 기도하는 사람에게 영적, 육체적, 심리적 상처를 심하게 줄 수 있을 것 같지 않다. 쟈넷의 이야기에서, 우리는 어떻게 중보 기도자들이 귀신들에게 공격당하며 어떻게 대처해야 되는지를 볼 수 있다.

한 가지 주의할 점은 만약 기도 팀원들이 예수님과 친밀하지 않다면 아무리 위험도가 낮은 귀신들이라 할지라도 상처를 줄 수 있다. 축귀 사역에 동참하는 모든 사람들에게 경고가 되는 스게와의 일곱 아들의 이야기가 신약에 있다. 그들은 실제로는 예수님에게 순종하지도 않으면서 예수님의 이름의 권세로 귀신을 쫓아내려고 하였다. 성경은 비극적인 결과를 보여 준다, "악귀가 대답하여 가로되, '예수도 내가 알고, 바울도 내가 알거니와, 너희는 누구냐?'" (행 19:15). 그들은 벗은 몸으로 피를 흘리며 도망쳤다. 만약 당신이 그들이 한 대로 예수님과 친밀한 관계를 통하지 않고 자신의 힘이나 자만으로 악한 영들과 싸운다면 당신도 상처를 입을 수 있다. 그것도 심각하게 말이다!

초위험 지대: 실제로 사로잡힌 증상들

실제 위험에 대한 더 심각한 경고는 이것이다: 악한 영에 사로잡히는 사람이 아주 강력하고 위험한 악한 영들과 얽힐 수 있는 활동 무대이다. 축사와 축귀 사이에는 결정적인 차이가 있다. 악한 영들과 싸우게 되는 축귀 사역에서 기도받는 사람은 자신의 의지를 통제하고 자발적으로 도움을 구할 것이다. 축사에서 악한 영들에게 사로잡힌 사람은 의지의 자유를 잃고, 악한 영들 때문에 도움을 구하지 못한다.

억압과 사로잡힘 사이의 차이점을 구별하는 데 도움을 주기 위해, 말라기 마틴(Malachi Martin)이 요약해 놓은 실제로 악한 영에게 사로잡힌 증상들을 간략히 설명한 것을 보겠다.

대부분 가족들이나 친구들이 남자나 여자, 때로 어린 아이들을 데려와 교회의 권세를 주목하게 하면서, 축사를 위한 조사가 대

개 시작된다. 악한 영에게 사로잡힌 사람들이 자진해서 오는 경
우는 아주 드물다.

악한 영에게 사로잡힌 사람들의 이야기들은 아주 극적이고 고
통스럽다: 이상한 육체의 질병이 있고, 정신 착란이 특징이며, 종
교적인 대상이나 장소, 사람들, 의식의 모든 표식이나 상징, 언
급, 보는 것에 대해 확실한 적대감을 갖고 있다.

가족이나 친구들의 말에 의하면 문제가 있는 사람이 있는 곳에
는 이른 바 심령 현상이 종종 일어난다: 사물들이 방안을 날라다
니고, 벽지가 벗겨지고, 가구가 갈라지고, 도자기 그릇이 깨지고,
분명한 원인도 없이 이상하게 덜컹거리는 소리, 쉿 소리, 소음들
이 있다. 종종 악한 영에게 사로잡힌 사람이 있는 방안의 온도는
확 떨어지기도 한다. 대개는 맵고 코를 찌르는 악취가 그 사람에
게서 난다.

폭력적인 신체적 변모는 때때로 악한 영에게 사로잡힌 사람의
삶을 지옥으로 만드는 것 같다. 평범한 생리 현상과 배출 과정은
이루 말할 수 없이 엉망이고 과장되어 있다. 그들의 의식은 폭력
적인 혐오의 먹물로 완벽하게 가려지는 것 같다. 때로 반사 작용
이 돌발적이고 비정상적으로 일어나고, 한동안 나타나지 않을 때
도 있다. 호흡을 꽤 오랫동안 멈출 수 있다. 심장 박동 탐지가
어렵다. 얼굴은 이상하게 뒤틀려 있고, 세밀한 주름 하나 없이
비정상적으로 팽팽할 때도 있다.[6]

그러므로 축사는 예수 그리스도와 사탄 사이의 엄청난 능력이 부
딪치는 것이다. 내적 치유 기도 사역에서 이렇게까지 사로잡혀 있는
사람과 마주할 기회는 드물지만, 가능성은 있다. 만약 당신이 악한
영에게 사로잡힌 증상을 보이는 사람을 만났을 때는, 실제로 축사의

경험이 있는 사람의 도움과 지시를 구하라. 또한 예수님이 당신이 이 전투에서 싸우기 원하시는지 확실히 해 둘 필요가 있다. 예수님의 분명한 부르심 없이 발을 내딛는 것은 예수님의 권세와 도움 없이 심각한 영적 전쟁에 뛰어드는 것이다. 절대로 그러지 말라!

축귀 사역의 단계들

인간을 자유하게 하는 전쟁에서 성령님이 악한 영들과 싸우시는 방식이 있는 것처럼, 악한 영들도 일정한 전략과 행동 양식이 있다. 예수님의 군사인 우리 또한 성령님이 우리에게 기대하시는 정해진 역할이 있을 것이다. 우리는 악한 영들과 수없이 마주치면서 성령님이 전투를 이끄시는 단계들을 아래와 같이 요약해 볼 수 있었다. 세상의 전쟁처럼 이 단계들은 서로 연관되어 있고 순서대로 일어날 수 있지만, 반드시 그런 것은 아니다. 축귀 사역을 위해 부르심을 받은 자들은 이것을 철저히 익히면 아무리 까다로운 전쟁이 도전해 와도 완벽하게 적응할 수 있다.

1. 악한 영들에게 놓임받을 사람의 준비: 예수 그리스도 안에서 굳건한 기초를 마련하는 것—영적 전쟁에 앞서 진리와 만나라.
2. 그 사람 내면에 실제로 악한 영이 있는지 분별하라.
3. 악한 영들에게 굴복한 기반을 밝혀내라.
4. 고백과 용서와 치유를 통해 기반의 진입구를 제거하라.
5. 악한 영을 그 사람에게서 내몰기 위해 능력으로 싸우라.

6. 그 사람이 회복되고 치유 과정을 지속하게 하라.

7. 그리스도 안에서 성장하도록 제자를 삼고 가르치라.

성령님이 이 방식을 따라 예수님의 치유 역사가 방해받지 않고 지속되도록 악한 영들과 싸우고 소용돌이 기억 속에서 그들을 쫓아내실 때, 우리는 성령님과 함께 협력하는 법을 배워야만 한다. 각 단계를 수고로이 설명하기보다는 각 단계를 규명할 충분한 지식을 주고, 예수님이 쟈넷을 악한 영들에게서 자유하게 한 과정을 따라가 볼 것이다. 축귀에 대해 정해진 지침이 아니라 악한 영들과 싸우는 당신만의 독특한 전쟁으로 인도하시는 성령님을 신뢰하는 법을 배우게 하려는 것이다.

복습을 위한 질문

1. 이 장을 읽고 난 후 당신은 어떤 기분이 드는가? 그 일에 임하고 싶은가 아니면 도망하고 싶은가?

2. 당신의 인생에서 예수님의 권세로 어두움을 이긴 때는 언제인가?

3. 이런 기도 사역에서 당신이 노출되거나 공격을 받아도 두렵지 않도록, 성령님이 소명을 주신 특별한 일은 무엇인가?

축귀를 위한 기도

쟈넷의 내적 치유를 위해 기도했을 때 우리는 귀신들이 그 과정을 방해하고 있는 게 아닌가 의심이 들기 시작했다. 그녀가 여덟 살 때 성적 학대를 당한 기억을 되찾은 후에 우리는 치유 과정에 갇혀서 앞으로 나아갈 수가 없었다. 게다가 쟈넷은 귀신에게 억눌리는 여러 가지 증상들을 보였다. 우리의 주목을 끈 것은 그녀의 눈에 순간적으로 비치는 악의 모습과 자신 안에 자기가 아닌 뭔가가 있다는 그녀의 고백이었다. 이 모든 증상뿐만 아니라 12년 동안 치료를 받았지만 별 효과가 없었다는 실망스러운 사실도 있었다. 그녀는 여전히 곰 인형에 매달려 있었다.

브래드: 나는 성령님이 내 영혼에게 임박한 영적 전투에 대해 경고하시는 것을 느꼈다. 나는 기대를 가지고 지원을 요청했다. 쟈넷의 남편, 그녀의 교회 목사, 나의 아내 로라 (안수받은 목사임), 포샤 그리고 조안(Joanne)이 팀에 합류했다. 각지에 흩어져 있는 중보 기도자들에게도 알리고 우리가 기도하는 동안 우리를 위해 기도해 달라고 부탁했다. 우리 교회 리차드 목사에게는 상황을 알리고 도움이 필요하면 전화하겠다고 했다. 쟈넷의 담임 목사와 우리 교회 목사의 감독을 받는 것은 우리를 지역 교회의 울타리 안에 두는 것으로 중요했다.

1단계: 자유하게 하기 위한 준비

축귀 사역은 귀신에게 시달리는 사람이 의지적으로 그 과정에 참여할 때 가장 효과적이므로, 우리는 조심스럽게 당사자인 쟈넷에게 동참하라고 설명했다. 또한 온전한 협조를 구하면서 내면에서 일어나는 일을 말해 달라고 했다. 그녀는 우리의 말을 듣고 겁에 질려 있었다. 그렇지만 "난 오랫동안 묶여 있었어요. 자유롭고 싶어요! 더 이상 상처받는 것, 대가를 치루는 것은 상관하지 않아요"라고 대답했다. 그녀의 남편 역시 우리가 계속 하도록 허락했다.

그들의 동의를 얻은 후에, 우리는 예수 그리스도 안에서 견고한 기초를 만들기 시작했다. 영적 전투가 벌어지기 전에 먼저 진리와 만나야 했다.[1] 그 준비는 다음의 네 가지 필수 요소를 갖추어야 한다:

1. 악한 영들의 열린 진입구를 점검하면서 그 사람의 인생을 체계
   적으로 검토하라.
2. 다른 사람 앞에서 죄를 고백하라 (약 5:16).
3. 예수 그리스도에 대한 믿음과 헌신을 거룩하게 표현하는 것이
   종종 매우 중요하다. 예를 들어, 세례를 재확인하는 의미에서
   기름을 바른다든지 물을 뿌릴 수 있다. 공개적인 믿음의 확인
   으로써 세례는 그 사람이 예수 그리스도께 속해 있으며 악한
   영들의 기반이 제거되었음을 확증한다.
4. 성령 충만을 위해 기도하라. 특별히 악한 영들을 처리하는 능
   력과 권세가 있는 사람에게 부탁하라.

준비 과정을 진행하자 즉시 악한 영들이 동요하기 시작했다. 쟈넷
에게 예수 그리스도를 믿는 믿음을 재확인하고 공개적으로 예수그리
스도만 따를 것을 고백하라고 하자 악한 영들은 흔들렸다. 그리고
나서 나는 물 한 잔을 가져와서 다시 세례를 받으라고 했다. 그녀는
가까스로 말을 내뱉을 수 있었다, "정말 이상해요! 내 안에 예수님을
미워하고, 또 내가 예수님을 사랑하고 따르겠다고 말하는 것을 막는
무슨 세력이 있어요. 마치 머리 속이 느려지는 것 같아요. 생각하고
말하는 게 정말 힘들어요." 우리는 그녀에게 안수하고 그녀가 예수
그리스도께 속해 있음을 확인했다.

2단계: 내면에 악한 영이 있는지 분별하라

우리는 이미 쟈넷에게 귀신들이 붙어 있음을 확신했다. 증상들이

충분히 보였다. 그러나 이 모든 것이 그녀의 의식 속에 침투하여 행동에 영향을 주는 상처투성이 소용돌이 기억에서 오는 것일 수도 있었다. 지식의 말씀을 성령님으로부터 받고 이성적으로 증상을 유추한 것은 잘 시작한 것이지만, 객관적인 증거로 확인할 필요가 있었다. 확인을 위해서는 맨 처음 맞닥뜨리는 능력을 분별하는 것이 필요하다. 악한 영들은 예수 그리스도의 권세로 성령님의 인도하심을 따라 전투에 끌려나오고, 그 사람의 인격이나 엮여 있었던 소용돌이 기억 속에서 분리될 수밖에 없다. 악한 영들은 그 사람 속에 적극적으로 숨어 있고, 의도적으로 인격의 한 부분으로 가장하기 때문에 이것이 필요하다. 귀신의 이런 모습을 "위장"이라고 부른다.[2] 귀신들을 공개적으로 드러나게 하여 이 위장을 벗겨서 그들이 정말 그 사람 안에 붙어 있는지 아닌지 확인한다. 또한 사탄을 예수 그리스도와 싸우도록 전쟁터로 내몬다. 예수 그리스도는 중보자로 기도하는 당신을 통하여 역사하시면서 그들을 쫓아내실 것이다.

이 일을 위해, 나는 포르노로 고심하던 선교사 피터에게 했듯이, "똑똑. 거기 누구 있어요?"를 해 보았다. 이번 결과는 아주 달랐다. 악한 영은 어떤 것이든지 간에 모습을 드러내라고 명령했을 때, 이질적이고 악한 존재의 표시가 즉각적으로 정확히 나타났다. 쟈넷은 고통으로 기진하면서 음산한 소리를 내기 시작했다. 그녀는 내 눈을 똑바로 볼 수 없었고 계속 피했다. 나는 계속해서 그 영에게 나타나라고 명령했고, 기도 팀은 성령님 안에서 기도했다. 마침내, 나는 "쟈넷! 내면에서 무슨 일이 일어나고 있죠?"라고 물었다.

그녀는 안간힘을 쓰면서 대답했다, "내 안에 나와 예수님을 미워

 마음의 숨겨진 상처를 치유하시는 예수님　성령님과 치유 사역

하는 뭔가가 있어요. 지금 상황을 불쾌해 하고 싸우기 시작해요." 또한 그녀는 자신을 노려보는 무시무시한 뒤틀려진 악한 얼굴과 그녀의 마음속에 침투해 있던 왜곡된 성적 이미지들이 출렁거리는 것을 볼 수 있었다.

나는 악한 영들을 예수님의 이름으로 묶고, 이 방에서 쟈넷과 다른 사람들을 더 이상 괴롭히지 말라고 명령했다. 그리고 나서 아내에게 골로새서 2장 15절과 예수 그리스도께서 십자가에서 마귀를 이기신 다른 구절들을 읽어 달라고 부탁했다. 아내가 성경을 읽자 쟈넷의 고통은 심해졌다. 갑자기 변화가 생겼다: 우리는 더 이상 쟈넷을 상대하는 것이 아니었다. 그녀를 통해 말하고 행동하는 귀신을 직접 대면한 것이다. 우리 모두는 더럽고 이질적이며, 살아 있으나 죽어가고 있는 무언가의 존재를 느꼈다. 포샤는 그 경험을 "혐오 그 자체였어요! 사악하고 끈적거리는 뭔가가 방에 들어와서 마치 샤워를 해야할 것만 같았어요"라고 말했다.

나는 계속해서 말했다, "예수 그리스도의 이름으로 네게 명하노니, 네 이름을 말하라." 쟈넷의 음성은 아니었지만 그녀의 음성처럼 대답했다, "내 이름은 네 알 바가 아니다! 네게 말할 필요가 없어." 그리고 나서 쟈넷은 구역질을 하면서 숨이 막히기 시작했다. 귀신이 쟈넷의 인격 속으로 숨어버린 듯 했다. 자매들이 쟈넷에게 손을 얹고 성령님 안에서 기도했고, 나는 귀신에게 그녀를 그만 괴롭히라고 명령했다.

이런 모습들이 그치자, 우리는 쟈넷에게 무슨 일이 일어나고 있는지 물었다. 그녀는 멀리서 무슨 소리가 들리긴 하지만 무슨 말인지는 모르겠다고 했다. 그녀는 내면에서 뭔가가 후벼 파고 있는 듯한 엄청 난 통증을 겪고 있었다. 그녀는 또한 탈진해 보였다. 포샤가 잠깐 쉬 자고, 우리 모두 휴식이 필요하다고 했다. 나는 이미 전투를 시작했 기 때문에 멈추고 싶지 않았지만, 나 또한 지쳤고 악과 싸우면서 흥 분해 있음을 알았다. 우리 모두는 휴식을 취했다.

팀원들이 화창한 가을날에 바깥에서 모였다. 또 다른 세계로 나온 것 같았다. 우리는 지금까지 일을 간단히 이야기하고, 서로를 위해 기도하고, 이제 해야 할 일을 알게 해 달라고 간구했다. 쟈넷의 남편 은 그녀 옆에 머물면서 그저 그녀를 안아 주었다.

신디: 이쯤에서 조금은 당황했을 당신을 위해, 축귀 사역이 항상 이렇게 극적이고 극단적인 것은 아니라는 것을 말하고 싶다. 위장을 벗기고 악한 영을 노출시키는 것은 종종 훨씬 더 비폭력적이거나 아 니면 아예 폭력 같은 것은 없을 수 있다. 그러나 확실히 하기 위해서 는 이질적이고 악한 존재가 내면이나 외부에 드러날 필요는 있다. 때때로 그것이 미묘하게 기도받는 사람의 눈에 어른거리는 것을 보 기도 한다. 내면에서 어떤 변화가 있다면, 당사자가 말해야만 한다. 대개는 내면에 이런 현상이 나타났다는 것을 확인할 수 있는 표시가 외부에도 나타날 것이다.

예를 들어, 내가 기도했던 한 여인은 그녀 안에 있던 악한 영이 드러나지 않았을 때, 왼쪽 어깨에 약한 통증을 느꼈다. 그 영에게 떠 나라고 명령하자, 그 고통은 사라졌다. 이것은 악한 영과 대면하고 쫓아낸 건지 아닌지 확인하는 연극이 아니다. 확인은 그 후에 그 사 람에게 일어나는 변화로 할 수 있다.

 마음의 숨겨진 상처를 치유하시는 예수님 성령님과 치유 사역

3단계: 어떻게 악한 영들이 접근했는지 발견하라

브래드: 악한 영들이 쟈넷 안에 있다는 것을 결정적으로 확인한 이후에, 우리는 악한 영들의 접근을 허락한 부분, 악한 영들에게 굴복되어 있는 영역이 어딘지 밝힐 필요가 있었다. 악한 영들은 항상 그럴 만한 이유가 있기 때문에 그 사람 안에 있다. 그들은 초대받았기 때문에 거기에 있을 적법한 권리가 있었고, 그들이 들어갔던 진입구가 폐쇄되어 초대가 무효가 되기 전까지 머물 수 있다. 만약 당신이 그 기반을 먼저 제거하지 않고 악한 영들을 불러낸다면 악한 영들은 수없이 나타나고 그 사람은 엄청난 고통을 받겠지만, 실제로는 떠났는지 확신할 수 없을 것이다. 심지어 악한 영들이 떠났을 때도, 원래 진입구는 그대로 있기 때문에 그것이 일시적일 때도 있다.

쟈넷의 삶에서 악한 영들의 기반을 분별하기 위해 우리는 그녀와 성령님과 대화하기 시작했다. 우리는 귀신들에게 어떻게 들어가게 되었으며, 왜 하나님의 자녀를 계속 괴롭히는지 말하라고 명령했다. 이런 대화 중에 우리는 악한 영들의 강력한 저항을 받았다. 그들이 쟈넷을 너무나 괴롭혀서 계속 진행하기가 어려운 때도 있었다. 그러나 그녀는 그녀를 자유하게 해 달라면서 용기 있게 계속 밀어붙였고, 그녀 안에 깊이 들어오시도록 성령님을 초청했다.

약 한 시간 동안 기도하고 대화한 후에, 악한 영들이 잡고 있는 영역의 복잡한 그림이 떠오르기 시작했다. 우리는 그녀를 폭행한 소년들을 통해 귀신들이 들어왔다고 유추했다. 게다가, 소용돌이 속에 갇혀 있었던 분노, 상처, 용서하지 않은 것들이 생생하게 떠오르고 되살아났다. 더 나아가, 쟈넷은 굉장히 당혹해 하면서 십대 때 난잡한 성 생활을 했었다고 고백했다. 또한 고백하지 않은 최근의 성적 범죄도 있음을 암시했다.

4단계: 진입의 근거를 제거하라

진입의 근거를 제거하는 것은 복잡한 과정일 수 있으나 성급히 해서는 안 된다. 때때로 그 기반은 내적 치유를 통해 제거될 수 있다. 쟈넷의 경우에 우리는 그녀를 성 폭행했던 소년들과 얽인 영적인 묶임을 체계적으로 깨뜨렸다. 또한 그 관계를 통해 들어온 그 어떤 악한 영들도 더 이상 아무도 해할 수 없음을 명령했다. 그 시점에서 쟈넷은 자신의 성적 범죄를 다루어야만 했다. 나는 형제들에게 나가 있으라고 부탁했고, 자매들만 그녀와 있으면서 악한 영들에게 굴복된 지경을 회복하기 위해 고백의 시간을 더 오래 갖도록 했다.

고백의 시간에 종종 귀신들린 현상이 나타나서 메스꺼움과 현기증이 나게 하고 눈을 맞출 수 없게 해서 방해한다. 자매들은 쟈넷을 위해 계속 기도했고 점차 귀신들은 방해를 멈추었다. 그들의 장악력이 약해지기 시작한 듯 보였다.

5단계: 능력 대결: 악한 영들을 쫓아내라

휴식을 취하고 나서 그 날 저녁에 우리는 큰 전쟁을 예감하면서 다시 모였다. 이 전쟁을 위해 나는 성령 충만한 중보 기도자가 훨씬 더 많이 있었으면 했다. 이 시간 바로 전에 나는 개인적으로 준비하려고 기도와 고백의 시간을 가졌다.

쟈넷이 도착했을 때, 그녀는 지극히 평범해 보였다. 그녀 안에 악한 영들이 있을 수 있다는 생각 자체가 정신 나간 것처럼 보였다. 우리는 이 땅에 오셔서 죽으시고 부활하신, 특히 십자가 위에서 사탄을 물리치신 예수님을 찬양하면서 시작했다. 우리 모두에게 성령 충만을 달라고, 악한 영들을 쫓아내기 위해 필요한 은사들을 부여해 달라고 기도했다. 또한 예수님이 임재하셔서 귀신들을 물리쳐 달라고 기도했다. 우리들을 지켜 주시고 우리가 사랑하는 모든 사람들도 보호해 달라고 기도했다.

우리가 기도하고 하나님을 찬양할 때, 쟈넷은 흥분하기 시작했고 내면에서 악한 영들이 동요하며 올라오기 시작했다고 말했다. 인도자로서 나는 다음과 같이 명령하면서 악한 영들과 싸우기 시작했다:

· 너는 그리스도께 패한 적이다....이것을 명심하라—너는 이 생명에게서 떠나라.[3]

· 네 위에 어떤 지배자와도 너는 끊어져라....네가 받은 어떤 명령도 철회하고 취소한다.[4]

· 네가 머물러 있을 권리를 박탈한다.[5]

· 이 생명에게 있는 예수 그리스도의 적들은 모두 가장 높으신 권세 아래 둔다—모든 악한 영은 이 몸의 한 곳에 모이라.[6]

우리는 이 단계에서 악한 영들을 구체적으로 알 수는 없었다. 그저 다수가 있는 듯 보였다. 그래서 악한 영들을 하나씩 처리하면서 정체를 알려고 시간을 보내기보다는 그것들을 한 군데로 묶으면 같이 제거할 수가 있었다. 쟈넷의 경우에, 악한 영들을 그녀의 배로 모이게 명령했다. 그러자 그녀는 바닥에 뒹굴기 시작했다. 기도 팀의 자매들은 그녀의 배에 손을 얹고 방언으로 기도하면서 악한 영들에게 떠나라고 명령했다. 기도하는 동안 그들은 손을 목으로 가져갔다. 그러자 귀신들은 나가지 않으려고 저항했고 쟈넷은 숨이 막혀 구역질하기 시작했다. 그러는 내내 기도 팀은 성령님 안에서 계속 기도했고, 악한 영들에게 예수님의 이름으로 떠나라고 명령했다.

악한 영들을 쫓아내기 위해 사용했던 명령들은 다음과 같다:

- 예수 그리스도의 권세로 명하노니, 너는 지금 이 생명에게서 떠나라. 너를 쟈넷의 영과 정신과 몸에서 분리하노라. 쟈넷이나 여기 있는 누구도 해하지 말고 빨리 떠나라. 너는 돌아올 수 없다.[7]
- 예수 그리스도가 성령님의 말과 그의 종의 말로 명하는 곳으로 지금 가라. (누가복음 8장 31절에 언급된 장소인 "무저갱"을 지목하기를 바랄 수도 있다.)[8]

악한 영들을 제거하는 것은 그들과 소리치며 싸우는 것이 아니다. 오히려, 이 명령들은 예수님의 권세로 명해진다. 톰 화이트는 악과 싸우는 이런 분위기를 "…악한 영들에게서 나오는 격양되고 감정적인 고함이 아니라 조용하고 절제된 밀어내기이다. 예수 그리스도를 믿는 굳건한 믿음에 뿌리를 내린 직접적이고 단호하며 기름부음받은 권세가 악의 능력을 깨뜨린다"라고 묘사한다.[9] 우리가 기도했을 때, 수많은 영들이 쟈넷을 떠나는 듯 보였다. 나중에 그녀는 말했다. "배와 목에 큰 거미들이 기어다니면서 나를 숨막히고 구역질 나게 만드는 것 같았어요. 그들이 떠났을 때, 왁자지껄한 목소리가 멀리 사라졌어요."

쟈넷은 앉아 있으려고 해 보았지만 너무나 지쳐서 누웠다. 축귀를 위해 언제 기도를 시작하고 언제 멈출지 아는 것은 매우 중요하다. 한 떼의 악한 영들을 처리했고 더 이상 나타나지 않는 것 같아서 우리는 잠시 쉬기로 했다. 쟈넷이 지쳤기 때문에 이런 결정을 내렸다. 그녀의 몸과 감정이 격양된 상황에 반응하고 조짐을 보이기 시작하는 것을 볼 수 있었다. 배와 목에 경련이 일어나기 시작했다. 만약 우리가 계속 그녀를 밀어붙인다면, 히스테리를 일으키는 상황이 될 수도 있었다.

한 시간쯤 후에 돌아와 보니 쟈넷은 행복하고 평안했다. 그 때, 우리는 축복과 정결을 위해 기도했다. 성령님께 귀신들이 남기고 간 모든 자리를 채워 달라고 간구했다. 쟈넷의 안정된 상태와 성령님의 인도하심을 보면서 우리는 일단 멈추고 나중에 내적 치유로 돌아가야 할 것 같았다.

쟈넷의 내적 치유와 상담 과정이 실제로 진전을 보인 것은 그 악한 영들에게 해방되고 나서였다. (이것은 이미 앞장에서 말한 바 있다.) 그 과정이 너무나 극적이어서 그녀의 치료사가 나에게 전화를 했다. "당신이 어떤 방법을 썼는지는 모르겠지만 쟈넷처럼 이렇게 빨리 완벽하게 좋아지는 환자는 본 적이 없습니다. 12년 동안 아무런 진전도 보이지 않았던 치료가 갑자기 효과를 보이기 시작했습니다."
나는 귀신들이 그의 과학적인 세계관에는 어울리지 않는다는 것을
알았다. 그래서 그에게 감사했고, "갇힌 자를 놓아 주시는" 예수 그
리스도께 감사드렸다.

최후의 대결!

최후의 전쟁은 1년 후에 있었다. 쟈넷은 잘 회복되어 성령님이 큰
능력으로 행하시는 두나미스 집회에 기도 팀으로 참석했다. 그러나
행사 도중에, 그녀는 신디와 나에게 말했다, "나는 뭔가 내면에서 휘
젓고 있는 것을 느껴요. 여덟 살 때 그 나무에 묶였던 때보다 더 어렸
을 때 학대받은 기억이 나기 시작했어요. 그리고 다시 주님께 나아가
길 저항하는 세력이 커져요."

우리는 기도 팀을 모으고 "똑똑. 거기 누구 있어요?"를 시작했다.
쟈넷의 배가 아니라 눈에 뭔가 다시 나타났다. 내가 나오라고 명령하
자, 마치 쟈넷은 거기 더 이상 없는 듯 했다. 악한 존재가 그녀를 통
해 나를 노려보았다. 우리는 그녀가 세 살 때 겪었던 학대와 버림받
음과 연관이 있었던 진입구를 처리했다. 또한 악한 영들의 정체도
알았고, 그 이름을 부르면서 나가라고 명령했다. 이 모든 노력에도
불구하고 귀신들은 순순히 떠나지 않았다. 나는 팀에게 성령 안에서
찬양해 달라고 부탁했다. 우리는 성경을 읽고 예수 그리스도의 이름
으로 더 명령했다. 그러나 그들은 여전히 떠나지 않았다. 나는 귀신
에게 어떻게 여전히 거기에 남아 있을 수 있는지 말하라고 명령했다.

그것은 의도적으로 피했다.

공격은 우리를 향해 시작되었다. 방안에서 뭔가 초자연적인 것이 우리를 위협하며 공격적으로 움직였다. 나는 쟈넷 안에 있는 그것과 정면으로 눈을 맞추었다. 예수님의 이름으로 지켜 달라고 기도했고, 성령님은 나를 통해 쏟아져 나오는 방언으로 기도하셨다. 나는 예수님이 쟈넷의 중보자로서 이 전쟁에 들어가라고 부르신다는 것을 알았다. "우리를 궁지에 몰아넣으면 나는 널 죽일 거야!"라는 소리가 들리는 듯 했을 때, 두려움의 파도가 나를 덮쳤다.

그 순간 나는 내 가슴이 점점 눌리는 것을 느꼈다. 나는 숨을 쉬려고 버둥거렸다. 내 영혼으로 기어들어오려는 보이지 않는 사악하고 더러운 것이 있었다. 쟈넷의 여성성을 이용해 나를 성적으로 공격해 왔다. 내 안에 들어오려고 한 것은 전혀 성욕을 자극하지 않았다. 오히려 그것은 나를 먹어버릴 듯한 지독한 기세였다. 갑자기 왜곡된 성의 모습, 뒤틀리고 조소하고 아우성치는 얼굴들이 내 마음속에 생생한 형상으로 나타났다. 나는 공격을 받으면서 팀원들에게 나를 위해 기도해 달라고 부탁했다. 몇몇 팀원들은 급히 내 머리에 손을 얹고 예수 그리스도의 피로 나를 지켜 달라고 간구했다. 나는 이것에서 눈을 뗄 수 없었고 계속 공격해 나갔다. 성령님이 나를 통해 소방 호수처럼 기도하시는 것을 느꼈고, 믿음과 권세가 커지면서 귀신들에게 예수 그리스도의 이름으로 나가라고 계속 명령했다. 내 가슴을 짓누르던 것이 차차 약해지기 시작했고 나는 성령님이 다시 공격하신 것을 알았다.

신디: 그러나 그 공격이 끝난 것은 아니었다. 그 귀신은 공격을

나에게 돌렸다. 그런 것은 난생 처음 겪는 일이었다! 육체적인 감각이나 브래드가 가졌던 끔찍한 형상은 없었다. 그러나 그만큼 나빴다. 갑자기, 절망과 낙심의 물결이 나를 깊이 삼켜서 그 방을 뛰쳐나가 숨고 싶었다. 내 마음은 나의 모든 단점과 실패의 기억들로 뒤덮였다. 내 마음속에 비난의 목소리가 들렸다, "지금 네가 뭘 하고 있는지 모르지. 지금 여기서 나가라. 하나님은 널 이런 사역에 절대 쓰지 않으실 거야. 넌 실패자이고 모든 사람이 그걸 알고 있어!" 나는 그 물결에서 벗어나려고 발버둥쳤지만, 지고 있다는 기분이 들었다. 기도 팀이 브래드를 위해 기도하고 났을 때, 나는 누군가에게 기도를 부탁했다. 나는 울고 있었다. 그래서 더 당황스럽고 부끄러웠다. 팀은 나를 위해 기도했고, 점차 어두움과 수치감은 사라졌다. 동시에 쟈넷의 눈에 보이던 게 사라졌고, 쟈넷은 정신을 차렸다. 우리를 누르던 압박감은 사라졌고, 모든 것이 정상으로 돌아왔다. 마치 우리 모두가 집단 악몽에서 깨어난 것 같았다. 귀신은 사라졌다. 우리는 예수님께 감사드리고 성령 안에서 찬양하기 시작했다.

이 큰 귀신을 처리할 적절한 시점

축귀 사역을 맨 처음 시작했을 때, 이 귀신은 어디에 있었는가? 우리는 축귀가 계속 심화되는 과정임을 거듭해서 알게 되었다. 성인아이에 대한 가르침과 소용돌이 기억이 어떻게 사람의 정신 세계에서 다양한 차원으로 있을 수 있는가를 생각해 보라. 이것은 어떻게 귀신이 한 사람 안에 숨어 있을 수 있는지 또는 어떻게 그 진입의 근거가 있는

 마음의 숨겨진 상처를 치유하시는 예수님 성령님과 치유 사역

특정한 소용돌이 기억을 건드리는 내적 치유의 과정이 있기까지는 귀신을 다룰 수 없다는 것을 이해하는 열쇠이다.

이런 일이 쟈넷에게 일어난 것이다. 그녀가 여덟 살 때 있었던 성적 학대의 소용돌이 기억이 첫 번째 귀신들의 무리의 자리를 만들었다. 이것이 치유되었을 때, 그들은 떠나야 했다. 거의 1년 가까이 기도와 치료를 병행하고 나서야 성령님은 세 살 때로 거슬러 올라가는 또 다른 아픈 기억이 자리 잡고 있는 소용돌이로 이끄셨다. 성령님은 쟈넷이 두 번째 전쟁을 치를 수 있을 정도로 강해졌다는 것을 아셨기에 그 소용돌이로 들어가는 기억을 떠올리게 하셨다.

6단계: 그 사람을 회복시키고 치유 과정을 지속하라

강력한 귀신의 존재와 이러한 전쟁을 치른 후에 쟈넷은 강력한 기도가 필요했다. 그녀는 더러운 것이 그녀를 떠났지만 여전히 불결한 것처럼 느꼈다. 그것은 그녀의 성적 죄악을 무성하게 하고 치유를 방해했었다. 우리는 그녀의 정결함을 위해 기도하고 기름을 부었다. 그 이후 두나미스 집회 3일 동안 그녀는 야외 호숫가에서 남편과 거닐며 많은 시간을 보냈다. 자연의 아름다움과 견고함은 그녀를 회복시켰다. 그러나 그녀를 이끌고 성숙하게 한 것은 바로 예배였다.

그녀는 말했다, "예배가 하나님이 계시는 투명하고 깨끗하고 생명이 넘치는 강 같았어요. 가장 멋진 일이었죠! 최근 몇 년 동안 예배를 드렸지만, 항상 하나님을 거부하는 뭔가가 내 안에 있었어요. 이제 모든 저항은 사라졌어요! 나는 온전하게 하나님의 사랑과 기쁨의 품

안에 안기는 것을 느껴요."

기도 팀 또한 정결함과 회복이 필요했다. 귀신과의 직접적인 싸움은 영혼을 시들게 할 수 있다. 우리의 순수함은 약탈당하고 우리의 영혼은 지옥의 손가락에 공격당했다. 불결한 기분이었다. 또한 우리는 사탄과 지옥과 저주가 실체임을 진정으로 알게 되었다. 동시에 예수 그리스도를 믿는 확고한 믿음이 이런 악과의 전쟁에서 생긴다. 이런 전쟁에서 우리는 예수님이 죽음과 마귀를 정복하시는 유일한 분이며 생명과 자유함의 유일한 길임을 보게 된다.

7단계: 제자가 되고 그리스도 안에서 자라가라

쟈넷에게 축귀의 마지막 단계는 그녀의 남은 생애 동안 계속될 것이다. 예수님의 제자로 예수 그리스도 안에서 성장하는 것이다.

마지막 결전 후 몇 달 동안, 쟈넷은 우울증을 느꼈다. 그녀는 더 많은 기도를 부탁했지만 우울증이 사라지지 않았다. 우리는 귀신이 또 있나 점검했지만 아무 것도 나타나지 않았다. 그래서 우리는 쟈넷에게 영의 세계뿐만 아니라 의학 세계도 잘 아는 그리스도인 심리학자를 소개해 주었다. 적절한 약을 쓰자 쟈넷의 우울증은 사라졌고 전체적으로 성장하기 시작했다. 우리는 치유가 전 인격을 받아들이는 다면적인 과정이라는 것을 마지막으로 확신하게 되었다. 일반적으로 신과 인간 사이에, 영의 세계와 물질 세계에는 상호 연관성이 있다. 의학과 성령님이 주시는 초자연적인 도구들을 같이 이용하는 것은 전혀 모순되지 않는다. 사실, 하나님은 우리 모두에게 하나님의 치유 사역을 나눌 수 있는 모든 도구를 주셨다.

이제 쟈넷은 치료받는 것을 그만 두었다. 내적 치유를 위한 기도도 더 이상 필요하지 않다. 교회에서 적극적으로 활동하고 있고, 내적 치유가 필요한 사람들을 위해 정기적으로 기도회에 참석한다. 그녀는 예수 그리스도가 생명과 자유의 길임을 알고 있다.

그녀의 이야기를 끝마치기 위해 우리는 쟈넷의 자유함이 예수님이 창조물을 향한 하나님의 본래의 비전을 회복하시는 더 원대한 과정의 일부였다는 사실로 돌아가야만 한다. 축귀는 내적 치유 과정을 지속할 수 있도록 악한 영들을 제거했다. 이 모든 것이 쟈넷을 사랑하시고 제자로 부르신 예수 그리스도의 은혜와 능력에서 흘러나왔다.

복습을 위한 질문

1. 이 장에서 말하고 있는 것과 비슷한 일을 경험한 적이 있는가? 어떤 일이 있었는가? 그 일에 대해 어떤 인상을 받았는가?

2. 우리는 그들의 강도(强度)를 혼란스럽게 하는 몇 가지 실례를 사용했지만, 그것은 근거가 있는 것이다. 이 이야기들에서 예수 그리스도의 능력과 권세가 역사하는 것을 볼 수 있는가?

3. 주님이 당신을 "사로잡힌 자를 자유롭게 하는" 사역으로 부르고 계신가?

내적 치유와 축귀를 통합하라

모든 형태의 치유 역사는 사람으로부터가 아니라 하나님으로부터 온다. 치유는 예수 그리스도와 성령님을 통해 하나님 아버지가 역사하셔서 창조물을 향한 원래의 비전을 회복하시는 것이다. 예수 님이 인류에게 역사하시는 치유의 역동적인 3단계와 그 결과 치유와 변화가 일어난다는 것은 이미 언급했다. 우리는 성령님이 동일한 3 단계 양식으로 예수 그리스도의 치유 사역에 함께 하라고 우리를 부 르셨음을 확인했다. 마음속에 이 원리를 새기면서, 성령님이 무의식 속에 숨겨진 소용돌이 기억 속에 내재되어 있는 깊은 내적 상처를 어떻게 치유하시는지 더 깊이 살펴보겠다. 이 3단계를 다음의 표로 요약하였다:

예수님의 치유 사역에서 인간에게 역사하시는 3단계
1단계: 예수님은 그 사람과 관계를 형성하셔서 성령님이 일하실 수 있는 환경을 만드신다.
2단계: 예수님과 성령님은 하나님의 나라가 실제로 임하도록 다양한 방법으로 그 사람에게 개입하셔서, 그 결과 치유해 주신다.
3단계: 예수님은 제자로서 믿음과 순종으로 그를 따르라고 초청하시거나 명령하신다.

에릭(Eric; 가명)은 두나미스 집회에서 사역 팀원이었다. 그는 크고 성장하는 교회를 섬기고 있었다. 교회에 치유 사역도 소개했다. 겉으로 보기에 그는 행복하고 성공적이고 능력 있는 것 같았다. 아무도 그가 마음속에 고통스럽고 공허한 공간이 있어서 사람들에게 지나치게 의존하게 된다고는 생각하지 못했을 것이다. 그는 자신의 확신 속에 곧게 서 있으려고 안간힘을 쓰는 "남을 기쁘게 하는 사람"이었다.

에릭은 이것이 자신의 사역에 미치는 영향을 말했다: "난 사람들을 화나게 하고 그들의 지지를 잃을까봐 너무 두려워했기 때문에, 그만큼 나 자신을 착한 남자라고 생각했죠. 그래서 새롭고 창조적인 사역에서 예수 그리스도를 따르는 게 정말 힘들었습니다. 내 안에 공허한 부분은 사랑을 갈망하죠. 이런 나 자신을 알고 있고 또 이런 게 싫지만, 솔직히 말하면, 이것 때문에 기도를 요청하는 일부 자매들과 부적절한 관계에 빠지기 쉬웠습니다. 특히, 날 필요로 하고 내게 관심을 보이는 사람에게는 정말 약했죠."

"내 안에 뭔가가 치유받아야 된다는 것을 압니다. 아버지는 내가 태어나기도 전에 어머니를 떠났어요. 그래서 난 아버지의 사랑을 모릅니다. 수년간 기도하고 상담도 받았는데, 문제의 근원에 접근할 수가 없었죠. 중년이 다 된 내가 애정 문제에 너무나 약하고 내 결혼과 사역을 망칠 수도 있는 어리석은 일을 할 수도 있을 것 같아서 걱정됩니다. 정말로 내 안에 공허한 부분이 치유받기를 원합니다. 앞으로 나가는 것을 가로막는 벽을 대고 막무가내로 달리는 기분입니다." 상세한 내용들이 치유 과정의 1단계에서 나왔다.

치유 기도 사역자로서 에릭은 고백과 용서가 필요하다는 것을 포함해서 치유의 기본적인 요소들을 잘 알고 있었다. 육체에 가시를 갖고 있었던 바울과 같이 에릭은 하나님이 다른 사람들을 내적으로 육체적으로 치유하시는 데 크게 쓰임받고 있었다. 그렇지만 그 자신이 치유를 경험하는 것은 막혀 있었다. 기본적인 영적 원리를 떠올려 보라: *우리가 의도적으로 하나님께 숨기는 것은 하나님이 치유하실 수 없다.* 불행하게도 숨겨진 것을 하나님의 존전 앞에 가져오는 것은 단지 노력만의 문제가 아니다. 에릭은 간절하게 치유받기를 원했다. 그러나 우리가 그의 증상에서 유추했던 상처가 내재된 소용돌이 기억은 손이 닿지를 않았고, 그 자신이 만들어 놓은 망각의 담 아래

 마음의 숨겨진 상처를 치유하시는 예수님 성령님과 치유 사역

감추어져 있었다. 이렇게 의지적으로 하나님께 숨기는 것은 그 때 당시에 만들어진 것이 아니라 에릭이 아픈 경험을 방어할 수 있는 유일한 방법이 망각이었던 어린 시절로 거슬러 올라갔다.

브래드: 내가 에릭에게 이런 내 생각을 설명했을 때, 그는 이렇게 반응했다, "글쎄, 내 잘못도 아닌 상처로부터 나 자신을 보호하기 위해 하나님이 주신 방어기제를 사용했다고 해서 하나님이 날 치유하시길 거절하신다는 것은 불공평합니다!" 사역 팀 모두가 똑같이 느꼈다. 그건 정말 공정하지 못한 것 같았다. 그러나 우리는 하나님의 형상으로 지음받았지만 죄악이 가득한 세상에 살고 있는 것이 사실이다. 이렇게 좌절스러운 상황이 되자 에릭과 기도 팀은 성령님께 도움을 간구하게 되었다.

성령님은 우리의 내적 상처를 어떻게 치유하시는가

우리 마음의 성전에 거하시는 성령님은 예수님의 치유 사역을 방해하는 것들을 독특하게 제거하실 수 있을 뿐만 아니라 그렇게 하길 정말로 원하신다. 우리는 "하나님이여, 나를 살피사 내 마음을 아시며, 나를 시험하사 내 뜻을 아옵소서"(시 139:23)라는 성경 말씀대로 마음의 가장 깊은 곳을 살피시라고 성령님을 초대할 수 있다. 성령님은 우리 안에 내주하시기 때문에 소용돌이 기억의 내용을 알고 계신다. 어떤 거짓말이 소용돌이 속에 얽혀 있는지, 어떤 귀신이 우리의 마음속에 고착되어 있는지 성령님은 아신다. 시간을 초월해서 우리의 시작을 아시는 성령님은 우리의 모든 과거 또한 아신다. 하나님의 마음을 아시는 성령님은 우리가 고백해야할 것, 용서해야 할 사람을 정확히 아신다. 성령님은 우리를 향한 사랑이 크기 때문에 소용돌이 기억이 치유될 수 있도록 깨닫게 되기를 정말 원하신다. 우리가 헌신하여 빛 가운데 행하며 성령님이 우리의 마음을 감찰하시도록 한다면, 성령님은 우리 안에서 역사하셔서 묻혀 있는 소용돌이 기억을 찾아내실 것이다. 그는 다음의 세 가지 방법으로 그것을 알게 하실 것이다.

1. 지식의 말씀과 영감

성령님이 상처받은 사람이나 그 사람을 위해 기도하는 누군가에게 숨겨진 상처에 대해 알려 주실 것이다. 이 계시는 직관, 육감, 꿈 혹은 암시와 같이 다양한 방법을 통해 온다. 이 모든 것이 고린도전서 12장에 열거된 "지식의 말씀"이라는 범주에 해당된다. 우리는 이미 이 성령의 은사가 마음속에 숨겨진 기억을 어떻게 밝히 비추는지 여러 사례를 들었다. 주의할 점은 이런 계시가 마귀에게서도, 우리 자신의 상상으로부터도, 성령님으로부터도 올 수 있다는 것이다. 그래서 계시는 항상 신중하게 구별해야 한다. 만약 어떤 말이나 이미지가 정말로 성령님으로부터 왔다면, 당신이 기도해 주는 사람의 실제 상황과 연관이 있을 것이다. 그래서 내적 치유가 실제로 일어나고 예수 그리스도는 영광을 받으실 것이다.

2. 연상 작용의 고리를 따르라

성령님은 종종 소용돌이 기억에 이르게 할 다리가 될 어떤 이미지나 그림이나 말을 알려 주신다. 그리고 나서 성령님은 14장에 개괄적으로 설명한 기억 덩어리와 기억의 다섯 가지 원칙(유사, 연상 작용, 동일한 거짓이나 진실, 의미 추구 욕구, 귀신 혹은 성령님께 매임)을 따라 일하실 것이다. 알려 주신 것은 이 기억에서 저 기억으로 이동하도록 인터넷의 하이퍼링크와 같은 기능을 한다. 종종 그 사람의 마음속에 더 깊이 들어가서 시간을 거슬러 올라가 기억을 떠올리도록 인도함을 받을 것이다.

예를 들어, 우리가 에릭과 그 아버지와의 관계를 위해 기도를 시작할 때, 그는 그 어떤 접촉도 기억할 수 없었다. 우리가 기도하면서 성령님께 기억나게 해달라고 간구하자, 그는 10년 전에 아버지를 방문했던 실망스러운 기억이 생각났다. 그 아버지는 차가웠고 냉정했으며, 아들에게 아무런 관심도 보이지 않았다. 에릭은 정말 상처받았다. 그는 아버지와 화해하려는 희망을 가지고 접촉을 시도했었다. 그 기억은 20년도 더 된 대학 졸업식에 아버지가 어떻게 나타나셨는지 잊어버렸던 또 다른 기억으로 이어졌다. 그 때도 아들을 슬프고 실망스럽게 했던 차가움과 냉정함이 연상 작용의 고리였다. 이런 과정을 통해 우리는 에릭이 다섯 살 때 아버지로부터 심하게 상처받았던 소용돌이 기억으로 들어갔다.

연상 작용의 규칙을 따라 성령님이 역사하심을 알게 되면 기도 사역자는 성령님이 만들기 원하시는 기억들 사이의 연계성을 주의 깊게 살펴볼 수 있다. 능동적으로 이러한 관계들을 찾고 인도함을 받는 대로 따라가도록 권하며 당신은 이 과정에 참여할 수 있다.

3. 안전하게 기억하게 하라

성령님이 이 세 번째 방법에서 어떻게 역사하시는가를 이해하기 위해서는 12장의 망각 방식을 떠올려보라. 사람은 대부분 억압, 억제, 분열을 통해서 기억을 잊는다. 이런 기제들 하나하나는 그 기억 속에 담겨 있을 수 있는 고통, 분노, 두려움, 죄책감, 혼미의 강렬한 감정들을 방어하는 수단으로 쓰인다. 대부분 이런 망각은 그 사람이 삶의 다른 영역에서 정상적으로 기능할 수 있게 의도적으로 마음이 사용하는 방어기제이다. 외부의 강요에 의한 망각도 있다. 예를 들어, 때때로 환경은 어떤 사람에게 사랑하는 사람의 상실을 슬퍼할 만한 여유를 주지 않는다. 성적 학대와 관련된 상황에서 가해자가 피해자에게 두려움, 상처, 분노, 수치를 표현하지 못하게 하는 일이 드물지 않다. 망각의 이유가 무엇이든 망각이 어떤 도움을 주든지 간에, 우리가 반복해서 보았듯이, 숨겨진 상처는 치유되지 않는다. 그리고 그 상처들이 남아 있는 한, 무의식에서부터 그 사람의 인생을 계속 무너뜨릴 것이다. 게다가, 우리는 빛 가운데 행하도록 지음받았기 때문에 하나님은 이렇게 숨겨진 상처들을 치유하지 않으신다.

성령님은 우리를 무척 사랑하시며 예수 그리스도의 임재로 우리를 채우사 우리의 망각을 이겨내게 해 주실 것이다. 이렇게 하나님은 우리의 마음속에 자신의 사랑을 부으신다 (롬 5:5). 예수님의 사랑의 품에 안겨, 사람은 의식적으로 그리고 무의식적으로 자신의 방어기제를 풀고 잊어버린 기억을 의식 속에 떠올릴 수 있다. 예수님의 임재하심으로 안전하게 기억하게 된다.

다음은 성령님이 잊어버린 소용돌이 기억을 의식적으로 인식하게 하시는 세 가지 방법들을 요약한 그림이다. 일단 이런 기억들은 의식만 하게 되면 치유될 수 있다.

그림 9

**성령님이 어떻게 내면의 상처에 들어오셔서
치유해 주시는가**

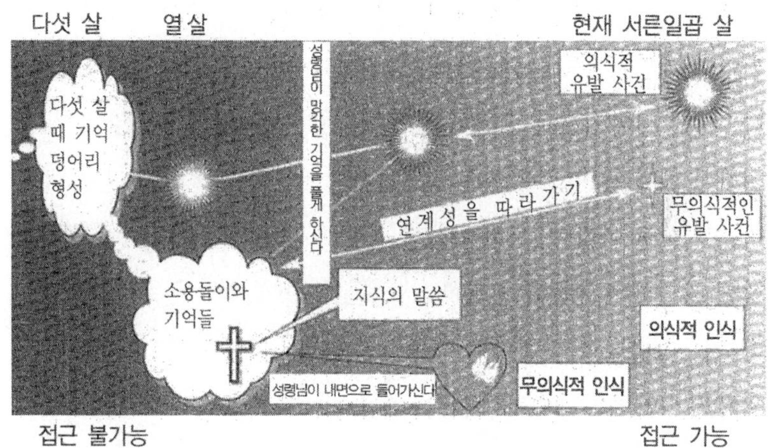

기도 사역자의 역할

기도 사역자의 가장 중요한 역할은 예수님의 임재와 사랑을 중재하는 것이다. 사역자가 성령님으로부터 능력을 힘입어 절박한 사람에게 무조건적인 사랑과 용납을 주면, 그 사람은 그것을 예수님의 사랑과 용납으로 경험한다. 이것은 치유 사역의 첫 번째 단계에서 결정적인 태도이고, 성령님이 일하실 수 있는 환경을 만들어 줄 것이다. 사랑과 신뢰의 분위기 때문에 그 사람은 숨겨진 기억들이 표면에 올라오도록 자신의 방어막을 내려놓는 위험을 감수할 수 있다. 소용돌이 속에 갇힌 기억의 네 가지 측면이 한번에 쏟아질 수도 있고, 그 결과 감정의 댐이 무너질 수도 있다. 기도 사역자는 이 일이 일어나는 동안 그 사람을 사랑하고 떠올린 기억들을 치유하시는 성령님과 협력할 준비가 되어 있는 상태에서 치유 사역에 임해야 한다.

기도 사역자는 마음을 감찰하고 상처투성이의 숨겨진 소용돌이 기억을 깨닫게 하시는 성령님의 세밀한 사역에 동참하도록 초청받는다. 이제 이야기하는 단계들은 성령님이 사람의 마음 깊은 곳에서 일하실 때에 협력할 수 있는 방법들이다. 이것은 규칙도 아니고 치유하는 기술도 아니다. 오히려 성령님, 예수님 그리고 기도받는 사람과 함께 사역하는 역동적인 과정을 반영한다. 이 단계들은 치유 사역을 하시는 성령님과 협력하는 역동적인 3단계 속에서 일어난다. 주로 치유의 2단계와 3단계에서 나타난다.

1. 성령님께 귀를 기울이라. 이성적인 관찰, 초자연적인 은사와 혹은 기도받는 사람을 통해 성령님은 예수님이 하시는 일을 드러내실 것이다.

종종 기도받는 사람은 정서적인 혼란이나 귀신의 방해를 경험하고 성령님에게서나 자신의 마음에서 들리는 소리를 명확히 들을 수 없다. 그러므로 기도 사역자는, 특히 중심 인물은 능동적으로 기도받는 사람과 자신과 기도 사역 팀, 무엇보다도 성령님께 귀를 기울여야만 한다. 모두가 귀를 기울이고, 성령님이 하시는 일에 팀이 따라가도록 인도해야 한다.

2. 소용돌이 기억을 형성하고 있는 경험 속에 무슨 일이 있었는지 떠올릴 수 있도록 성령님을 모시라 ("어두움을 휘저어라")

치유되지 않은 상처가 담긴 소용돌이 기억이 있다고 의심된다면, 기도 사역자는 성령님이 그것을 드러내시도록 구체적으로 간구해야만 한다. "당신은 어머니와 사이가 안 좋다고 말했습니다. 그런 관계를 드러낼 만한 사건이 생각나는 것이 있습니까? 그 기억을 말해 보세요"라는 식으로 구체적인 질문을 하면 이 과정에 도움이 될 것이다. 기도 사역자가 지식의 말씀을 받았다면, 기도받는 사람이 확인하도록 겸손히 말해야만 한다. 이런 식으로 성령님은 소용돌이 기억이나 중요한 연관성을 드러내실 것이다.

성령님은 기도 사역자나 기도받는 사람이 소용돌이 기억을 알려고 적극적으로 간구할 때, 둘 다 도우신다. 이것은 연상의 자취를 한 걸음씩 따라가는 과정이다. 하나의 기억은 또 다른 기억으로 이어져서 인간의 마음속으로 더 깊이 들어가다 보면 소용돌이를 발견한다. 소용돌이에 닿으면 대개 즉각적인 반응이 있다. 소용돌이 안에 갇힌 감정을 생생하게 느끼고 갇힌 이미지를 보기 시작한다. "어두움을 휘저어라"[1]는 말은 소용돌이를 의도적으로 폭로하는 역동성을 정확히 표현한다.

3. 기도받는 사람에게 기억을 되살리거나 그 사건으로 되돌아가도록
   권하라

소용돌이가 감지되면 즉각적으로 그 경험을 되살리기 시작할 것
이다. 원래 사건이 너무나 당황스럽고 고통스러워서 그 기억을 되살
리거나 그 사건으로 되돌아가도록 격려를 받아야 할 필요가 있을 때
도 있다. 종종 그 감정에 압도될까 두려워하기 때문에 격려가 필요하
다. 실제로 그렇다! 기도 사역자는 먼저 예수님의 사랑과 용서의 환
경이 만들어졌는지 그리고 기도받는 사람에게 억눌린 감정의 소용돌
이를 되살리도록 격려하기 전에 풀어헤쳐진 감정을 처리할 충분한
시간이 있는지 확인해야만 한다.

4. 그 소용돌이 기억 속에 담겨진 감정과 거짓의 정체를 밝힐 수 있도
   록 성령님이 기도받는 사람을 도우시도록 간구하라

이것은 소용돌이 기억 속에 담겨진 경험을 되살리고 빛으로 드러
내기 시작하는 부분이다. 소용돌이 기억의 내용이 모양을 갖추기 시
작할 때 기도받는 사람은 다소 혼란스러울 것이다. 일어나는 일을
명명하는 것은 그 사람이 균형을 잡고 의식 속에 부풀어 올라온 소용
돌이의 내용을 이해할 수 있도록 도움을 줄 것이다. 종종 더 객관적
인 기도 사역자가 그 감정들을 명명하는 것이 더 좋다. 예를 들어,
기도 사역자가 "당신이 경험하는 게 슬픔인가요?"라고 묻는 것이다.

5. 떠올려진 기억 속에 있는 사람에게 행하시고 말씀하시도록 성령님

 마음의 숨겨진 상처를 치유하시는 예수님 성령님과 치유 사역

을 통해 예수 그리스도를 초청하라

소용돌이 기억 속에 다시 들어가는 것은 자아가 흡수되는 것이다. 이것은 잠시 동안은 좋지만, 치유 과정이 계속되면 기도 사역자는 의도적으로 초점을 그 기억 자체에서 예수님과의 관계로 옮겨야 한다. 이것은 기도받는 사람이 치유 과정의 2단계에서 3단계로 이동하는 것을 증명한다.

6. 기도받는 사람이 말하거나 기도 팀이 분별한 대로 예수님의 말씀과 행동을 따라가라

전에 말했듯이, 예수 그리스도를 향한 순종에 헌신하여 자신이 받은 명령을 준행해야 한다. 예를 들면, 용서를 간구하는 편지를 쓴다든가 하는 식으로, 기도 시간이 끝난 후에 해야 할 일이 있다는 의미이다. 그러나 종종 떠올린 기억 자체가 어떤 형태의 순종을 요구할 것이다. 이런 예는 이미 성인아이를 치유를 다룬 장(14장)에 나온다. 순종의 부르심은 대개 무의식의 상징적 언어로 이루어진다.

핵심적인 소용돌이 기억에 도달하라

신디: 에릭의 이야기로 돌아가서 성령님이 그의 치유를 방해하는 소용돌이 기억을 어떻게 드러내셨는지 보겠다. 기도하려고 에릭 주위에 모였을 때, 우리는 성령님을 에릭의 마음에 초대했다. 예수님이 그 자리에 계시며, 그를 사랑하시는 것 같았다. 기도 사역자 중에 한

사람이 작은 소년 에릭을 예수님이 안고 말씀하시는 모습을 보았다. "네 아버지는 널 사랑하지 않았지만, 난 항상 널 사랑했다. 네 아버지는 너를 아들로 원하지 않았지만, 너를 향한 나의 사랑과 은혜로 난 널 내 자녀로 삼았다."

기도 팀에서 에릭보다 훨씬 나이가 많은 사람이 에릭을 안았고, 우리 모두는 에릭이 그의 내면에 있는 또 그를 둘러싼 예수님의 사랑을 경험하도록 기도했다. 잠시 후에, 에릭은 자신을 안아 주었던 팔에서 나와 말했다, "이런, 모든 게 옛날과 똑같아요! 난 어린 아이가 된 기분이에요. 정말 외롭고 끔찍하게 공허해요. 사랑도 생명도 빛도 없어요. 난 '아빠!'를 부르며 울지만 아버지는 계시지 않아요. 정말 비참해요!" 더 이상의 이야기가 없어서 우리는 무슨 일인지 정확히 알 수는 없었지만, 아버지로부터 버림받은 깊은 소용돌이 기억을 건드렸음을 확신했다.

나는 성령님의 인도함을 받아 물어보았다, "당신의 아버지가 당신을 버린 것을 압니다. 그것은 그의 책임이지 당신의 책임은 아닙니다. 그러나 성경은 우리에게 용서해야 한다고 말합니다. 아버지를 용서할 수 있습니까?" 이 질문으로 기도는 2단계에 들어섰고 성령님이 치유를 위해 일하시게 되었다.

에릭이 아버지를 용서하기 시작하자, 분노와 증오가 그의 내면에서 폭풍우처럼 일어나기 시작했다. 그는 감정을 통제하지 못하고, 아버지에게 욕설을 퍼부으며 소리 질렀다, "그는 엄마를 임신시켜놓고 떠나버렸어요! 그를 증오합니다!" 이 분노의 일부분은 억압된 소용돌이 속에 숨겨져 있던 버림받은 감정이었지만, 우리는 곧 그 안에 뭔가 이질적이고 비인간적인 것이 있음을 알았다. 분별하는 과정을 거치면서 우리는 악한 영이 그 소용돌이 기억 속에서 용서하지 않는 태도와 증오를 먹고 산다는 결론에 이르렀다. 에릭이 치유의 진전을 보일 수 없게 이 귀신이 막았다는 것은 그럴듯해 보였다. 그 악한 영과 대면하기 위해 우리는 이미 18장에서 말한 내적 치유를 위한 기도에서 악한 영을 쫓아내는 단계로 옮겨갈 수밖에 없었다. 귀신이 떠나자 다시 하나님의 사랑이 이번에는 내면에서부터 넘쳐났다. 그는 온 밤을 새면서 기도하며 환희를 맛보았고, "아바 아버지, 사랑합니다. 하나님 아버지, 사랑합니다"를 반복해서 말했다.

3단계는 그 다음 날 아침 일찍 에릭이 혼자 호숫가를 걸을 때 일어났다. 산책 중에 그는 예수님이 내면에 말씀하시는 소리를 들었다. "네 아버지를 나에게 맡겨라. 그의 사랑과 그의 인정을 포기하라. 너는 오직 하나님 아버지의 사랑을 구하고 그의 영광과 인정만 간구하라." 순종은 생각보다 어려웠고 만약 하늘의 아버지가 전날밤 사랑으로 감싸 주지 않았다면 불가능했을지도 모른다. 에릭은 아침도 거르고 호숫가로 다시 한 번 나가고 나서야 마침내 아버지의 사랑을 포기할 수 있었다.

에릭이 순종하자 예수님이 말씀하셨다, "이제 네가 마음에 결단한 것을 외적으로 보이는 행동을 취하라." 이 명령을 받고 어리둥절해 있던 그는 호숫가에서 크고 넓적한 돌을 보았다. 그는 달려가서 또 다른 돌로 큰 돌에 "내 모든 권리"라고 썼다. 그는 그 돌을 들어서 가능한 멀리 호수에 던졌다. 돌이 물을 튀기며 가라앉자, 그는 무릎을 꿇었다. 마치 그의 내면에 무엇인가 무너진 것 같았다. 공허함은 사라지고 그 안에 충만함과 말할 수 없는 기쁨과 찬양의 물결이 가득했다. 무릎을 꿇은 에릭은 예수님의 음성을 들었다. "네가 섬겼던 교회를 포기하길 원한다. 널 전 세계적인 치유 사역을 위해 성령님과 동역하도록 기름을 붓는다. 나를 따르라!"

이러한 과정이 어떻게 깊은 내적 치유로 이어지는가

내적 치유의 과정과 축귀가 정말로 한 사람의 인생을 변화시키는가? 에릭은 초자연적인 존재와 자신의 무의식을 직면하면서 실제로 달라졌는가? 예수님과 나눈 대화는 무엇인가? 그것은 정말 있었던 일일까? 이런 질문에 대답하는 것은 항상 시간을 두고 보아야 한다. 만약 정말로 성령님이 역사하셨다면 지속되는 변화가 있을 것이고, 그 변화는 예수 그리스도께 영광을 돌릴 것이다. 한 가지 긍정적인 증거는 이미 있었다. 에릭은 예수 그리스도로부터 새로운 사역의 비전을 받아 두나미스 집회에서 돌아왔다. 그는 안정된 교회를 사임하고 치유 사역에 전임사역자로 뛰어들었다. 하나님은 재정적인 면도 공급하셨을 뿐만 아니라 치유 사역을 감당하도록 에릭에게 분명히 기름을 부어 주셨다.

에릭이 내면에서부터 치유받았음이 겉으로도 드러났다! 그의 공허함이 사라진 것이다. 다른 사람을 기쁘게 하려고 애쓰는 것이 더 이상 삶의 원동력이 아니었다. 우리 모두가 감지할 수 있었던 평안과 온전함이 에릭에게 있었다. 이것은 성령님이 내면에서 역사하신 결과이다.

 마음의 숨겨진 상처를 치유하시는 예수님 성령님과 치유 사역

성령님이 소용돌이 기억 속에 들어가서 예수님의 임재와 역사하심을 가능하게 했을 때, 그 사람의 인격을 형성한 내적 구조를 실제로 변화시키고 바꾸는 수많은 일들이 일어난다. 그 중에 일부는 다음과 같다.

**잠재의식의 소용돌이 기억이 의식하게 될 때,
정신 지배 능력을 잃기 시작한다**

고백을 통해 숨겨진 소용돌이 기억에 빛을 비추는 것은 깊은 치유이다. 소용돌이를 의식하게 되면 이성적인 분석과 이해를 하게 되고 그것이 무슨 기억인지 알게 해 준다. 무슨 일이 일어났는지를 아는 것은 성령님이 우리 안에서 역사하시는 강력한 방법 중 하나이다. 소용돌이 기억이 그 이름이 무엇인지 알 때, 그것이 비록 악이라 할지라도 그것은 우리를 짓누르는 힘을 잃어버리기 시작한다.

**예수 그리스도가 소용돌이 안에 있는 거짓을 진리로 이기시면
거짓은 현실을 규정하는 힘을 잃는다**

소용돌이 기억 안에 깊숙하게 박힌 거짓은 커다란 위력을 갖는다. 그 사람이 상처의 노예가 되고 더 큰 상처를 받도록 상처받은 사건을 해석한다. 게다가 소용돌이 안에 거짓은 다른 기억들과 관련을 맺어서 동일한 해석을 내린다. 거짓이 성령님이 주시는 진리로 대체될 때, 그 사람의 원래 경험은 예수 그리스도의 빛 안에서 해석된다. 동일한 거짓으로 묶여진 다른 기억들과 기억의 덩어리들도 그 연계성

이 끊어지기 시작한다. 이로써 그 인격 내에 강력한 상처의 벽은 허물어지고 새로운 해석과 연계성을 형성할 자유가 생긴다.

이런 과정이 실제 소용돌이의 원인이 된 경험을 부정하거나 왜곡하는 것이 아님을 단호히 말해야 한다. 일어난 일은 실재이고 예수님의 치유 사역으로 달라질 수 없다. 예를 들어, 요한복음 8장에 나온 여인은 실제로 간음 현장에서 *붙들렸다.* 이것은 사실이다. 그녀가 예수님을 만나지 않고 치유받지 못했다면 그녀를 붙잡은 바리새인들이 그녀에게 말한 거짓말("너는 죄인이고 용서받을 수 없어." "너는 더럽고 죽어 마땅해." "너는 천국에 갈 수 없는 쓸모없는 창녀야.")이 그녀의 무의식 속에 자리 잡아서 인격과 정체성을 형성했을 것이다. 만약 그랬다면, 후에 성령님이 그 억압된 소용돌이 기억 속에 예수님의 임재를 이끄셨을 때, 예수님은 "너는 죄인이다. 그러나 나는 너를 용서한다. 이제 너는 나의 피로 깨끗하게 되었다. 너는 나의 귀한 딸이다"라는 진리로 거짓을 물리치셨을 것이다. 이 진리는 그녀가 간음했다는 사실을 달라지게 하지는 않는다. 사라지는 것은 그녀를 죄와 슬픔의 노예로 만든 그녀의 마음속에 심어진 거짓이다. 하나님의 진리는 그 사람의 의미의 체계를 재정립하고 그 사람을 온전히 회복시킨다.

**소용돌이 속에 담긴 상처를 치유하는 것은
소용돌이가 주변의 다른 기억들을 형성한 힘을 잃게 한다**

상처의 감정이 표출되고 원래 상처가 치유되면 소용돌이는 일련의 부정적인 기억들을 붙들고 있던 힘을 잃게 된다.

브래드: 나는 일평생 어머니에 대한 강한 증오로 억눌렸던 나이 든 여자를 위해 기도했다. 그녀는 나쁜 관계에 일조한 많은 일들을 말할 수는 있었지만, 왜 어머니를 증오하게 되었는지 정확한 이유는 기억할 수 없었다. 그녀는 자신의 증오를 정당화하기 위한 방편으로 여러 사건들을 이용했지만, 그 어느 것도 그렇게 큰 증오를 정당화할 수는 없을 것 같았다.

우리가 기도했을 때 소용돌이 기억이 큰 위력을 발휘하며 나타났다. 어머니가 그녀의 눈앞에서 언니의 성적표를 거칠게 흔들어 대는 생생한 모습이었다. "봐, 다 A잖니. 너는 다 C만 받아왔어. 왜 너는 그렇게 멍청하고 게으르니? 왜 언니처럼 좋은 성적을 못 받아와? 너 때문에 창피해 죽겠다." 이 기억과 함께 분노와 절망의 문이 열리자 거부와 상처로 인한 눈물이 쏟아졌다. 성령님을 통해 예수님은 그녀에게 엄마와 언니와 자신을 용서하라고 부드럽게 말씀하셨다. 그녀는 많은 눈물을 흘리고 나서야 용서할 수 있었다. 어머니에 대한 증오와 분노의 소용돌이는 제거되고 그녀의 정체성과 성격을 형성했던 소용돌이의 힘도 사라졌다. 이로써 그녀는 용서와 자기 수용을 바탕으로 성격을 새롭게 정립할 여지가 생겼다. 그 여자는 위대한 학자는 결코 되지 않았지만, 자비로운 따뜻함을 가진 멋진 아내요 어머니이다.

종종 소용돌이가 치유될 때, 치유는 즉시 일어난다. 그 즉시! 그러나 인격의 재형성 과정은 종종 시간이 걸린다. 게다가, 드러나고 깨어져야 할 소용돌이와 그와 관련된 기억들을 기반으로 한 습관적인 반응들은 수년 동안 만들어졌을 것이다. 예를 들어, 그 여인은 무엇보다도 어머니에 대한 증오를 바탕으로 생각하고 반응하던 습관들을 수년 간 깊이 발전시켜 왔다. 상처를 치유받고 나서, 그런 습관을 바꾸는 데는 수년이 걸렸다. 에릭도 마찬가지였다. 호수에 큰 돌을 던지는 순간 치유받았지만, 아버지의 사랑을 받지 못한 소용돌이 기억을 바탕으로 이루어진 습관들을 바꾸기 위해서는 더 많은 기도와 몇 달 간의 상담이 필요했다.

악한 영들의 기반이 제거되다

악한 영들의 역할에 대해서는 이미 18장에 논의한 바 있기 때문에 여기에서 자세히 이야기할 필요는 없다. 그러나 소용돌이 기억에 고백하지 않고 용서받지 못하는 죄가 있으면, 악한 영들이 공격할 기반을 제공한다는 것은 지적해 두어야만 한다. 내적 치유 과정의 즉각적인 결과 중 하나는 악한 영들이 차지했던 기반이 사라지는 것이다. 더 이상 화전을 퍼부을 근거지도 없고 그 사람의 내부에 붙어 있을 수도 없다.

성령님은 예수님 중심의 정체성을 주신다

망각된 소용돌이 기억 속에 들어가 기억을 빛으로 이끌어내시고 예수님의 임재를 드러나게 하시는 성령님의 사역이 곧 신자를 "내적으로" 정화하시는 일이다. 우리 안에 깨어진 하나님의 형상을 회복하시며 우리가 점점 예수 그리스도의 인격을 닮아가게 하시는 사역이다. 인격을 바꾸시는 이 과정에서 나타나는 외적인 행동과 태도의 표현들이 갈라디아서 5장에 열거된 성령의 열매이다. 인격 안에서 수많은 중요한 변화가 일어나고 성령의 열매를 맺는다. 변화의 일부는 다음과 같다:

1. 고통스럽고 아픈 경험의 기억은 여전히 마음속에 있다. (이것은 우리가 타락한 세상에 존재한다는 변함없는 사실이다.) 그렇지만 이러한 기억들은 죄책감과 고통과 두려움을 내버리고 더 이상 인격을 형성하는 소용돌이의 힘을 갖지 못한다.

2. 거짓은 진리로 극복된다. 진리는 사건들을 새롭게 해석하고 새로운 기억의 연관성을 형성하도록 한다.

3. 악한 영들이 정화(淨化)의 과정을 방해하도록 길을 터 주었던 기반이 제거된다.

4. 성령님을 통해 예수 그리스도 안에서 드러난 진리를 바탕으로 한 새로운 소용돌이들이 형성되기 시작한다.

5. 하나님의 실체, 사랑, 진리를 경험하여 형성된 새로운 소용돌이들은 인격 속에서 중요한 하나의 조직체가 될 수 있다. 예수님 중심의 인격을 위해 기억들이 새로운 질서를 형성한다.

6. 의식 속에서 명백하게 힘을 발휘해 왔던 묻혀진 상처투성이의 기억은 더 이상 그 사람의 행동, 반응, 태도, 감정을 통제하지 않는다. 오히려, 새로운 경험에 부합한 이성과 감정이 예수 그리스도를 따르는 의식을 통제할 것이다.

성령님이 내면에서 역사하신 결과로 인간의 마음 깊은 곳에 나타
나는 변화들을 그림으로 나타냈다.

그림 10

성령님의 내면 사역으로 일어나는 변화들

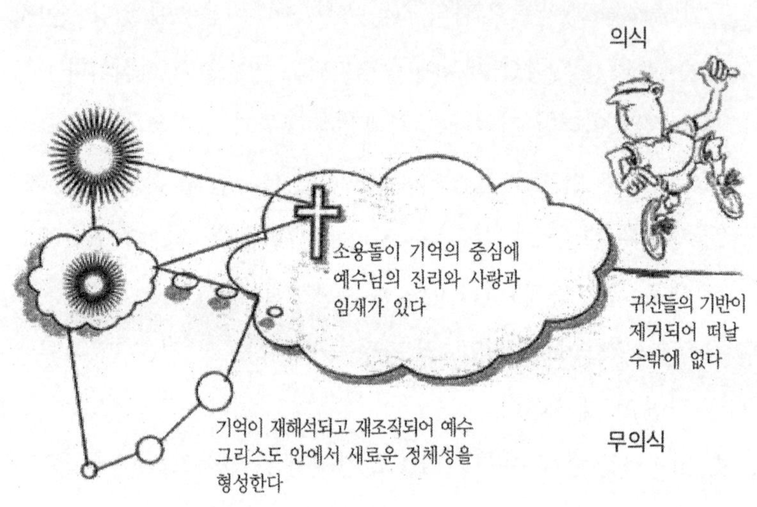

우리 중에 다수는 놀랄 만한 내적 치유의 과정을 경험해 왔다. 그
결과, 치유로 인해 우리는 더 능력 있는 예수님의 증인과 사역자가
될 수 있었다. 우리의 생활은 성령의 열매를 뛰어넘는 특징이 있다.
이것은 성령님이 우리 안에서 역사하신다는 증거이다. 우리는 결코
완벽하지 않을 것이다. 치유는 시간이 걸리는 하나의 과정이다. 그러
나 우리가 치유를 계속 해 나갈 때에 하나님은 우리 안에 그리고 우
리 위에 성령님을 부어 주시고, 더 깊이 치유하시며, 하나님의 나라

를 전파하는 데 우리를 사용하실 것이다.

복습을 위한 질문

1. 이 장에서 이야기한 치유를 경험한 적이 있는가? 그것이 어떻게
   일어났는가?

2. 하나님이 내적 치유에 더 깊이 헌신하라고 당신을 부르시는가?
   이 사역을 위해 장소나 함께 할 사람이 있는가?

3. 치유의 3단계와 동역의 단계들이 이해가 되는가? 당신은 당신의
   삶에서 이러한 역동성을 어떻게 경험했는가?

이제 어떻게 시작할 수 있는가?

이제까지 우리가 믿고 있는 예수님의 치유 사역의 기본 원리가 무엇인지 자세히 설명했다. 우리의 삶에서 일어났던 예수님의 치유 사역의 사례를 들었고, 우리가 함께 기도하여 치유가 일어났던 이야기들을 나누었다. 또한 예수님의 치유 사역에서 어떻게 성령님과 함께 협력했는지도 설명했다. 이제, *당신*은 어떻게 *치유 사역*에 함께 하며, 성령님이 인도하시는 사역이 어떻게 *당신의* 교회와 공동체를 양육할 것인가?

치유 사역은 예수 그리스도의 제자가 되면서 성장한다. 예수님은 제자들에게 복음을 전하고 가르치고 치유하고 귀신을 쫓아내는 자신의 사역을 주셨다 (눅 9:1-6, 10). 후에 예수님은 이 일을 열두 제자뿐만 아니라 그를 따르는 모든 자들에게 맡기셨다 (눅 10:1-12, 17-20; 마 28:18-20; 고후 5:17-21). 이것은 당신과 나에게도 해당된다. 이 책을 읽는 사람 중에는 치유 사역의 특별한 은사를 갖고 있는 사람도 있을 것이다. 그러나 우리 모두는 특정한 때에 치유 사역자로서 쓰임받을 수 있고 또 쓰임받을 것이다. 우리는 준비해야 한다!

기도하고 연구하고 기다리라

신디: 누군가 나에게 치유의 은사가 있다고 말했을 때, 나는 몇 가지 모순되는 반응을 보였다. 한편으로는 흥분되고, 뛰쳐나가 모든 사람의 치유를 위해 기도해 주고 싶었다. 동시에, 다른 한편으로는 이 부르심과 이 부르심에 동반된다고 생각한 책임과 취약성에 압도되었다. 그리고 나서 나는 두려움과 불안과 싸웠다. "내가 누구지? 하나님은 날 쓰실 수 없어! 내가 대체 뭘 안다고?" 나는 좋은 친구인 린다(Linda)를 찾아갔다. 그녀는 치유 사역과 성령님과의 사역을 가르쳐 주는 영적 스승이었다. 나는 그녀에게 도움을 구했다. 린다는 내게 "기도하고 연구하고 기다리라"고 충고했다. 이렇게 나의 치유 사역은 성장하기 시작했다. 그리고 당신도 그렇게 할 수 있다.

예수님의 치유 사역에 동참하는 것은 기도로 시작한다. 기도를 통해 우리는 하나님의 음성을 듣는 법을 배우고 사람들을 향한 하나님의 마음을 알게 된다. 우리는 고통 중에 있는 사람들에게 손을 내밀기 위해 필요한 사랑과 인내를 받는다. 우리가 솔직하게 하나님의 얼굴을 구하고 그의 목소리 듣는 것을 배울 때, 우리의 초점은 우리 앞에 있는 필요와 상처에서 하나님이 누구신지 또 하나님이 어떤 일을 하시는지로 옮겨진다. 치유 사역은 기도로 충만해야 한다!

연구하는 것 또한 중요하다. 이런 책을 읽는 것은 좋은 출발점이다. 또한 치유에 관한 많은 훈련 프로그램들이 있다. 이 책 여러 곳에 우리에게 도움이 되었고 교리에 어긋나지 않는 책들과 프로그램들을 언급했다. 물론 "구식인 것들"도 많이 있다. 어떤 책과 기술이 성경이 말하는 진리와 일치하는지 구별하는 것이 가장 중요하다.

우리는 자료나 방법들을 테스트하기 위해 다음과 같은 지침을 사용한다. 첫째로 그 접근 방법이 예수 그리스도께 영광을 돌리는가? (요 16:13-14; 요일 4:2-3) 다른 누구에게 영광과 존귀를 돌리는 치유 기술은 어느 것이나 하나님께로부터 온 것이 아니다. 둘째로, 그 접근 방법이 성경에서 가르치는 것과 일치하는가? 예를 들어, 우리는 하나님이 우리를 사랑하시고 우리를 자유하게 하길 원하신다는 것을 안다. 죄의 고백과 빛 가운데 행하는 것은 치유를 위한 선행조건이다. 끈질긴 죄를 허용하는 치유 방법은 그 어떤 것도 성경의 가르침과 일치하지 않는다. 셋째로, 다른 사람들이 그 접근 방법의 타당성을 입증하는가? 이것은 기독교 증인의 필요성과 가치를 말한다 (고전 14:29).

우리는 기독교 공동체가 특정한 치유 방법에 대해 확연히 나뉘는 것을 볼 수 있다. "대체의학치료"로 널리 사용되고 "영적으로 중립적"

이라고 알려진 (Therapeutic Touch와 Reiki 같은) 에너지 기반 요법에서 이런 것을 보았다. 이렇게 의견이 분분할 때는 존경하는 믿음의 사람에게 가서 그들의 의견을 구할 필요가 있다.

마지막 테스트는 그 접근 방법이 결과가 있느냐는 것이다. 이것은 "객관적인 증거" 테스트이다. 그 접근 방법으로 믿을 만한 치유가 되고 *동시에* 위에서 말한 기준을 만족시킨다면, 그것은 사용할 만한 적법한 기독교적 치유 방법이다. 이 방법이 주님으로부터 왔다고 말할 수 있으려면 이 네 가지 기준을 모두 충족시켜야만 한다. 우리는 당신이 될 수 있는 한 치유에 대해 많이 읽고 이런 은사로 일하는 사람들로부터 배울 것을 권면한다. 그것은 당신이 치유 사역에서 성장할 수 있는 좋은 발판이 될 것이다.

우리는 책과 프로그램에서 많이 배울 수 있다. 그러나 우리의 가장 중요한 스승은 예수님의 하신 일과 가르침을 밝히 알게 하시는 성령님이셔야만 한다 (요 14:26). 다시 말하면, 성령님은 우리가 예수님의 치유 사역에 들어가기 위해 알아야 할 것들을 가르치실 유일한 분이시다. 성령님의 음성을 듣고 사역하는 법을 배울 때, 우리는 치유 사역자로서 능력도 더 많아지는 것을 보게 될 것이다. 이것은 시간이 걸리는 과정이다. 그러나 우리가 인내심을 가지고 끝까지 한다면 열매는 맺힐 것이다.

치유 사역의 환경

독자들 중에는 이미 교회나 공동체에서 활발하게 활동하는 치유 사역 기도 팀의 일원도 있을 것이다. 팀에 합류하기를 기대하는 사람도 있을 것이다.

신디: 나는 병원 원목실에서 일한다. 나의 치유 기도 환경은 대개 아픈 환자의 침대 곁에서 일대일로 사역하거나 환자의 가족들을 일대일로 만난다. 독자들 중에는 이미 정기적으로 다른 사람들의 문제를 놓고 기도하는 상담자나 목회자도 있을 것이다. 치유 사역은 다양한 환경에서 일어날 수 있다. 이상적으로는, 이 책에서 언급한 심도 깊은 기도 사역을 위해 어떤 팀의 일원이 되어 지역 교회와 목회자의 권위 아래 있어야만 한다. 작은 교회의 목회자인 남편과 내가 이런 치유 사역을 처음 경험하고 다른 사람들을 위해 기도하기 시작했을 때, 우리는 기도의 필요와 요청이 쇄도해서 어떻게 할 바를 몰라 했다. 모든 요청을 받아들일 수가 없었고, 사람들에게 기도 사역에 대해 말할 장소도 없다는 것을 알게 되었다. 거의 10년 동안 기도, 훈련, 연구, 사역을 하고 나서야 교회 안에 다른 사람들을 위해 기도할 수 있는 기도 팀이 생겼다. 그들은 정기적으로 만나 교회 성도들을 위해 기도할 뿐만 아니라 지역 공동체의 다른 사람들을 위해서도 기도한다. 그러나 실제로 당신은 함께 기도할 사람이 아무도 없는 곳에 있을 수도 있다. 그렇다면 함께 기도할 사람을 만나게 해 달라고 하나님께 간구하라.

기도 사역과 기도 팀이 발전하는 데는 많은 모델들이 있다. 많은 교회들이 매달 정기적인 치유 예배를 드림으로 시작한다. 이것은 사회 기준에 어울리는 점잖은 시작이라서 대부분의 교파에서 수용할 만하다. 예배 끝에는 기도받을 사람을 앞으로 나오게 한다. 종종 치유가 일어난다. 기도가 응답받았다는 것이 교회에 퍼지면, 더 많은 사람들이 참석하기 원하고 치유 사역은 점진적으로 발전한다.

사역이 소그룹에서 시작하는 교회도 있다. 내가 알고 있던 한 그룹은 매주 모여서 예수님의 치유 사역을 연구하는 것으로 시작했다. 그리고 나서 그들은 서로를 위해 기도하기 시작했다. 시간이 지나면서 그들의 사역이 교회와 공동체 내에 다른 사람들에게도 알려지고 기도 요청을 받기 시작했다. 지금은 성숙한 치유 사역 모임이 되었다.

치유 사역을 어떻게 시작하는가는 다른 사람들을 위해 나가서 기도하고자 위험을 감수하려는 우리의 의지만큼 중요한 것은 아니다. 아픈 자녀들 곁에 있거나, 식료품 가게에서 계산을 기다리는 사람들과 함께 있거나, 교회에서 공식적인 기도 시간이거나, 주님은 우리 앞에 두신 상황이 어떻든지 간에 담대하게 치유를 위해 기도하라고 우리를 부르신다.

경계선과 자기 관리

당신이 치유 사역에서 성령님과 협력하기 시작하면, 적절한 경계선을 유지하는 것이 중요한 문제가 된다. 우리는 이런 사역에서 성장하고 일하면서, 고통과 괴로움으로 가득한 세상에 들어가게 된다. 우리는 기력을 소진하기가 쉽다. 우리 자신을 (육체적으로, 정서적으로, 영적으로) 돌보는 것이 이 사역에서 살아남는 데 절대적으로 필요하다. 예수님은 종종 무리를 떠나 심지어 제자들도 떠나 혼자 기도하러 가셨다. 능력과 지혜와 자비의 원천이셨던 하나님 아버지와 단

둘이 계셨다. 우리도 하나님 아버지와 보내는 시간이 필요하고 그분의 임재 속에 새로워질 필요가 있다. 방법은 사람들마다 다를 수 있다. 매일 아침 15분간 경건의 시간을 갖거나, 한 시간 반을 내어서 산에 올라가거나, 밤에 잠들기 전 30분간 시간을 낼 수도 있다. 어떻게 어디서 하나님과 단 둘이 있느냐는 우리가 그런 시간을 갖고 하나님과 단 둘이 만나는 것보다 중요하지 않다.

한계를 정해서 기도 요청을 거절해야 되는 때를 아는 것이 필수적이다. 9장에서 우리는 *카이로스* 시간에 치유가 일어나는 것에 대해 말했다. 이것은 우리가 만나는 모든 사람, 우리 눈에 들어오는 도움이 필요한 모든 사람들을 위해 기도하도록 부르심을 받은 것이 아니라는 것을 의미한다. 기도하기 전에 우리는 주님께 누구를 위해 어떻게 기도할 것인가 물어볼 필요가 있다. 기도를 요청하는 사람들에게 거절하는 것은 잔인하거나 "비기독교"적인 것이 아니다. 궁극적으로 하나님의 부르심과 인도하심에 순종하는 것이 지혜로운 청지기 정신이다.

치유 사역 가운데 행하라

1장에서 우리는 이 책을 쓰는 목적을 언급했다. 형제들과 자매들이 예수님의 치유 사역을 나눌 수 있도록 준비를 갖추어 주는 것이다. 그리고 나서 우리는 당신을 창세기의 에덴동산으로 거슬러 올라가는 여행에 초청했다. 우리는 함께 영적, 정서적, 육체적, 관계적으로 온전하고, 인간과 창조물 사이에 조화를 이루시는 인간을 향한 하나님의 본래의 계획을 살펴보았다. 죄가 이 세상에 들어오고, 한 사람의 죄의 결과가 하나님과의 관계 단절(창 3:8-11)을 시작으로, 여성과 남성의 관계 단절 (창 3:12-13, 16), 형제간의 관계 단절 (창 4:8-9) 인간을 "두려워하고 무서워하면서" 살아가는 동물에 이르기까지 급속 도로 퍼지자 하나님의 비전은 깨졌다. 이렇게 되자, 하나님은 "땅 위에 사람 지으셨음을 한탄하사, 마음에 근심하시고" (창 6:6), 창세기 7장에서 홍수를 보내사 한 가족을 통해 다시 시작하셔서 (창 9장), 하나님이 창조하신 인간과 세상을 회복시키시는 하나님의 계획을 드러내기 시작하셨다.

예수 그리스도 안에서 회복은 일어나고 있다. 예수님은 "마음이 상한 자를 고치며, 포로된 자에게 자유를, 갇힌 자에게 놓임을 전파" 하시려고 (사 61:1; 눅 4:16-21) 이 땅에 오셨다고 말씀하셨다. 예수님이 십자가에 달려 돌아가시고 죄의 삯을 치루시고 죽음에서 부활하셨을 때 (롬 5:6-9, 18-21), 죽음을 정복하시고 (고전 15:20-28, 54-57) 어두움의 권세를 물리치셨다 (골 1:13-14). 그 순간부터 그리스도를 믿는 모든 자에게 자유와 온전함이 허락되었다.

예수님은 이 세상에 계실 때, 사람들에게 다가가셔서 만지시고 치유와 생명을 주셨다. 그들의 삶의 진리를 말씀하셨고, 그들을 자유하게 하셨다. 예수님은 *카이로스*의 시간에 역사하셨고, 하나님이 부르신 일을 하실 때 성령님과 동역하셨다. 예수님은 사람들과 관계를 맺으셨고 이것이 치유를 위한 환경이 되었다 (1단계). 그리고 나서 예수님은 치유로 이끄는 다양한 말씀과 행동을 하셨다 (2단계). 그러나 그분의 사역은 결코 그저 한 개인을 치유하고 용서하는 데 그치지 않으셨다. 예수님은 사람들이 자신의 증인이 될 수 있도록 치유하셨다 (3단계). 3단계 치유에서 예수님은 하나님 아버지의 치유 사역을 완성하시기 위해 당신을 인도하시고 당신을 통해 일하시는 성령님을 신뢰하셨다.

예수님은 승천하시기 전에 제자들에게 자신의 사역을 맡기셨다. 오늘날 2천여 년이 지난 후에, 당신과 나도 예수님의 제자로 부르심을 받아 예수님이 하셨던 일을 하도록 명령받았다. 우리에게는 화해의 사역이 주어졌다 (고후 5:18). 세상과 주변의 문제들을 볼 때, 우리의 사명은 불가능해 보인다. 실제로 그렇다. 우리만으로는 아무 것도 할 수 없다. 다행히도, 예수님은 우리를 부르실 때 우리를 가르치시고 (요 14:26), 예수님이 하신 일을 할 수 있는 능력을 주시며 (행 1:8), 심지어 "더 큰 일도" 할 수 있게 하시는 (요 14:12) 성령님을 보내 주시겠다는 약속도 하셨다. 예수님이 행하신 일을 하면서 성령님과 협력하는 법을 배울 때, 우리는 위대한 일이 일어나는 것을 보게 될 것이다. 이것은 우리를 사랑하사 자신과 관계를 맺도록 우리를 창조하시고, 우리가 우리 자신과 다른 사람들과 창조물들과 평화롭게 살기를 원하시는 하나님의 마음에서 흘러나온다. 이것이 우리가 이 세상과 나누도록 부르심을 받은 복음이다.

우리의 치유 사역의 대상은 모든 창조물이다. 예수님은 개개인의 마음에서부터 시작해서 타락의 결과를 뒤집으려고 오셨다. 당신과 나는 각 사람의 내면에서 시작된 이 일에 동참하라고 부르심을 받는다. 예수님은 우리를 내면에서부터, 개개인으로부터, 가족에, 나라에, 그리고 세상 끝까지 이르도록 치유하려고 오셨다. 그분의 치유 사역에 들어가는 문은 하나님 아버지와의 관계 회복으로 이어지도록 (영적 치유) 주님이 자신과의 관계에 초청하신 것이다. 다른 모든 치유는 하나님과 영원히 살도록 부활될 우리의 일부인 영이 치유되면서 비롯된다 (고전 15:50-57; 살전 4:13-17).

재창조를 위한 하나님의 비전은 우리의 숨겨진 상처를 치유하는 것보다 훨씬 광대하다. 그의 계획은 창조물들을 자유하게 하며 타락의 모든 결과를 되돌리는 것이다 (롬 8:19-23). 우리는 새 땅과 새 하늘이 오고, 여자와 남자가 조화 속에서 살 수 있으며, 각 사람들이 예수 그리스도 안에서 온전하게 될 날을 소망하며 산다. 이것이 요한에게 보여진 이상이며, 요한계시록 21장 1-4절에 기록된 것이다:

또 내가 새 하늘과 새 땅을 보니, 처음 하늘과 처음 땅이 없어졌고, 바다도 다시 있지 않더라. 또 내가 보매 거룩한 성 새 예루살렘에 하나님께로부터 하늘에서 내려오니, 그 예비한 것이 신부가 남편을 위하여 단장한 것 같더라. 내가 들으니, 보좌에서 큰 음성이 나서 가로되, "보라 하나님의 장막이 사람들과 함께 있으매, 하나님이 저희와 함께 거하시리니, 저희는 하나님의 백성이 되고, 하나님은 친히 저희와 함께 계서서 모든 눈물을 그 눈에서 씻기시매, 다시 사망이 없고, 애통하는 것이나 곡하는 것이나 아픈 것이 다시 있지 아니하리니, 처음 것들이 다 지나갔음이러라."

"만물을 새롭게" (계 21:5) 하시는 예수 그리스도의 사역에 동참하라는 하나님의 부르심에 순종할 때, 우리는 새 하늘과 새 땅의 놀라운 비전을 이루는 한 부분이 될 것이다.

복습을 위한 질문

1. 어떤 환경에서 당신은 다른 사람들을 위해 기도할 수 있고, 예수님의 치유 사역에 동참할 수 있는가?

2. 이 책을 다 읽고 나서 당신은 세상과 사람들을 위해 기도하는 방법에 어떤 영향을 받았는가?

3. 하나님이 당신을 치유 사역으로 부르시는가? 당신이 나아가야 할 다음 단계들을 명확히 하라. 그리고 다음 단계로 나아가라!

주석

2. 왜 인간은 상처를 받는가?

1) 관계를 향한 내면의 갈망은 다음을 참조하라. Larry Crabb in *Under-standing People: Deep Longings for Relationship* (Philadelphia: Fortress, 1983), pp. 97-101 and Dan B. Allender and Temper Long-man Ⅲ in *The Cry of the Soul: How Our Emotions Reveal Our Deepest Questions about God* (Colorado Springs: NavPress, 1994).

3. 예수님은 창조를 위한 하나님의 비전을 회복하신다

1) C. S. Lewis, *The Lion, the Witch and the Wardrobe: A Story for Children* (New York: Macmillan, 1950), pp. 159-160.

2) 두나미스 프로젝트는 세계개혁장로회 사역이다. 성령의 능력을 힘입어 예수 그리스도의 증인이 될 영적 지도자들을 길러내는 것이 목적이다.

4. 예수님의 역동적인 3단계 치유 사역

1) John Taylor, *The Go-Between God: The Holy Spirit and the Christian Mission* (New York: Oxford University, 1972), p. 17.

5. 예수님은 성령님과 함께 역사하신다

1) 헬라어 *안쓰라키아*(anthrakia)는 "석탄을 땐 불"이라는 뜻이다. 이것을

숯불이었을 것이라고 말하는 사람들도 있었다. 이 단어가 신약에 또 한
번 나오는데, 바로 요한복음 18장 18절이다. 이것은 예수님이 잡히신 날
밤 베드로가 숯불 주위에 있는 사람들과 함께 있는 장면이다. 그래서 예
수님이 숯불을 피우시고 조반을 먹으라고 베드로와 다른 제자들을 부르
셨을 때, 이 숯불은 베드로가 예수님을 부인했던 바로 그 장면을 기억나
게 했다.

7. 우리의 3단계 치유 사역

1) 이것은 악한 영의 존재를 직접적으로 확인하는 방법이다. 15-18장에서 악
   한 영을 몰아내는 치유를 이야기하면서 상세히 다룰 것이다.

8. 치유와 성령님의 능력

1) 오순절 성령교회 입문서 1981년판.

2) 성령님의 능력 행하심과 성령님의 능력 안에서 성장하는 방법을 상세히
   다룬 책을 보려면 다음 책들을 참조하라: Zeb Bradford Long and
   Douglas McMurry, *Receiving the Power: Preparing the Way for
   the Holy Spirit* (Grand Rapids: Chosen, 1996); R. A. Torrey, *The
   Person and Work of the Holy Spirit* (Grand Rapids: Zondervan,
   1910, 1974).

9. 성령님과 치유 사역

1) 존 밀튼(John Milton)은 이러한 차원의 성령님의 역사를 『실낙원』
   (Paradise Lost)의 서문에서 시적으로 묘사한다: "처음부터 그대는 임석
   (臨席)하시어 거창한 날개를 펼치시고 비둘기와도 같이, 넓은 심연을 덮고
   앉으사 이를 품어" (John Milton, *Paradise Lost*, book I [New York:
   The Heritage, 1940], p. 2).

2) William Wordsworth의 시 "I Wandered Lonely as a Cloud."

3) Bob Whitaker가 PRIMI Dunimis 안내서 *In the Spirit's Power* (Black Mountain, N.C.: PRIMI, 1998)에 자세히 소개해 놓았다.

4) 존 칼빈은 하나님의 말씀을 계시한 성경과 오늘날 성령님의 인도하심 사이에 끊을 수 없는 연관성을 간략하게 말한다: "그러므로 우리에게 약속해 주신 성령님은 들어보지도 못한 새로운 계시를 만들어내시거나 신종 교리를 안출하셔서 우리가 이미 받은 복음에서 멀어지도록 우리를 인도하시는 분이 아니시다. 복음이 명하신 바로 그 교리를 우리 마음속에 각인시키시는 일을 하신다." (John Calvin, *Institutes of the Christian Religion*, I.IX.2, p. 94).

5) Ibid., p. 95.

6) 현실을 만드는 기도의 역동성에 대해 더 자세히 다룬 추천작. Brad Long and Doug McMurry, *Prayer That Shapes the Future: Praying With Power and Authority* (Grand Rapids: Zondervan, 1999).

10. 치유가 일어나지 않았을 때, 어떻게 해야 하는가?

1) 이런 증상은 Bob Whitaker가 Dunamis manual *The Healing Ministry of Jesus Christ* (Black Mountain, N.C.: PRIMI, revised August 2000), pp. 245-246에 간략하게 설명해 놓았다.

2) Elaine N. Aron, *The Highly Sensitive Person: How to Thrive When the World Overwhelms You* (New York: Broadway, 1997).

11. 기억의 힘: 살아 있는 과거

1) 이것이 바로 고린도전서 12장에 나열된 성령님의 은사 중 하나인 지식의 말일 수도 있다. 이미 이 은사를 통해 무의식 속에 묻혀 있던 기억들을 알게 된 이야기들을 수없이 했다. 이 책을 쓰고 있는 우리 둘 다 이 은사 안에서 행하며, 계속적으로 우리와 관련되어 있는 여러 사례에서 이 은사들이 나타나고 있다. 우리의 의도는 이 은사가 성령님이 주도하시는 내적 치유 기도에서 모든 사람에게 기준이 된다는 것도 아니고, 이것이 성령님이 숨겨진 기억을 밝히시는 유일한 길임을 말하려는 것도 아니다. 뒷부분

에서 우리는 다른 방법들을 다룰 것이다. 그러나 지식의 은사는 굉장히
유용하며 성령님이 내적 치유에서 역사하시기를 기대할 수 있는 방법 중
하나이다.

2) Saint Augustine, *Confession,* book 10, chapter 8 (New York: Pen-
guin Books, 1979), pp. 214-215.

3) Edward Smith, *Beyond Tolerable Recovery: Moving Beyond Tol-
erable Existence to Genuine Restoration and Emotional Inner
Healings* (Campbellsville, Ky.: Family Care, 1996), pp. 40-48.

12. 과거의 상처를 망각하라

1) Brad Long, *The PRMI Dunamis Project: The Healing Ministry of
Jesus Christ* (Black Mountain, N.C.: PRMI, 2000), p. 252.

2) Charles Brenner, M.D., *An Elementary Textbook of Psychoanal-
ysis* (New York: Anchor/Doubleday, 1974), pp. 80-81.

3) Ibid., p. 83.

4) Ibid.

5) James Friesen, *Uncovering the Mystery of MPD: Its Shocking
Origins and Its Surprising Cure* (San Bernardion, Calif.: Life,
1991), p. 114.

6) 다른 인격이 존재하는지 구분하는 법에 관해 심도 깊은 연구를 한 추천도
서: James Fiesen, *Uncovering the Mystery of MPD: Its Shocking
Origins and Its Surprising Cure.* 분열성정체장애(예전에는 다중인격
장애라고 했음)의 치유를 언급한 책들도 많다. 또 다른 추천서: Charles
H. Kraft, *Deep Wounds, Deep Healing: Discovering the Vital Link
between Spiritual Warfare and Inner Healing* (Ann Arbor, Mich.:
Servant, 1993), pp. 238-253.

7) "방어기제"는 지그문트 프로이트(Sigmund Freud)와 관련이 있으며, 이
개념을 좀더 깊이 발전시킨 것은 1930년대 안나 프로이트(Anna Freud)
이다. 방어기제가 무엇인지, 또 실제로 존재하는지, 얼마나 많은 방어기제
가 있는지 등등에 대해서는 논란이 많이 있어왔다. 이 책에서 우리는 정서

적인 고통으로부터 자신을 보호하기 위해 인간 정신이 사용하는 무의식적
인 과정들을 언급하기 위해 이 용어를 사용한다.

8) 이 표는 이미 인용한 Charles Brenner의 저서와 Salvatore R. Maddi,
Personality Theories: A Comparative Analysis, 6th edition (New
York: Brooks/Cole, 1996) 등을 포함한 다양한 자료의 내용들을 가지고
만든 것이다.

13. 소용돌이 기억의 형성

1) *Encarta World English Dictionary* ⓒ 1999 Microsoft Corporation.
All rights reserved. Developed for Microsoft by Bloomsbury Pub-
lishing Place.

2) 치유 기도에서 TheoPhostic 접근법이 일조한 것 중에 하나가 거짓의 역
할에 대한 통찰이다. Edward Smith, *Beyond Tolerable Recovery:
Moving Beyond Tolerable Existence to Genuine Restoration and
Emotional Inner Healings* (Campbellsville, Ky.: Family Care,
1996), pp. 50-76.

3) 우리가 "의미 추구 욕구"라고 말하는 것은 융의 "초월적 기능"과 매우
유사하다. 그는 초월적 기능을 다음과 같이 설명한다: "이것은 다른 기능
들이 조합된 복잡한 기능이다. '초월적'이라는 것은 은유적 성질을 표시
하는 것이 아니라 이 기능이 한 상태에서 다른 상태로 전이를 용이하게
해 준다는 사실을 말한다. 명제와 반명제로 형성된 원료는 대극들이 통합
되면서 만들어진 살아 있는 상징이다. 그 의미의 심원성은 시간과 소멸
속에 타고난다. 그리고 대극들에 의한 형성은 모든 정신 기능을 장악하는
주권적 능력을 보증한다." (Carl Jung, *Psychological Types* [Prince-
ton, N.J.: Princeton University, 1971], p. 480).

4) 우리의 경험을 해석하고 우리의 생각과 성격을 형성하는 데 있어 거짓(혹
은 잘못된 결론)의 역할에 대해 여러 사람들이 언급해 왔다. 예를 들어,
Albert Ellis의 *Rational-Emotive Therapy, Reality Therapy*, 그리고
최근에는 *TheoPhostic Christian Counseling Technique*가 있다.

14. 성인아이를 치유하라

1) Calvin S. Hall and Vernon J. Nordby, *A Primer of Jungian Psychology* (New York: New American Library, 1973), p. 36.

2) Charles L. Whitfield, *Healing the Child Within, Discovery and Recovery for Adult Children of Dysfunctional Families*(Deerfield Beach, Fla.: Health Communications Inc., 1987)에 이 개념이 상세히 설명되어 있다.

3) 성령님을 통해 받게 되는 모든 이미지들은 꿈처럼 이미 우리의 무의식 속에 있는 모든 요소들이 조합되어 있다. 이 이미지는 C. S. 루이스의 책 『최후의 전쟁』(The Last Battle)에서 예수님을 상징하는 아슬란이 수정같이 많은 강가에 죽은 왕을 놓아둔 이미지와 매우 유사하다. 포샤는 쟈넷을 위한 기도 모임이 있기 전에 아이들에게 이 책을 읽어 주었다.

15. 치유 과정을 방해하는 악한 영들을 대적하라

1) 귀신이 내적 치유를 방해할 때 귀신을 다루는 법을 배울 수 있는 훌륭한 책들이 이미 많이 있다. Tom White의 탁월한 저서, *The Believer's Guide to Spiritual Warfare*와 *Breaking Strongholds: How Spiritual Warfare Sets Captives Free* (Ann Arbor, Mich.: Servant Publications, 1990, 1993)을 추천한다. Charles Kraft의 저서, *Defeating Dark Angels*와 *Deep Wounds, Deep Healing*은 특히 내적 치유와 축귀 사역의 접점을 잘 다루었다. 닐 앤더슨(Neil Anderson)의 고전, *The Bondage Breaker*도 있다. 저자들은 오순절 성령 운동과 카리스마 운동 (the Charismatic and Pentecostal movements) 기간 동안 처음으로 축귀 사역을 인식했던 60년대와 70년대 작가들보다 내적 치유와 축귀 사역의 복잡한 관계를 훨씬 더 성숙하게 이해하고 있음을 알 수 있다.

2) 이 주제에 관한 책을 읽을 뿐만 아니라 이 분야에서 경험이 있는 사람들을 찾아서 그들로부터 직접 배우는 것이 가장 좋다. PRMI Dunamis Project equipping 워크숍은 이런 것을 실제적으로 배우는 데 좋은 시작점이다. 주소: PRMI, Box 429, Black Mountain, NC 28711. 전화: (828) 669-7373. 웹사이트: 〈www.prmi.org〉

3) 아담과 하와의 죄를 통해 사탄과 타락한 천사들이 이 땅에 처음 들어오게

된 시점에 대해서 알려진 것은 별로 없다. 베드로후서 2:4, 유다서 6절이 어두움의 영역을 암시하고 있다. 욥기 1:6-7에 보면 사탄은 하늘과 이 땅을 자유롭게 오간다. 창세기 6:1-5에 보면 타락한 천사가 세상을 오염시키고 있지만, 그들이 어디서 왔는지는 분명하지 않다. 누가복음 10:18과 요한계시록 12:7-9에는 사탄과 천사의 3분의 1이 하늘에서 쫓겨나 지상이 있는 하나님의 사람들과 싸우게 될 때, 하늘에서 전쟁이 벌어진다고 한다. 존 밀턴의 『실낙원』에서는 세상의 창조물들과 거대한 골로 나뉘어진 지옥에 사탄과 타락한 천사들을 둔다.

4) 서구적 세계관이 어떻게 우리의 생각과 경험에서 영적 실체를 배제시키는지 좀더 알고 싶으면 다음 책들을 참조하라. Zeb Bradford Long and Douglas McMurry, *Collapse of the Brass Heaven: Expanding Our Worldview to Embrace the Power of God* (Grand Rapids: Chosen, 1994); Charles Kraft, *Christianity With Power: Your Worldview and Your Experience of the Supernatural* (Ann Arbor, Mich.: Servant, 1989).

5) William James, *The Varieties of Religious Experience* (New York: Random House, 1902), p. 59.

6) 귀신의 존재에 관한 서구적 관점은 귀신이라고 나타나는 것의 근원이 자율적인 인격의 일부에서 나온 것으로 소용돌이 기억이라고 말해 왔기 때문에, 우리는 귀신들이 인간의 인격의 일부가 아니라는 점을 강조한다. 악한 영들의 실체를 거부하는 또 다른 방식은 그것들을 "그림자"로 규정하는 것이다. 융학파의 심리학에서는 "그림자"를 다음과 같이 정의한다: "그림자는 다른 어떤 원형(역자 주: 조상 때부터 전해 내려온 개인의 정신에 편재하는 무의식의 관념이나 사고, 표상의 형, '본능'에 연계된 심리학적인 실행의 조직적인 형태들, 그 자체로는 표현될 수 없고, 재현을 통해서만 분명해지는 가설적인 실체)이 가지는 것보다 훨씬 더 사람의 기본적인 동물적 본성을 담고 있다. 이것은 진화의 역사 속에 극단적으로 깊이 뿌리내렸기 때문에 모든 원형 중에 가장 강력하고, 잠재적으로 가장 위험하다. 사람 안에서 최상의 것과 최악의 것 모두의 원천이며, 특히 동성과의 관계에서 그렇다. (Calvin S. Hall and Vernon J. Nordby, *A Primer of Jungian Psychology* [New York: New American Library, 1973], p. 48). 이런 다양한 이론들은 실제로 우리가 인간의 인격의 부분들을 이해하는 데 도움을 주지만, 성경에 나오는 그리고 우리가 경험하는 악한 영들의 객관적

인 본체를 설명하지는 않는다. 자율적인 심리학적 콤플렉스나 그림자와 같은 원형은 나의 두 살배기 아들을 떠나서 다른 층에 살고 있는 믿을 수 있는 사람들을 공격하지 않는다.

7) Tom White, *A Believer's Guide to Spiritual Warfare* (Ann Arbor, Mich.: Servant, 1990), p. 30.

16. 환견과 내적 상처

1) Tom White는 Frontline Ministries의 대표이다. P.O. Box 786, Corvallis, OR 97339. 전화: (541)754-1345.

2) 이것은 한국전쟁 이후 10년쯤 되는 1960년대의 일이었다. 그 당시 극심했던 가난 때문에 대부분 미군 부대 주위에는 인간의 죄와 결탁하여 매춘 사업이 번성했었다. 나이에 상관없이 누구든지 돈 몇 푼에 집에서 만든 노골적인 포르노 사진들을 살 수 있었다. 이것이 바로 "예술" 모음집이었다.

3) John Calvin, *Commentary on the Book of Ephesians* (Albany, Ore.: Books for the Ages, Software Version 1.0, 1998), p. 144.

4) Edited by St. Elmo Nauman, Jr. *Exorcism Through the Ages* (Enchiridium), p. 207.

17. 영적 전쟁을 대비하라

1) John Milton, 『실낙원』, book 3, p. 61.

2) Kenneth Leach, *True Prayer* (San Francisco: Harper, 1980), p. 225.

3) John Calvin, *Institutes* I.XV.4, p. 499.

4) Brad Long and Tom White, *The PRMI Dunamis Project: Equipping for Spiritual Warfare and Kingdom Advancement* (Black Mountain, N.C.: PRMI, 1999), p. 94.

5) Tom White, *The Believer's Guide to Spiritual Warfare* (Ann Arbor, Mich.: Servant Publications, 1990), p. 49.

6) Malachi Martin, *Hostage to the Devil: The Possession and Exorcism of Five Living Americans—The Most Complete Documentary Report of Possession and Exorcism and Their Significance in Modern Times* (New York: Reader's Digest, 1976), pp. 10-11.

18. 축귀를 위한 기도

1) 진리와의 대면에 대한 탁월한 가르침을 보려면 Neil T. Anderson의 고전 *The Bondage Breaker*(Eugene, Ore.: Harvest House Publishers, 1993)를 참조하라. 이 책에 나온 원리들을 따른다면 흔히 축귀 사역을 위해 더 필요한 것은 없다.

2) Malachi Martin, *Hostage to the Devil: The Possession and Exorcism of Five Living Americans* (New York: Reader's Digest, 1976), p. 18.

3) Ibid., p. 34.

4) Ibid.

5) Ibid.

6) Ibid.

7) Ibid.

8) Ibid.

9) Tom White, *Elements of Effectual Exorcism Chart, Understanding and Practicing Spiritual Warfare: Advanced Training* (Corvallis, Ore.: Frontline Ministries), p. 34.

19. 내적 치유와 축귀를 통합하라

1) Ed M. Smith, *TheoPhostic Basic Training Seminar Manual* (Campbellsville, Ky.: Family Care, 1998), pp. 110-111.

색인